東住吉冤罪事件

虚偽自白の心理学

村山満明

東住吉冤罪事件

虚偽自白の心理学

岩波書店

プロローグ

一九九五年七月二二日の午後四時五〇分頃、大阪市東住吉区の住宅内のガレージから出火する火災が発生した。当時、その住宅には青木恵子さん（以下青木さんとする）、青木さんの子どものめぐみさん（当時一一歳）と洵君《じゅん》（当時八歳）、内縁の夫であった新見こと宋一勲《そんかずひろ》さん（以下宋さんとする）の四人が住んでいて、入浴中だっためぐみさんが逃げ遅れて亡くなった。

この火災はその後、めぐみさんに掛けられていた一五〇〇万円の保険金目当ての放火殺人事件として捜査が進められることになる。そして、火災から一カ月半あまり後の九月一〇日に、青木さんと宋さんは警察への任意同行を求められ、二人ともその日のうちに容疑について自白し逮捕された。ただし、青木さんも宋さんも翌日には否認（黙秘）に転じ、その後さらに自白と否認（黙秘）が変転し、最終的には否認している。二人は現住建造物等放火、殺人、詐欺未遂の罪で起訴され、大阪地方裁判所で別々に審理された。青木さんと宋さんによる殺害の共謀ならびに宋さんによる放火を裏づける証拠は、二人の取調べ段階での自白が唯一のものであったが、一九九九年に、大阪地裁はいずれとも二人による犯行を認めて、青木さんと宋さんに無期懲役の判決を下した。それぞれに控訴したが、二〇〇四年にいずれも控訴棄却となり、二〇〇六年には上告も棄却されて、二人の刑が確定した。

それによって青木さんと宋さんはそれぞれに服役したが、二〇〇九年になって、宋さん、続いて青木さんも再審の請求をした。両請求はその後併合して審理され、二〇一二年に、大阪地裁は二人の再審決定を出した。大阪地方検察庁はそれに対して即時抗告をしたが、二〇一五年一〇月二三日、大阪高等裁判所は検察側の即時抗告を棄却し、二人の再審が決定した。また、青木さんと宋さんの刑の執行も停止されて、二人は釈放された。

再審は、二〇一六年四月二八日に宋さんの公判が、そして同五月二日には青木さんの公判が開かれて、いずれも一回のみで結審した。そして、同年の八月一〇日には、宋さんと青木さんのそれぞれに対して無罪の判決が言い渡された。以上が東住吉事件の概略の紹介であるが、二人が晴れて無罪を獲得するまでには実に二一年を要した。

本来無罪とされるべきであったはずの二人が、なぜ逮捕され、それぞれに三度にわたって有罪判決を受け、そして長きにわたって身柄を拘束され、さらに刑務所に服役しなければならなかったのか。二人が犯人とされることになった大きな理由は二つあった。一つは火災原因の解明ができていなかったことである。そのために、出火時には玄関に鍵が掛けられていたことから家の中にいた者による放火と考えられ、それに保険金の請求という情況等も重なって、保険金目当ての放火殺人とされることになったのである。もう一つは改めて言うまでもなく、二人の自白であった。二人の自白の任意性には問題はなく、信用性も認められるとされてきたのである。

ところがその後、宋さんがその自白で述べているような犯行は不可能であることが明らかになっていった。自白にあったように住宅内のガレージでガソリンを数リットル撒いてライターで火を付ければ、一気に爆発的な燃焼が起きて火を付けた者も大火傷を負わないでは済まないということは、控訴審の段階ですでに専門家によって指摘されていた。そしてさらに、その後の再現実験によって、宋さんの自白のようにガレージで約七リットルのガソリンを撒けば、撒き終える前に風呂釜の種火——火事になった住宅ではガレージ内に風呂釜があり、出火時には種火が付いたままになっていた——から引火してしまうことが立証されていったのである。

火災原因についても、ガレージにとめていた車両（ホンダ・アクティ・ストリート）からガソリンが漏れて、ガレージの中にあった風呂釜の種火から引火した可能性のあることが立証されていった。夏場にガソリンタンク一杯まで給油すると、地下のタンクでは冷えた状態であったガソリンが暖まって膨張して給油口から漏れる場合のあることが例証されるとともに、再審請求の即時抗告審では、燃えた車両の給油口を写した写真から、給油口の内蓋が完全に締まっておらず、そこからガソリンが漏れた可能性もあるとされたのである。

宋さんの自白に基づく犯行ストーリーが実際にはあり得ないものであったとすれば、二人の自白は虚偽であったと言えるが、では、なぜ二人はそのような虚偽の自白をすることになったのであろうか。また、一審から上告審までの裁判官はなぜそれを見抜けなかったのであろうか。無罪が確定した今、心理学的にはその点が改めて検証されなければならない。

ところで、本書では東住吉事件について心理学的な立場から検討しているが、その内容については、本件の控訴審の段階で浜田寿美男（現立命館大学招聘教授、奈良女子大学名誉教授）、脇中洋（現大谷大学教授）、筆者の三人で分担して作成した心理学的鑑定書がベースになっている。ただし、本書の内容はすべて筆者が書き下ろしたもので、元の鑑定書の内容とは異なるものであることを断っておきたい。また、本事件を理解する上で必要と思われる事柄については、心理学的な事柄に限らず、できるだけ紹介をするよう努めた。本書の全体の構成は次の通りである。

第Ⅰ部では、火災が起こった時の状況(第1章)、青木さんと宋さんが逮捕されるまでの捜査状況(第2章)、その後の取調べにおける二人の供述の状況(第3章)について、事件の経過の詳細を紹介する。

第Ⅱ部では、検察側の描いた本件の犯行ストーリーを紹介した上で、裁判で争点となった点について整理する(第4章)。そして、一審から上告審の有罪判決の判断について紹介する(第5章)。それからさらに、その後の再現実験等によって明らかにされていった事柄について紹介し、再審決定、ならびに再審無罪とした裁判所の判断について述べる(第6章)。

第Ⅲ部では、青木さんと宋さん、そして目撃者の供述の成立過程について検討していくが、それに先立ち、まず供述を心理学的に理解する際の要点や供述分析の手法について紹介する(第7章)。その上で、二人が真犯人である場合と無実である場合の二つの仮設を立てて、それぞれの仮設の下では、宋さんと青木さんの一連の供述がどのようにして生まれたと考えられるかについて検討する(第8・9章)。それから、宋さんと青木さんがそれぞれに虚偽自白に陥った心理について改めて考えてみることにする(第10章)。さらに、青木さん宋さん以外では唯一火災の発生現場にいた洵君、それともう一人の目撃者の供述の問題についても論じる(第11章)。

第Ⅳ部では、一審や控訴審の判決が、青木さんや宋さんらの供述の評価についてなぜ判断を誤ったと考えられるのかについて検討する。一審や控訴審の有罪判決の判断と再審請求審以降の判決の内容を比較し、有罪判決に認められる姿勢やその論法上の問題について批判的に述べ(第12章)、最後に、東住吉事件から得られる供述の信用性判断に際しての心理学的視点からの準則や今後心理学が果たしていくべき役割等についてまとめる(第13章)。

本書における表記等についても若干説明を加えておきたい。まず、青木さんと亡くなられためぐみさんを除き、人物については原則として仮名にしている。青木惠子さんについては、再審無罪を得た後も警察や検察の反省と冤罪がなくなることを求めて国家賠償請求を提訴されており、その意思を広く社会にもはっきりと示したいというご本人の意向と了解のもとに実名とした。また、鑑定人等の専門家についても実名とした。

調書等からの引用で特に何年と示していないものは、すべて火災のあった一九九五年のものである。また、引用中の〔 〕は筆者による補足である。公判調書等からの引用の際には、尋問者の発言を〈 〉で示している場合がある。また、調書では捜査上重要と思われる部分が句ごとに改行して示されていることが多いが、引用に際してはそうした改行は省略し、読みやすさを考えて読点を付加するなどした。また、明らかな誤字や脱字と思われるところは特に断りなく修正している。それから、調書や文献からの引用において、中略している部分がある場合には「……」で示した(ただし、公判の尋問等の速記録では、沈黙や間があった場合に「……」が用いられている。その場合は「……〔間〕」というように記した)。算用数字であったところは本書では漢数字に変換している。

註には説明の補足や出典などを記したが、本書では次のような事柄も註に記している。事件の経過等については、できるだけその時点での認識に基づく記述となるよう意図したが、東住吉事件では、後になってその認識に誤りがあったことが明らかにされているところも少なくない。そうした誤りには全く触れないままに記述していくと、事件の真相を理解しにくくなるおそれもある。そのため、必要と思われるところについては、後になって判明している事実等を註として記しておくことにした。また、各判決については判示された内容をできるだけそのまま紹介するようにしたが、それらの内容には疑問のある点が多々ある。そうした疑問については、後に心理学的な分析や判決に対する批判の中で論じているのだが、それまではそうした疑問に全く触れないでおくと問題の所在が分かりにくくなると思われた。そこで、判決内容を紹介する際にも、それに対する疑問の一部を註で指摘しておいた。

目次

＊本書に収録した図と表は筆者が作成したものである。
また、写真の提供元はそれぞれ示した。

第Ⅰ部　事件の経過

第1章　一九九五年七月二二日

1　この日何が起こったのか

一九九五年七月二二日は土曜日で、朝から雨が降っていた。青木さんは六時前には起きて、宋さんのお弁当と子どもたちのお昼用の食事を作った。電気工事業を営んでいた宋さんは、七時過ぎにはマンション建設現場に仕事に出かけた。青木さんはデパートの配達の仕事で八時前には家を出た。子どもたちは夏休みで、昼過ぎに青木さんが帰ってくるまで家で留守番をしながら過ごすことになっていた。

その年の一月末に、青木さんたちはその家に引っ越してきた。それまでは賃貸マンションに住んでいたのだが、一月一七日に発生した阪神淡路大震災で水道が破損してなかなか修理をしてもらえなかったこと、それと近々マンションを購入する予定で資金も貯めたかったことから、青木さんの父親が所有していたその家に一時的に引っ越したのだった。子どもたちが通っていた小学校の校区外であったが、購入予定のマンションは校区内にあったので、子どもたちはそのまま同じ小学校に通わせていた。ただし、学校からは少し遠かったので、青木さんが車で送り迎えをしていた。

めぐみさんと洵君は青木さんと前夫との間に生まれた子どもである。めぐみさんは青木さんが一九歳の時に生まれた。しかし、その頃から前夫はあまり仕事をしなくなり、パチンコで借金も重ね、ついには失踪してしまったために離婚をしている。洵君は離婚前に生まれているが、すでに離婚することも考えていた青木さんは、産むかどうかを迷ったものの、将来めぐみさんが一人になってしまうことがないようにと思い、産むことにしたのだった。

宋さんが青木さんらと一緒に暮らすようになったのは、火災から約五年前の一九九〇年のことである。青木さんは、当時子どもを育てながら夜はスナックで働いていたが、客としてやってきた宋さんが青木さんに一目惚れし、一緒に住むようになった。宋さんは、高校を卒業後、電気工として会社勤めをしていたが、青木さんと同居するようになった後、会社を辞めて、独立して電気工の仕事をしていた。宋さんの収入で生活できるようになってからは、青木さんはスナックを辞めて、子どもたちの世話をしながらチラシ配りや配達の仕事などをしていた。

青木さんは宋さんとの同居を承諾した際に、籍は入れないこと、子どもは作らないことを宋さんと約束している。それは、子どもたちの姓が変わること、また宋さんとの間に子どもができると宋さんが自分の子どものほうを可愛がるようになって、めぐみさんや洵君が辛い思いをすることになるのを懸念してのことであった。

火災のあった当日のことに話を戻すと、午前中、宋さんは子どもたちがどうしているのか気になって仕事の合間に家に二回ほど電話をした。そして、二回目の電話の時には、青木さんが帰ったら電話をくれるよう子どもたちに伝言を頼んでおいた。青木さんを通して子どもたちの様子を詳しく聞きたかったし、めぐみさんの夏休みの宿題のことで話しておきたいこともあったからである。お昼を過ぎて、配達の仕事から帰った青木さんから宋さんに電話があった。子どもたちは自分たちでお昼を食べ、めぐみさんがお皿やコップを洗ってくれていたこと、めぐみさんの友だちの竹野内さんが家に遊びに来ていることなどを聞いて、宋さんからは、夏休みの工作について、めぐみさんだけで買いに行かせるとよく分からずに難しいものを買って来てしまうかもしれないので、明日一緒について買いに行こうと思っていることなどを話した。また青木さんは、配達で濡れたし、三時には保険会社の岩國さんが家に来ることになっているので、その前に風呂に入っておくと言い、宋さんも、雨のため四時過ぎには仕事から帰れるだろうと伝えた。

保険会社の岩國さんが来て帰った後、四時前には竹野内さんが帰ることになった。めぐみさんが自転車で竹野内さんを送っていくと言ったのだが、雨が降っていたので青木さんが車で送っていくことにした。車は歩いて五分ほどのガレージに置いていたので、子ども二人も連れて傘を差してそこまで歩いて行き、車で竹野内さんを家まで送っていった。

一方、宋さんは、その日予定していた仕事も片付いたので、四時頃には仕事をあがって車――仕事用に使っていたホンダ・アクティ・ストリート――で帰ることにした。途中で家に電話をしてみたが、誰も出なかった。それから、車のガソリンがもう少しでなくなることが分かっていたので、いつものガソリンスタンドに寄って給油をした。満タンを頼むと、給油が自動で停止した後、ちょうど三〇リットルになるように店員が注ぎ足した。支払いはクレジットカードで行った。途中で再度家に電話してみたが、やはり誰も出なかった。

宋さんは、四時四〇分頃には家に着いて、玄関兼ガレージの入口になる三枚のアルミの引き戸を開け、車をゆっくりとバックでガレージに入れた。ガレージの入口の高さは車高に対して一〇センチほどの余裕しかなく、奥行きも車の大きさに対して二〇センチほどしか余裕がなかった。入れる途中で、ガレージのまん中あたりにバドミントンのラケットが転がっているのが見えたが、道路を遮る形で車を停車することもできなかったので、そのまま車をガレージに入れた。三枚の引き戸を閉めたが、やがて青木さんらも帰ってくるだろうと考えて鍵は開けたままにしておいた。車の下にあったラケットを拾い、車が後ろに下がりすぎていることに気付いて、一〇センチほど車を前に出した。そうして車の中で弁当箱や雨で濡れた仕事着の上着などを片付けている時に、青木さんらが帰ってきた。家の中に入ると青木さんが入り口の鍵を掛けた。

ガレージの奥は、半透明のガラスの引き戸を隔てて居間になっていた。青木さんらが居間に上がったのに続いて、宋さんも弁当箱や仕事着を持って居間に上がった。青木さんがめぐみさんに風呂に入るように言ったので、めぐみさんは準備をして風呂場に行った。(1) 宋さんも風呂に入るために、持って上がった上着のほかに着ていたシャツやズボンも脱いで洗濯機に入れて、パンツ一丁になった。それから、上着と一緒に持ってきてしまっていたドライバーを車に戻しに再度ガレージに下りた。(2) 車の後部脇に立ったときに宋さんは足もとが何か暖かいのを感じたのだが、その時はエンジンの熱かなと思ってそれ以上は気に留めなかった。居間に再び上がった宋さんは、上がり口近くに置いていた衝立に身体をもたせかけながら、座っていた青木さんとしばし話をしていた。洵君も居間でテレビを見るかゲームをしていた。

2　火災発生時の状況

火災が発生した時の状況について説明するにあたり、当時青木さんたちが暮らしていた家の間取図を改めて示しておきたい(図1-1)。道路に面した西側が入口になっており、入口を入ったところがガレージ、それからガラス戸を隔てて居間があり、その東側は廊下、そして裏庭に続いている。居間の北側には三畳間があり、その西側は台所になっていて、水屋や冷蔵庫二台が置かれ、一番西側が流し台になっていた。流し台の上の窓は家の西側の道路に面していて、窓には格子が付けられていた。台所の南側には脱衣場と風呂があったが、ガレージとは壁を挟んで北側にあたり、風呂釜はガレージの北西角にあって排気用の煙突が付いていた。風呂釜は浴槽の湯を沸かすためのもので、シャワーはそれとは別の給湯器によっていた。ガレージと脱衣場の間には窓があった。それから、図には示していないが、二階には六畳間が二間あった。裏庭の東側は細い路地になっていて、裏の塀の戸を開ければその路地に出ることができた。

さて、宋さんは居間の上がり口近くの衝立に身体をもたせかけて、青木さんと話をしていたのだが、そろそろ風呂に入ろうと身体を動かして左を向いた時、引き戸のガラス越しにオレンジ色に光るものが目に入った。「何やあれ?」と言って、宋さんが引き戸を開けて見ると、ガレージにとめていた車の右側横から、半円形にはみ出すような形で(図1-1の斜線の部分)、炎が二〇―三〇センチ位の高さに上がっていた。青木さんもそれを見て、「何でこんなところから火が出てるん!」と声をあげた。宋さんが

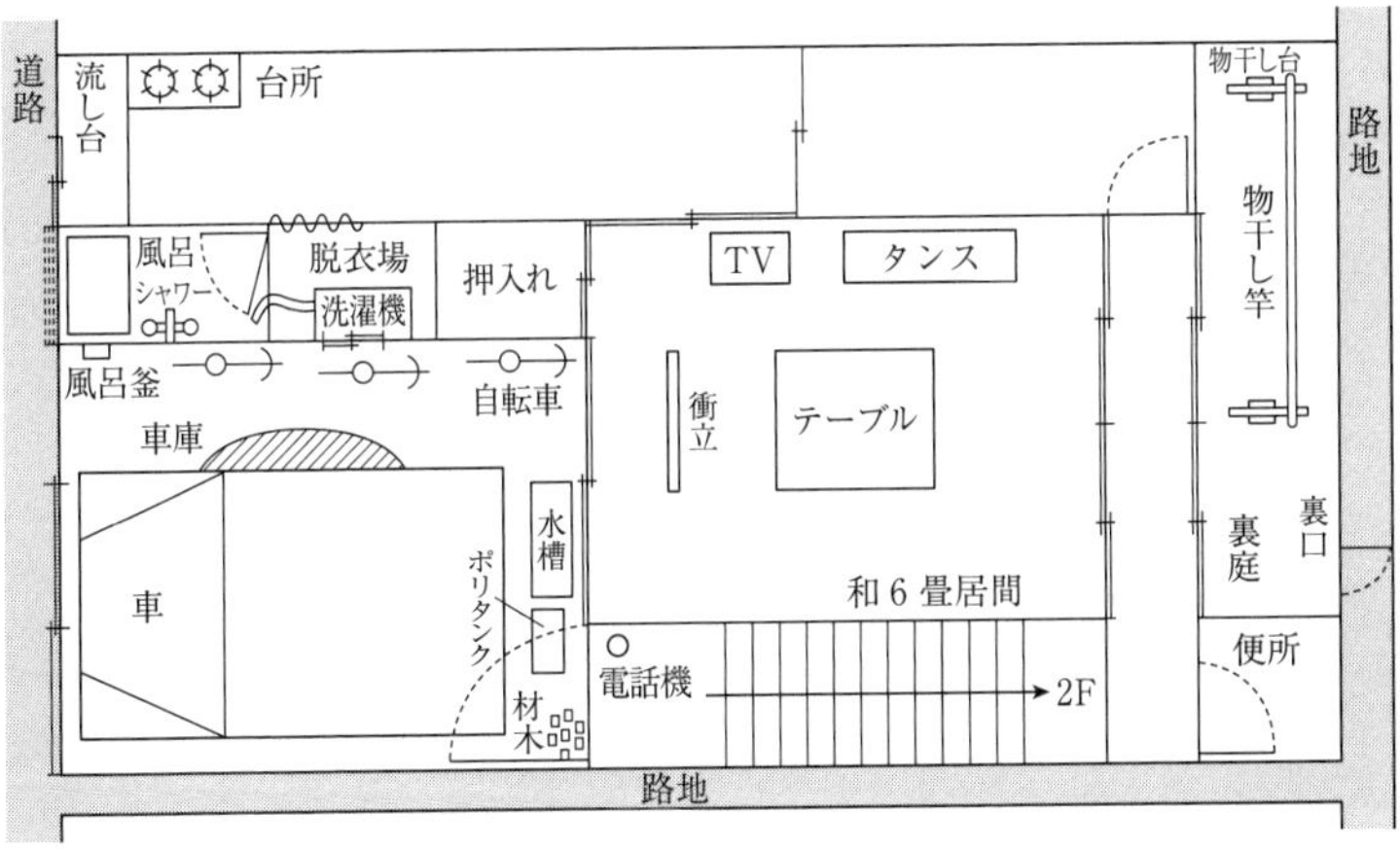

図 1-1　火事になった家の間取り（1 階部分）

ガレージに下りて車の下をのぞき込むと、車の床下にはさらに炎が広がっていた。宋さんが青木さんに水を持って来てと言い、青木さんは急いで流しに水を取りに行った。火の大きさから消火できると考えた宋さんは、近所から消火器を借りてこようと考え、[3] 燃えていた火を飛び越え、三台の自転車と車の間をすり抜けて、入口の引き戸を開けた。青木さんは、流しから水が汲み置きしてあった洗い桶を取り、途中で風呂場にいためぐみさんに声を掛け、火のところに戻って水をかけたが、それで火が消えることはなかった。宋さんは、青木さんに一一九番するように言ってから、家を飛び出した。

　青木さんは一一九番に電話し、家が燃えているのですぐに来てほしいと伝えた。[4] 受付員が状況を確認するやりとりが、青木さんにはまどろっこしく感じられた。そして、通話している間に二回ほど爆発音がして、傍らにいた洵君も「早く来てください！」と電話に向かって叫んでいた。電話を終えた時には、台所のほうには黒い煙が充満していた。めぐみさんが出てくるのをその場で待っ

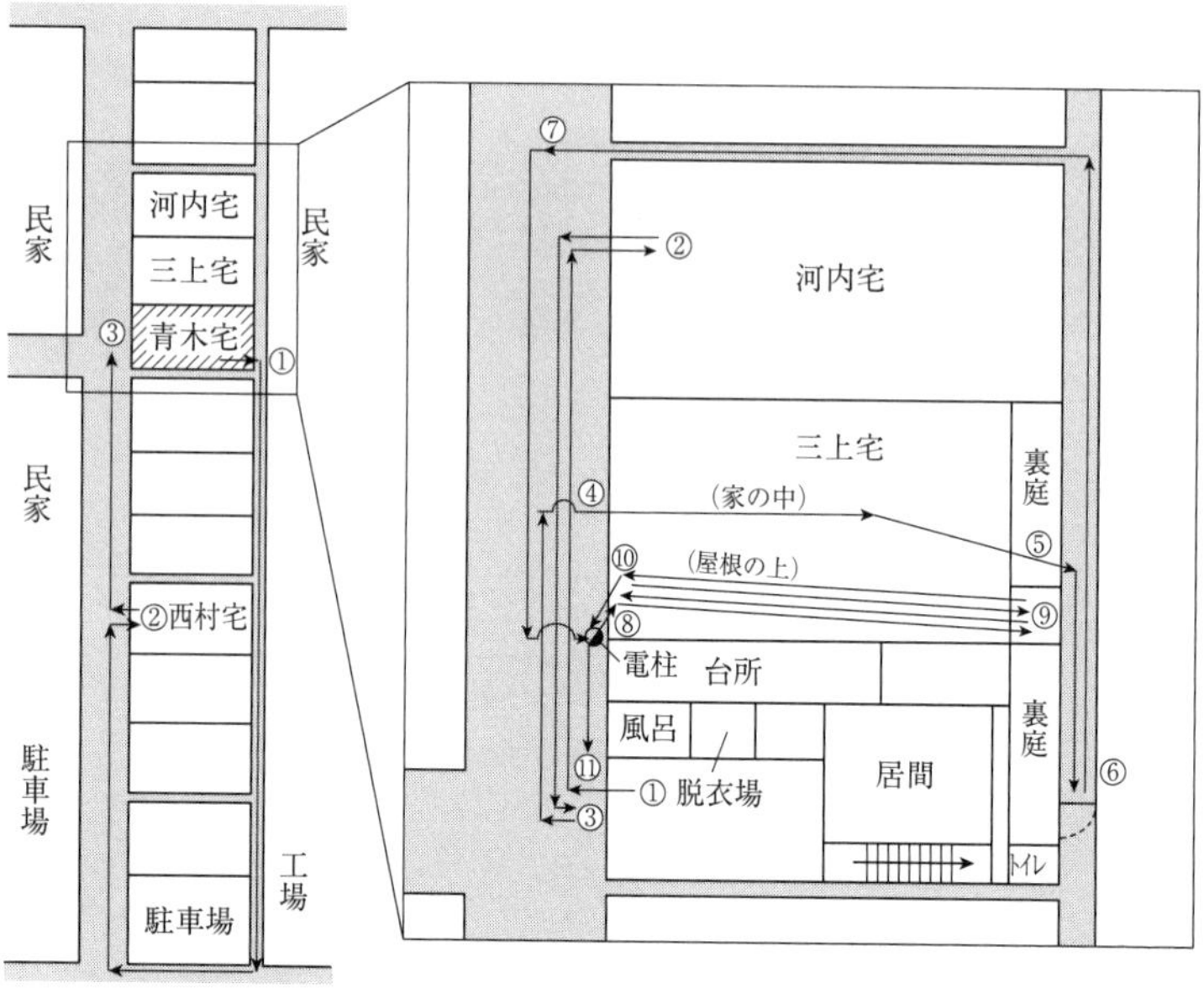

図1-2　近隣図

左図の番号ならびに矢印は火事の時の青木さんの行動経路を，右拡大図の番号ならびに矢印は同じく宋さんの行動経路を表す．

ていたが、煙がさらに激しくなったので、青木さんはやむを得ず洵君だけを連れて裏へと逃げた。洵君を背負って裏庭に下り、木戸を開けて東側の路地へと出たが、そこまで逃げると青木さんは動けなくなってしまった。ただ実際のところ、青木さんもパニックになっていたので、その時に自分がどのように行動したかについては記憶がはっきりしないところがある。

一方、宋さんは、家を飛び出した後、一軒挟んで北隣になる河内さんの家に飛び込んだ(図1-2参照)。河内さんの家に行ったのは、青木さんの父親が河内さんについて話すのを聞いたことがあったからであった。[5]「消火器貸してください!」と言って宋さんが家に飛び込むと、主人の河内さんが柱に掛かっていた消火器を取ろうとしてくれた。しかしなかなか外れなかったため、宋さんが替わって取って、燃えているガレージへととって返した。宋さんが戻った時には、すでにガレージは熱気で中には入れない状態になっていた。戸口から車の床下に向かって消火器を噴射して、手前のほうは消すことができたものの、噴射し終わって様子を確認すると、車の床下奥からはなお炎が上がっていた。なおこの時に、宋さんは車の給油口の外蓋が二センチほど開いていたのを見ている。

そこに至って、宋さんは青木さんらが逃げられたかどうかを確認しなければと思った。ガレージからはもはや中に入れる状況ではなかったため裏に回ろうと考え、北隣の三上さんの家に飛び込んで、そのまま裏へと出た。東側の路地に出て、そこから家の裏庭に入ろうと考えたのだが、裏木戸には中からかんぬきが掛けられていて入ることができなかった。塀を乗り越えようともしてみたが、路地が狭い上に塀には瓦が葺いてあったためにそれもできなかった。やむを得ず、宋さんは路地を回って家の表に戻った。そして今度は、家の前の電柱を登って三上さん宅の屋根の上にあがり、屋根伝いに裏に回った。そこから裏庭に飛び降りようとしたのだが、庭には物干しなどがあってそれもできなかったので、また屋根伝いに表に戻った。その頃には家の周りには近所の人たちも集まって消火活動などをしていたので、宋さんは屋根の上からロープを貸してほしいと頼み、ロープを借りると再び裏に回った。宋さんはベランダにロープを結びつけて裏庭へと下りるつもりだった。しかし、その前に宋さんが青木さんらを呼ぶと、路地のほうから、「私と洵ちゃんは大丈夫、めぐちゃんが中にいてる」と青木さんの言う声が聞こえたのだった。その頃までには消防も現場に到着して、青木さんは消防士から路地から出るようにと言われた。宋さんも早く屋根から下りるようにと言われて、やむなく表に戻って屋根から下りた。

消防士から誰か取り残されている人はいないかと聞かれて、宋さんはめぐみさんがまだ中にいると伝えた。ただその時に、宋さんはめぐみさんが「奥にいる」と言ってしまった。実際にはめぐみさんがいた風呂場は表の道路に近い側にあったのだが、咄嗟のことで、普段生活をしている時のイメージのままに「奥」と言ってしまったのだった。消防士が家の中に入っていったが、なかなかめぐみさんを助け出せなかった。道路に面したところの窓が割られ、窓の格子も外されたので、宋さんはここからめぐみさんを助け出してと言ったが、消防士にはそれを無視された。宋さんは自分で助けに行こうとして、貸してもらったタオルをぬらしてそれを口に当てて中に入ろうとしたが、二、三人ぐらいの人に押さえられてそれも止められた。

その時には青木さんも路地から出て、洵君を連れて家の前にやって来た。途中、西村さんの家で呼び止められて、洵君は置いて自分だけで行こうとしたのだが、洵君がついて行くというので一緒に連れて来たのだった。青木さんはめぐみさんがまだ助け出されていないことを知って、めぐみさんは風呂場にいることを消防士に伝え、しばらくしてようやく、消防士によって格子を外した窓からめぐみさんが助け出されたのだった。なお宋さんにしても、初めは消火をしようとして、その後は青木さんらを助けなければということで必死であったため、火事の時の記憶についてははっきりしないところもある。

3　めぐみさんの死

助け出されためぐみさんは、救急車で病院へと搬送された。救急車には、青木さん、宋さん、洵君も同乗した。めぐみさんは意識がなくぐったりとし、酸素マスクをされていたが、青木さんがめぐみさんの足を揺すった時にはめぐみさんの足が動いたので[6]、青木さんはめぐみさんが助かるものと思っていた。すぐ近くの救急病院には受け入れを拒否されたため、めぐみさんは二〇分ほどかけて大阪市立大学附属病院に搬送された。

搬送された病院では、青木さんらはめぐみさんのところには行かせてもらえず、別の部屋で待機していた。その間、青木さん自身もとても寒くて毛布を掛けてもらい、空えずきがして、酸素マスクもしてもらっていた。洵君もその隣でやはり毛布を掛けてもらっていた。そうしてしばらくしてから、医師から宋さんにめぐみさんの死亡が伝えられた。青木さんには宋さんがそれを伝えた。青木さんにしても宋さんにしても、それは全く信じられない思いだった。めぐみさんの遺体は司法解剖に回されることになり、その日はめぐみさんの遺体には会えないまま、青木さんらはひとまず青木さんの実家に帰った。

第2章　二人が逮捕されるまで

1　火災直後の事情聴取と現場検証

火災の当日、めぐみさんが搬送された病院で待機している間に、青木さんと宋さんは消防から事情を聞かれている。その後は青木さんの実家に帰っていたが、東住吉警察署から電話があり、青木さんと宋さんは警察でも夜の一〇時から夜中の二時くらいまで別々に事情聴取を受けた。警察から帰ってからは、青木さんはめぐみさんを助けられず自分も死んでしまいたいといって取り乱し、ずっと泣いていた。宋さんだけではそうした青木さんを支えきれず、青木さんの友人の森山さんに来てもらって付き添ってもらった。

翌日の七月二三日には現場検証が行われ、宋さんと青木さんの父親がそれに立ち会った。青木さんは、花と線香とめぐみさんが好きだったミルクティーを買ってから、森山さんに付き添ってもらって現場に行った。洵君も一緒だった。警察が現場の写真を撮り終えるのを待ってから、宋さんがめぐみさんの亡くなった風呂場まで行って、花とミルクティーを供えた。青木さんはめぐみさんの死を受け入れられず、その場所まで行くことができなかったため、外で線香をあげた。

それから昼過ぎには、火災で服なども焼けてしまい当座をしのぐためのお金も必要ということで、山川電業社に宋さんが働いていた分の賃金をもらいに行った。その後再び現場検証の立会いに戻り、夕方には病院でめぐみさんの遺体を引き取って東住吉会館に入った。その晩は仮通夜を営んだが、友引やら火葬場の空きやらの関係で、葬儀は二六日まで待たねばならなかった。また、二三日の夜も警察から電話があり、宋さんと青木さんは、東住吉警察署で夜の一〇時から夜中の二時ぐらいまで別々に事情聴取を受けた。

翌二四日も、警察からの呼び出しを受けて、夜に宋さんだけ東住吉警察署へ行った。この時は宋さんの火事で焼けた髪の毛の写真を撮られて、その髪の毛の提出もしている。二五日にも警察が東住吉会館にやって来て、警察まで来てくれと言ってきた。通夜の時にいきなりそのようなことを言ってくることに宋さんが腹を立てて少し揉めるところとなったが、その日は青木さんだけ警察に行っている。そして、二六日にようやくめぐみさんの葬儀が営まれた。

2　めぐみさんの死因と保険金請求手続

(1) めぐみさんの死因

死亡証明書の記載内容ならびに司法解剖を行った医師の一審における公判証言によれば、めぐみさんの死因については次のように考えられる。

直接の死因は焼死で、死亡推定時刻は七月二二日午後五時頃。消火中に救出され、病院へ救急搬送されたがすでに死亡していた。全身に第一―三度熱傷、気道、食道、胃内煤片、肺のうっ血水腫、実質内出血、血中一酸化炭素ヘモグロビン約三〇%で、火傷の状態については、炎が直接に当たって焦げているという状況は特に認められず、これらの所見からは、熱風、高温のガスを吸い込んで粘膜や肺胞の傷害により死亡したものと考えられる。一酸化炭素ヘモグロビン濃度から、一酸化炭素中毒が死因であった可能性は低い。火傷は顔面がひどかったが、髪の毛が燃えたり縮れたりはしておらず、身体の前面の火傷は非常に少なく背中のほうが強かった。消防士がめぐみさんを発見した時には、めぐみさんはうつぶせの状態で倒れていたということも合わせ考えると、めぐみさんがまだ座るか立つかしていた時に、二〇〇度くらいのガスが急激にめぐみさんに襲いかかり、意識を失ってうつぶせになったものと推定される。すなわち、めぐみさんは煙に巻かれて逃げ遅れて焼死したものではなく、高温のガスを吸い込んで気道または肺に損傷を受け、それが致命的となって短時間の内に死亡したものと考えられた。

これを火災の状況や家の間取りとも重ねて考えると、さらに次のように推定される。火災によってガソリンタンクが熱せられて圧力が異常に高まり、給油口の内蓋――内部圧が異常に高まるとバネ仕掛けで圧力を外に逃がすようになっている――からガソリンが噴出して、それに引火して、火炎放射状の爆発的な燃焼が起こった。それがガレージと脱衣場の間の窓を破って、脱衣場に入り込んだ。脱衣場と風呂場の間にはドアがあったものの、洗濯機からの排水を流すために日頃からドアはきちんと閉められていなかったこともあって、その燃焼による高温ガスはそのまま風呂場にも入り込み、中でシャワーを浴びていためぐみさんはそれを吸い込んだのではないかと考えられる。(1)

以上については推定も含むが、めぐみさんの解剖所見や現場の状況とも矛盾しない。ただし、こうしたことを青木さんや宋さんもまだ知らなかったということは、二人の供述を検討していく際に留意しておく必要がある。

(2) 保険金請求手続

火災の後、青木さんと宋さんは、めぐみさんの葬儀費用、お墓の建立、それから宋さんの仕事道具の購入など今後の生活の再建のためには、めぐみさんに掛けられていた生命保険金を当てにせざるを得ないという話をしたことがあった。実際葬儀費用については、保険金が入ったら返すからということで青木さんの友人の森山さんから借りている。

めぐみさんには死亡保険金一〇〇〇万円、不慮の事故等による死亡の場合には一五〇〇万円の大正生命の保険がかけられていた。この保険は三年ごとに三〇万円の生存保険金が支払われるもので、青木さんがめぐみさんの将来の学費やさらには結婚資金になればと考えて、一九九二年の一一月に加入したものであった。最初に大正生命に加入したのは宋さんで、それは宋さんが以前に入っていた保険では、死亡保険金の受取人を青木さんに変更したくても内縁関係ではそれができなかったところ、保険外交員から大正生命であればそれが可能と聞いて保険会社を変更したものであった。そして、その時の保険外交員であった畑中さんとのつき合いの中で、次にはめぐみさん、その後さらに青木さん、洵君も大正生命に入り直したのだった。

火災後まだ間もない七月二四日の朝に保険会社に電話をしたのは、保険の掛け金の支払日の二六日が迫っていたからであった。めぐみさんが亡くなったことを話すと、畑中さんは死亡保険金の請求手続についても説明してくれて、(2) 翌二五日の夜には東住吉会館まで保険金請求のための書類を持って来てくれた。

3　放火殺人事件報道とその後の生活

(1) 放火殺人という報道

めぐみさんの葬儀を終えた翌日の七月二七日、朝日新聞に今回の火災について「放火と府警断定」という記事が出た。また、朝日テレビでも、朝のニュースで放火と断定されたというニュースが流された。その日、宋さん、青木さん、洵君の三人は家にやって来た刑事によって唾液を採取されている。作成された経緯が不明であるが、青木さんについては七月二七日付で警察官調書も作成されており、その調書では火災時の状況のほかに、青木さんの身上、経歴、家計の状況、保険の加入状況なども録取されている。

青木さんの父親は大工をしていたので、めぐみさんの葬儀が終わってからは、今回の火災やその消火活動で被害のあった近隣の家を修理しに回り、宋さんもその手伝いに行っていた。宋さんは火事の時に誰から消火器を借りたのかの記憶がはっきりしなかったので、河内さんのところに修理に行った時に消火器のことを聞いてみた。そうしたところ、河内さんは確かにあんたに貸したということであったので、宋さんは改めてそうだったのかと思い、河内さんにお礼を言ったのだった。(3) ただ、放火の報道があってからは近隣の人の態度もよそよそしくなった。

七月三〇日には、宋さんと青木さんは再び警察に呼ばれてそれぞれに事情聴取を受けたが、この時の警察の態度はそれまでとは明らかに違っていた。それまでは宋さんも青木さんもあくまでも被害者として話を聞かれていたのだが、この時は二人とも重要参考人扱い、すなわち宋さんが放火の犯人、青木さんがその共犯者としてはっきりと疑われていた。この日、宋さんは説明のための図なども含めて一九通、青木さんは同じく二一通の供述書を書かされている。警察から戻った二人は、それぞれの取調べの様子について報告し合い、大変なことになったと話をした。また、この日は洵君も警察で事情を聞かれていた。帰ってからそのことを聞いた二人は、洵君にも警察でどのようなことを話したのか聞いて、これからもいらないことは言わないように言い聞かせておいた。ちなみに、洵君はその後八月二日にも警察で

放火と府警断定

東住吉の小6　入浴中の焼死

大阪府警捜査一課と東住吉署は二十六日、大阪市東住吉区西今川四丁目、無職青木恵子さん(三一)方付近から出火、青木さんの長女、小学六年めぐみさん(一一)が焼死した今月二十二日の火事は放火事件と断定、現住建造物等放火の疑いで本格捜査を始めた。

調べでは、二十二日午後四時五十分ごろ、青木さん宅の一階付近から出火、木造二階建て約八十平方㍍の住宅を全焼した。入浴中のめぐみさんが逃げ遅れ、病院に運ばれたが全身やけどで間もなく死亡した。青木さんと長男(八つ)は逃げ出して無事だった。

出火当時、二回、爆発音がしており、調べた結果、ふろ場横のガレージに止めてあった知人の軽ワゴン車付近が出火元とわかった。

軽ワゴン車の給油口のふたは閉まっていたという。車庫内には、ふろのバーナーがあったが、捜査一課は車への引火の可能性はないと判断、ほかに火の気がないことなどから放火事件と断定した。

「放火と府警断定」と報じた1995年7月27日の朝日新聞大阪本社朝刊の記事

事情聴取を受けている。

放火だと報道されても自分たちが火を付けた覚えはなかったので、外からの放火の可能性について青木さんと宋さんが話し合ったこともあった。三枚引き戸の真ん中にある新聞受けのところがよく燃えていたので、そこからガソリンを注入して、夕刊を投げ込むような振りをして火を付けたのではないかと考えたりした。それまでにも、何でこんなことになったんやろうと二人して話し合うことは何遍もあった。給油口の外蓋が開いていたのを宋さんが見ていたので、当初はガソリンスタンドで給油口の内蓋を閉め忘れてそこからガソリンが漏れたのではないかと話したりした。しかし、その後宋さんが給油口の内蓋は締まっていたと警察で聞いてきて、それなら給油口からのガソリン漏れは考えられないなあと話したのだった。

(2) 被災後の生活

めぐみさんが亡くなってからの青木さんは、めぐみさんが死んだのは自分のせいだと思い込んで、生きているのが嫌だから死にたいとずっと言っていた。めぐみさんの写真と遺骨には毎朝御飯を供え、現場に花を供えにも行ったが、体調はずっと悪く、ご飯も全く食べられないでかなりやせて、夜一人になった時には閉じこもって泣いていた。また宋さんも人前でこそ泣かなかったものの、一人の時には泣くこともあった。

青木さんとその父親とはもともと折り合いが悪かったこともあって、火事の後、実家に身を寄せてからも、青木さんと両親とはよく喧嘩になった。父親は出ていくのやったらめぐみさんの位牌と洵君は置いていけと言った。また、父親が宋さんに青木さんの前夫の借金を全部返済してやったことなどを話しているのを聞いて、ならば死んで生命保険で下りたお金を父親に渡したらいいと考えて、青木さんが大和川のほうに歩いて行ったこともあった。めぐみさんを助けられず、自分だけが生きているのも嫌で、死にたいという思いもあった。ただその時は、洵君が青木さんを追いかけてきて、「ママ死んだらあかん」と言ってくれて、青木さんは「ああ洵ちゃんもいてたんや」と我に返り、死ぬのを思い止まることができた。しかし、その後も青木さんはめぐみさんのことばかりを考えて、ご飯も食べられず、自分を責める状態が続いていた。

(3) 八月一四日、宋さんの事情聴取

ところで、八月一四日には宋さんが警察に呼ばれている。浅尾刑事による事情聴取では、「お前、ほんまにやってないんか、火付けてないんか」と聞かれ、宋さんが「やってない」と答えると、刑事からは、「ホンダの科学者が車を調べてるから、原因が分かったらすぐ捕まえたる」などと言われた。

それから、今度はめぐみさんとの関係について聞かれ、めぐみさんの体内から宋さんの精子が出てきたといって追及された(4)。宋さんは精子が出てきたというのはおかしいと思ったものの、めぐみさんに対して性的虐待をしていたことは事実であったので、それを認める内容の供述書を書いた。すると浅尾刑事からは、これは強姦になるが、めぐみさんはもう亡くなっているから、このことは胸の内に納めておくと言われた。

(4) 弁護士への相談

宋さんは、八月一四日の事情聴取でそのようなことがあったことを青木さんには話していない。しかしながら、すでに重要参考人として扱われていて、宋さんが再び事情聴取されたという事実は青木さんの不安を大きくした。友人の森山さんからは知り合いが警察に疑われたときに大変であった話を聞き、一度弁護士に相談しておいたほうがよいとのアドバイスも受けていた。そこで、宋さんがあべのベルタで行われていた弁護士の無料相談に行ってみることになった。

八月一七日に宋さんの相談を受けたのは秋月弁護士であった。宋さんは、放火殺人の重要参考人として扱われていること、また青木さんが作成したメモをもとにそれまでの事情聴取の状況などについて説明した。めぐみさんとの関係についても秋月弁護士には話をした。宋さんが放火はしていないことを話すと、そうであればやっていないと言わなければいけないということを強く言われた。それから、逮捕された場合は、まず二日間の取調べ期間があって、その後勾留請求されると一〇日間、もう一度請求されるとさらに一〇日間、合計二二日間[5]の取調べがあるという刑事手続の説明も受けた。宋さんがもしもの時にはどうしたらいいかと聞くと、秋月弁護士は名刺を二枚渡して、宋さんと青木さんが一枚ずつ持っておくようにと言った。秋月弁護士はまた、今の状況であれば疑われてはいてもすぐにどうこうなることはないだろうとも言ったので、宋さんたちもそれで安心するところがあった。実際、その後しばらくは宋さんらが警察に呼び出されることもなかった。

⑸ その後の生活

八月二〇日頃になって宋さんも仕事を再開した。八月二二日にはめぐみさんの保険金の請求をしているが、それは書類を受け取ってから一カ月近くが過ぎて保険会社から問い合わせがあり、その中で畑中さんからも、「青木さんにやましいことがなければ請求したらいいと思う」と言われて提出したものであった。

八月二五日頃には、青木さんらは実家を出てウィークリーマンションに引っ越したが、その際には引っ越し先について警察にも連絡を入れている。

学校が始まってからは、青木さんが洵君を学校まで送り迎えをしていた。青木さんが使っていた車は宋さんが仕事に使っていたので、自転車での送り迎えであった。青木さんはその頃も体調はよくないままで、体重も三六、七キロになっていて、疲れてしんどい時には七時とか八時には布団に入って寝ころんでいるような状態であった。

4 捜査の進展

ここで、これまでに述べてきた事柄以外で、警察の捜査がどのように進んでいたと考えられるのかについても少し見ておきたい。二人の逮捕に至るまでに、警察はどのようなことを把握していたのだろうか。

写真2-1　燃えた車両の右側面(給油口を矢印で示す)
写真提供：東住吉事件弁護団.

まず火災現場の状況について、ガレージの焼燬状況はガレージの東側で激しく、続いて南側、北側の順で弱まっていた。このことは、車両の給油口——駐車されていた車両の向きからすれば北側になる——からガソリンが噴出し、火炎放射状に爆発的な燃焼があったという推測(写真2-1参照)とは矛盾すると考えられた(6)。

次に、火災後に行われた車両検査では、給油口の内蓋は完全に締まっており、タンク自体に穴あき等の損傷もなかった。燃えた車両の燃料計は、火災後、満タンの四分の三くらいの位置を指していた。これらのことは、車両からガソリンが漏れた可能性を否定するとともに、ガソリンタンクからガソリンが抜かれたことを推測させるものであった。

また、車両からの出火の可能性については、「調査結果を総合してみると、燃料系、排気系、電気系、エンジン本体のいずれにおいても出火原因になったと言えるような状況は発見されなかった」(八月七日付の科学捜査研究所の技術吏員による車両出火原因調査結果復命書)とされていた。

ガレージにあった風呂釜については、火災後もそのカバーは原型のままで、シールやホースもそのままであり、またバーナー自体にも全く焼損はなく、バーナーに煤も付着していなかった。また、消防隊員が玄関から屋内に侵入した際にも、風呂釜の周辺は燃えていなかった。これらのことからは、風呂釜を原因として火災が発生したことも否定されると考えられた。
それら以外に、火災の目撃者からの事情聴取、動機になり得るような事柄についての青木さんや宋さんの身辺捜査なども、当然のことながら進められていたと言えよう。

5 九月一〇日、任意同行と逮捕

九月一〇日は日曜日であった。青木さんらが寝ていると、朝の七時に警察から電話があって、日曜日で朝早くて悪いけど事情を聞かしてほしいと言われた。三〇分ほど時間をもらって用意をすると、七時半にインターホンが鳴った。宋さんが鍵を開けにマンションの玄関まで出ると、車が三台に刑事が一〇人ほど来ていた。部屋まで刑事がやって来て、宋さん、青木さん、洵君の三人はそれぞれ別の車に乗せられた。この後、青木さんは東住吉警察署に連れて行かれ、洵君も同署に連れて行かれたが、そこには先に青木さんの母親と兄が来ていて、洵君は母親らによって連れて帰られたようであった。こうした手はずがされていたことからは、すでに逮捕を想定していたことが窺える。

青木さんは連れて行かれる車の中で、新見(宋さんの通称名)に手錠をしなかっただけでも有り難く思えと大声で言われたが、そう言ったのは、その後青木さんが取調べを受けることになる新井刑事であった。車には新井刑事のほか、同じく青木さんの取調べを担当することになる岡本刑事、それから運転していた刑事の三人が乗っていた。東住吉警察署に着くと、青木さんは二階の取調室に連れて行かれて、さっそく岡本刑事と新井刑事から取調べを受けた。最初から放火殺人の犯人扱いで、青木さんがやっていませんといくら言っても、全く聞いてはもらえなかった。そして、青木さんは自白に追いこまれて、その日の内に逮捕された。

一方、宋さんの車にも運転手を含めて三人の刑事が乗っていて、宋さんは平野警察署に連れて行かれた。平野警察署には浅尾刑事が待っており、「今日お前を犯人として取り調べるからな」と言われた。宋さんが「今日すぐ帰れるんかな」と聞くと、浅尾刑事は「今日帰られへんな、当分帰られへんぞ」と言った。宋さんがそのように聞いたのは、翌日からの仕事のことが気になっていたからで、その時宋さんはマンションの仕事を請けてやっていたのだが、宋さんが行かないと他の仕事も進められず、他の業者に大きな迷惑をかけることになるからであった。宋さんは電話で連絡をさせてほしいと言ったのだが、浅尾刑事はそれも許さなかった。この時点では宋さんはまだ逮捕はされていない。にもかかわらず、実質的には身柄を拘束されて、外部との連絡も取らせてもらえなかった。そして、宋さんもその後の取調べで自白に追いこまれ、その日の内に逮捕された。宋さんと青木さんが自白に追いこまれた経緯ならびに二人のその後の供述経過については章を改めて述べることにする。

第3章　虚偽自白に陥るまで

1　二人が自白するまでの経過

(1) 宋さんが自白するまで

九月一〇日に宋さんが取調べを受けることになった平野警察署の取調室は、入口を入ったところの床に毛布が折って敷かれており、机は入口とは反対の窓際に寄せられ、毛布の上に椅子が二脚、向かい合わせで置かれていた。また、取調室の壁には亡くなっためぐみさんの写真が三枚貼られていた。そして、その椅子に浅尾刑事と宋さんが向かい合わせに座る形で取調べが始まった。浅尾刑事から犯人として取調べると言われ、電話をすることも許されなかったため、宋さんは持っていた秋月弁護士の名刺を渡して、弁護士に連絡してくれるように求めた。浅尾刑事はその名刺を磯野刑事に渡したが、磯野刑事からは弁護士は留守で留守電に入れておいたとの報告であった(1)。

その後は、浅尾刑事から火事について追及された。まず、火事の時に宋さんが消火器を借りたと話していた河内さんが、宋さんには消火器を貸していないと言っているぞと言われた。それから、仕事から帰って居間に上がってから火事を発見するまでにガレージに一度下りているではないか、洵君がそれを見ているぞとも言われた。そして、それまでの事情聴取でガレージに下りたことを話していなかったのは、都合の悪いことを隠していたのだろうと追及された(2)。火事の時に北隣の三上さんの家の中を通って裏まで行ったということも宋さんはよく覚えていなかったのだが、三上さんのところに宋さんの靴が残っていたということで、その点についても問い質された。そのようにして、お前は嘘をついている、お前の言うことは全然信じられんといって、宋さんは厳しい追及を受けた。

また浅尾刑事からは、ホンダの科学者が車を調べた結果、ガソリンを抜いて撒いて火を付けたとしか考えられないとも言われた。宋さんはひどくショックを受け、もう一遍ちゃんと調べてくれと言ったが、浅尾刑事はもうお前しか犯人はいないといって、それを聞き入れようとはしなかった。宋さんはそれでも絶対にやっていないと言って、午前中は押し問答が続いた。その間にも宋さんはさらに二回ほど弁護士への連絡を求めたが、その度に留守電だったと言われた。

それから宋さんは、浅尾刑事から、それやったらめぐみとのことを世間に公表するぞとも言われた。認めれば公表はしないとも言われて、そう言われるとやっぱり公表はされたくないという思いが出てきて、気持ちが揺れるところもあった。

宋さんは浅尾刑事と磯野刑事の二人に取調べを受けていたのだが、昼の一時を過ぎたと思われる頃に(3)、浅尾刑事が磯野刑事に東住吉署に連絡を取ってくれと言って、磯野刑事がしばらく席を外していたことがあった。

浅尾刑事は、宋さんに取調室に貼ってあっためぐみさんの写真を見させて、「なんも悪いと思わんのか。めぐちゃんは熱い熱い言うて死んでいったんやぞ。夜な夜なお化けになって出てくるんやぞ。現場に行ったらいつもお化けが出るいうてうわさがあって、そやから俺も今ここでめぐちゃんの霊をおさめるために手に数珠してるんや」などと言ってきた。また、宋さんが椅子に座って右足を上にして組んだ時には、「なんていう態度や、ちゃんとして座られへんのか」と言って、右足のくるぶし付近をかなり強く蹴ってきた。宋さんは右足に古傷があり、その衝撃で古傷が痛んだが、そうしたことが二回、三回と重ねてあった。

それから浅尾刑事は、これは洵君との男と男の約束やから言うたらあかんのやけどと前置きした上で、「おまえが部屋に入ってから下に下りたときに火つけてんの洵君に見られてるんやぞ」と言った(4)。宋さんはそれを聞いて、洵君から裏切られたような気がしてひどくショックを受けた。

その後、宋さんは浅尾刑事から立つようにと言われて椅子の前に立った。何をするのかと思っていると、浅尾刑事はいきなり両手で宋さんの首を持って後ろの壁に押さえつけてきた。宋さんは身長が一七〇センチであったのに対し、浅尾刑事は一八〇センチ位あった。宋さんは押さえつけられて壁にもたれるような格好になり、その状態で首を絞められ続けてだんだんと意識が遠のいていった。そして、宋さんが意識がなくなると思った瞬間、浅尾刑事が手を放したので血の気がめぐるようなふわっとした感じがした。しかし、宋さんはそれによってまさに殺されるのではないかという恐怖を感じた。浅尾刑事には黒紐でとじた厚さ五センチ位の資料の束で頭を叩かれたことも二回あった。

それから磯野刑事が取調室に戻ってきて、「向こう全部ぺらぺらしゃべってるらしいですわ」と浅尾刑事に報告した。宋さんは「ほんま?」と聞いたが、「おお、ほんまや、向こうもう全部しゃべってんぞ」と言われ、宋さんは呆然として目の焦点も合わないような状態になった。宋さんは驚く一方で、もう恵子もどうしようもなくなって諦めたのだろうと思った。宋さんとしてはずっと青木さんと一緒にやってきたという気持ちが強かっただけに、すべてがもう終わったような感じを受けた。そして、もう恵子もそうやって諦めたんやったら自分も諦めようという気持ちになっていった。(5)

宋さんは小さな声で「やりました」と言った。浅尾刑事から「なんやもう一ぺん言うてみい」と言われて、宋さんは再度「やりました」と言わされた。それから自供書を書くように求められた。浅尾刑事は宋さんに、「おまえ自分でやったんちゃうやろう。いろいろ聞き込みとかで調べたら、おまえからは悪いようなことは全然出てけえへん。けど恵子からは悪いうわさばっかり出てくる。それやったら恵子にそそのかされてやったんしかないんやろう」などとも言ってきた。宋さんは言われるままに返事をして、ある程度聞いたら浅尾刑事がそれを言葉にまとめ、それを宋さんが紙に書いていくという形で自供書が作られていった。

宋さんは、その後八通の自供書を書いている。一枚目を書いたところで休憩して注文した焼き飯を食べているが、B4で各一枚、計八通の自供書を書くのに、午後二時ぐらいから午後八時くらいまでおよそ六時間かかっている。

八通の自供書を書き終えた後、午後八時二〇分に宋さんは逮捕された。その直後の警察の弁解録取でもそのまま犯行を認めている。

警察の留置場に入れられ、夜の一〇時くらいになってから、秋月弁護士が宋さんの接見にやって来た。宋さんは秋月弁護士に、「もう遅いですわ、もう自供してしまいましたわ」と話した。やっていないということは秋月弁護士にはすでに話していたので、どうして自供したのか、どういうようなことを話したのかを簡単に説明していった。その中で、刑事から暴力を受けたということも話している。[6]

ところで、その日は日曜日だったので秋月弁護士の事務所も休みであった。そのため警察からの電話も通じなかったのだが、翌日の別の事件の公判の準備のために午後から秋月弁護士が事務所に出て来ていたところ、午後三時頃に警察から電話があって、宋さんの依頼の連絡を受けたのだった。[7] 秋月弁護士は先に東住吉警察署に青木さんの接見に行った後、宋さんの接見に行っている。そのために宋さんとの接見が遅くなってしまったのだが、先に青木さんと接見をしていたことで、宋さんと接見した時には警察が切り違え尋問（共犯が疑われる被疑者の取調べで、実際には自白していないにもかかわらず、相手の者はすでに自白していると告げて、もう一人から自白を引き出そうとすること）をしていたことが分かった。刑事に騙されていたことが分かって、宋さんは明日からは自供しないと心に決めた。ただし、秋月弁護士からはしっかり否認してほしいと言われたのだが、宋さんとしては、そうすればまた暴力を受けるかもしれないという恐怖から、まずは黙秘しようと考えていた。

(2) 青木さんが自白するまで

九月一〇日、青木さんは東住吉警察署に連れて行かれると、岡本刑事と新井刑事から取調べを受けた。二階の取調室は六畳ほどの窓もない部屋で、机が一つと椅子が三脚置かれていた。青木さんと岡本刑事が机を挟んで向かい合って座り、新井刑事は青木さんの左横に座っていた。取調べでは最初から、青木さんが犯人で、宋さんと共謀してやったのだろうと言われた。青木さんは「やってません、そんなことは知りません」と言ったが、全く聞いてもらえず、逆に岡本刑事から「正直に言わなあかん！」といって怒鳴られた。青木さんとしては、それまで警察は市民の味方で、正直なことを言えば信用してもらえるものと思っていたので、そのようにいきなり犯人だと言われ、こちらの言うことは聞いてもらえず、大きな声で怒鳴られることに恐怖をいだいた。

続いて青木さんは、宋さんとめぐみさんは関係があったと言われ、三角関係のもつれからめぐみさんを殺したのではないかと言われた。青木さんは、宋さんとめぐみさんとの間にそのようなことがあったことには全く気付いていなかったので、突然そのようなことを聞かされて訳が分からず、頭が真っ白の状態になってしまった。追い打ちを掛けるように、めぐみさんの体内から精液が出たということも聞かされた。青木さんが知らないと言うと、「そんなことないはずや！」といって刑事からまた怒鳴られた。

また、洵君はお兄さんのところに養子にやる話が出ているぞとも言われた。何で養子にやるのかなと思う一方、青木さんはそう言われて、めぐみさんを亡くした上に洵君も取られて、自分は一人きりになってしまうと思った。頭はパニックになった上に、めぐみさんが亡くなってからはずっとご飯も食べられない状態が続いていて、体調もよくなかった。お昼を食べるかと聞かれてそれも断ったので、取調べは休憩なしで続いた。クーラーが効き過ぎていて寒気がしたので毛布を持って来てもらい、空えずきがして、唾液しか出なかったがゴミ袋に吐いたりもした。

取調べでは、岡本刑事が怒鳴ったら新井刑事が宥めるというように、うまく二人の役割分担ができているようであった。お昼を食べるか聞かれた後も、宋さんとめぐみさんのことなどを何回もしつこく言われた。そうして、青木さんもだんだんと疲れてきていた時、新井刑事はいったん部屋を出るとファックスを持って戻って来て、岡本刑事の耳元で「こんな向こうは言うてますわ」といって報告をした。そして、岡本刑事が青木さんに、「新見は吐いてるぞ、全部認めてるぞ」と言った。そのファックスの紙をちらちらと見せられたものの、それが本当に宋さんの書いたものなのか、またその内容までは確かめられなかった。岡本刑事からは、「お前のほうが母親やのに、早く全部話して、いっぱい書いてファックスを送ってやらなあかんやないか！」といって怒鳴られた。青木さんとしては、宋さんがなぜそんなことを言うのかとびっくりして信じられない気持ちだった。そして、刑事から「やったやろ！　やったやろ！」と追及されても、なお「やってないです」と答えていた。すると刑事は机を叩いたり、顔を青木さんの目の前に一〇センチ位に近づけて「認めろ！」と言ってきたりした。

そこで、青木さんはさらに、「ガレージに新見が下りて、火を付けたところを洵君が見てるぞ。今認めないで否認していくならば、法廷で洵君と親子で争うのか」と岡本刑事から言われた。それを聞いて青木さんは、そうであればなぜ洵君はもっと早く私に言ってくれなかったのだろうと思った。青木さんは何が真実なのか、どうなっているのか訳が分からない状態になってしまった。めぐみさんも亡くなってしまった、洵君も取られてしまう、宋さんも自分がやったと言っているということで絶望的な気持ちになって、それならもう死んでやろうと思った。

そして、そのような思いになっていた時に、刑事から「この白い紙に書きや」と言われたのだった。青木さんは、これを書いたら取調室から出られるかなと思って自供書を書くことにした。留置場に行ったら首を吊って死ぬつもりで、もう死んでしまうのであればそんな紙に書くことも問題ないという気持ちだった。ただし、自供書は一通では終わらずに、青木さんはその日五通の自供書を書かされている。

自供書は、刑事から一つ一つ聞かれることに青木さんが当てずっぽうで答えていくことで、その内容ができあがっていった。そのため一枚書くのに一時間位かかった。その途中、取調室に青木さんと新井刑事だけになった時があって、青木さんが新井刑事に「私は本当はやってないんです」と言うと、新井刑事からは、「またそんなことを言ってる。あの刑事さん怒りはるで、そんな言うたら。だから、もう素直になって認めて書いとき」と言われた。またそのようにして自供書を書いてはいても、青木さんは「殺す」という言葉を使うことには抵抗があった。しかしそれで書かなければ、まだ反省していないと言われた。

青木さんは、自供書を五通書いた後に、続けて警察官調書を一通作成されている。夜の八時過ぎに逮捕され、警察の弁解録取でも容疑を認めた。青木さんはその日は何も食べておらず、それらすべてが終わってから、「病院に点滴に行くか、それともパンを買ってきてやるからパンと飲み物飲むか」と聞かれた。青木さんは点滴は断り、クリームパンを四分の一くらいだけ食べた。

そして、夜の八時五〇分頃になって、秋月弁護士が青木さんの接見に来た。青木さんは、秋月弁護士にはやっていないと話した。しかしながら自供書を五枚書いたことも話し、どうして書くことになったのかについても説明した。秋月弁護士からは、やっていないのであればこれ以上調書などに署名指印をしてはいけないなどと言われたのだが、ともかく秋月弁護士に話を聞いてもらうことができたことによって、青木さんは死のうというのではなく、やっていないのであればやっていないというので頑張っていくという考えに変わることができた。また、秋月弁護士からは、自分は宋さんに就くので、青木さんには別の弁護士に来てもらうから、その弁護士に会うようにと言われた。

その後、青木さんは留置場に入ったが、同房には二〇代前半の女の子がいた。

2　その後の青木さんの供述経過

(1) 否認に転じる

その後の青木さんの取調べ状況ならびに供述経過について述べていきたい。翌九月一一日も朝の九時頃から取調べがあった。午前中は主に身上や経歴について聞かれて、犯行に関しては触れられなかったので、青木さんも敢えて自分のほうから否認を言い出すことはなかった。

昼前に後藤弁護士がやって来て、短時間青木さんと接見した。(8) 青木さんからやっていないと聞いて、後藤弁護士もやっていないのであれば署名や指印をしてはいけないと話した。また、今は身上について の調書を作成しているということだったので、その場合でも調書の初めか終わりに犯行について書かれているかもしれないから、気を付けるようにと言った。ちなみに、その時の青木さんは、接見室に移動するのに捜査官に抱きかかえられるようにされていて、一人では歩けないような状態であった。

接見が終わって取調室に戻ると調書ができあがっていて、青木さんがそれを読むと、まさに後藤弁護士から忠告があったように、最後のところに青木さんがめぐみさんを殺したということが書かれていた。それで青木さんが署名も指印もしないと言うと、岡本刑事は顔を真っ赤にして、「今ごろ何を言うとるんや、お前は！」と怒鳴ったが、青木さんは署名指印をしなかった。午前中の取調べはそのまま終わり、後藤弁護士が青木さんに再び接見した。午後は検察庁につれて行かれて、検察官の弁解録取があったが、青木さんは容疑を否認した。続いてあった裁判所での勾留質問でも同じく否認し、青木さんは裁判官に対して、「警察官から宋がめぐみをセックスのおもちゃにしていたとか、私が共犯者であると自白しているとのファックスを見せられ、頭がボーッとしていて虚偽の自白をしたのです」という旨を述べている。青木さんはその後、いったん東住吉警察署に戻された後、夜には大阪拘置所に移監された。

翌九月一二日は、午後から大阪拘置所で岡本および新井刑事の取調べを受けたが、青木さんは黙秘を通した。岡本刑事はやはり大声で怒鳴ったりしていたが、拘置所の取調べ室の机は警察のそれよりもやや広く、被疑者が座る椅子は固定されていて動かなかったので、岡本刑事のほうが机を回って青木さんの横まで行かなければならなかった。それから、拘置所では夜は遅くとも九時までには取調べを終えることになっていた。

(2) 再び自白する

九月一三日は、大阪拘置所で朝のうちに若林弁護士が青木さんに接見し、午前中もそのまま大阪拘置所で岡本、新井の両刑事による取調べを受けた。ところがその日の午後、青木さんは大阪拘置所から東住吉署に戻されることになった(9)。

東住吉署に戻された午後からの取調べでは、刑事からなぜ東住吉署に戻されたかの説明を聞かされた。裁判所は弁護士の言うことは信用しない、警察の言うことは信じるんやと言われ、青木さんは裁判所には自分の言うことも信じてもらえないのかと不安を感じた。弁護士を信用する気持ちはあっても、圧倒的に長時間の刑事による取調べの中で、金目当てだ、売名だと弁護士の悪口を聞かされていると、刑事の言っていることが段々と本当に思えてくる。しかしまた、実際に弁護士に会って一生懸命話を聞いてもらえると、弁護士を信じていいのかなとまた思うのだった。ちなみに、この日青木さんは夜の一一時まで取調べられている。

翌九月一四日は、午前中は入浴、それから指紋などを採られて、午後から取調べを受けた。取調べでは引き続き岡本刑事から怒鳴られたりしたが、青木さんはそれに耐えていた。「めぐみに悪いと思えへんのか」等と言われて、青木さんも泣きたかったが、泣いたら泣いた弱みに付け込まれると思ってそれも我慢していると、今度は「涙も流さん鬼のような母親だ」と言って罵られた。座っていられなくなって椅子からずり落ちたこともあったが、それでも取調べは続けられた。しかし、夜になって、まだまだ取調べが続くということが青木さんにはもう耐えられなくなってきた(10)。そして、そうしたときに刑事のほうが今度はなだめるような態度に変わって、「なんでめぐみを助けられへんかったんや、行けたやろ、それを助けへんかったんやから、めぐみに悪いと思わなあかんし……当時は、おまえは鬼の心を持ってたんや、その心を入れ替えて、もう素直になって認めとけ、なあ」などと言ってきたのだった。そう言われて、青木さんはそれに負けてうなずいてしまった。そうすると、また紙が出てきて自供書を書くことになったのだった。青木さんの頭には留置場で死のうという思いがまたよぎっていた。この日、青木さんは自供書を三通書いている。

自供書を書き上げて取調べが終わったのは午後一一時二五分であった。その直後に山野弁護士が初めて青木さんと接見したが、その時の青木さんは長時間の取調べに疲弊し呆然とした感じであった。山野弁護士に問われてやってないとは言ったが、もう死のうと思っていることは話さなかった。それでも、山野弁護士がそんなに夜遅くまで待っていてくれたことで、弁護士も一生懸命やってくれているのに自分も頑張らないといけないかなと思い直す気持ちも出てきていた。

⑶ 再度否認に転じる

それから青木さんが留置場に帰ると、夜遅いにもかかわらず同房の女の子が起きて青木さんを待っていてくれた。その日のお昼にも青木さんが泣いていると、その女の子は「自分がやってないんやったら、刑事が何言おうと、頑張らなあかん」と言って励ましてくれていたのだが、青木さんが帰ると、その子がまたいろいろ話を聞いてくれた。そして、青木さんがまた認めてしまったことを話すと、「ほんとの犯人だったら仕方がないけど、犯人じゃないんだったらそんな認めたら子どもがかわいそうや。天国に住むめぐちゃんも悲しんでる。弁護士と力合わせて頑張らなあかんやろう」等と言ってくれた。青木さんは女の子の言った「子ども」という言葉に我に返り、明日からは絶対に認めない、めぐみさん、洵君のためにも頑張るという気持ちになったのだった。

翌九月一五日の取調べでは、青木さんは刑事の前でもはっきりと犯行を否認した。そして、取調べでは引き続き怒鳴られたり、めぐみさんの写真を見せられたり、あるいは弁護士の悪口を言われたりされたものの、再度自白に転じることはなかった。ただし、それ以降も取調べの圧力等が緩められたというわけでは決してない。取調べではその後も引き続き怒鳴られたり、弁護士の悪口を言われたりしていた。さらに、めぐみさんの写真を壁に貼ったり机に置いたりして青木さんにそれを見るように強要し、そうしないと首を押さえて見させようとさえされた。「命は心の源」ということわざか何かを刑事が紙に書いて壁に貼って、それを見ておけといって立たされていたこともあった。また、生理痛があった時にも

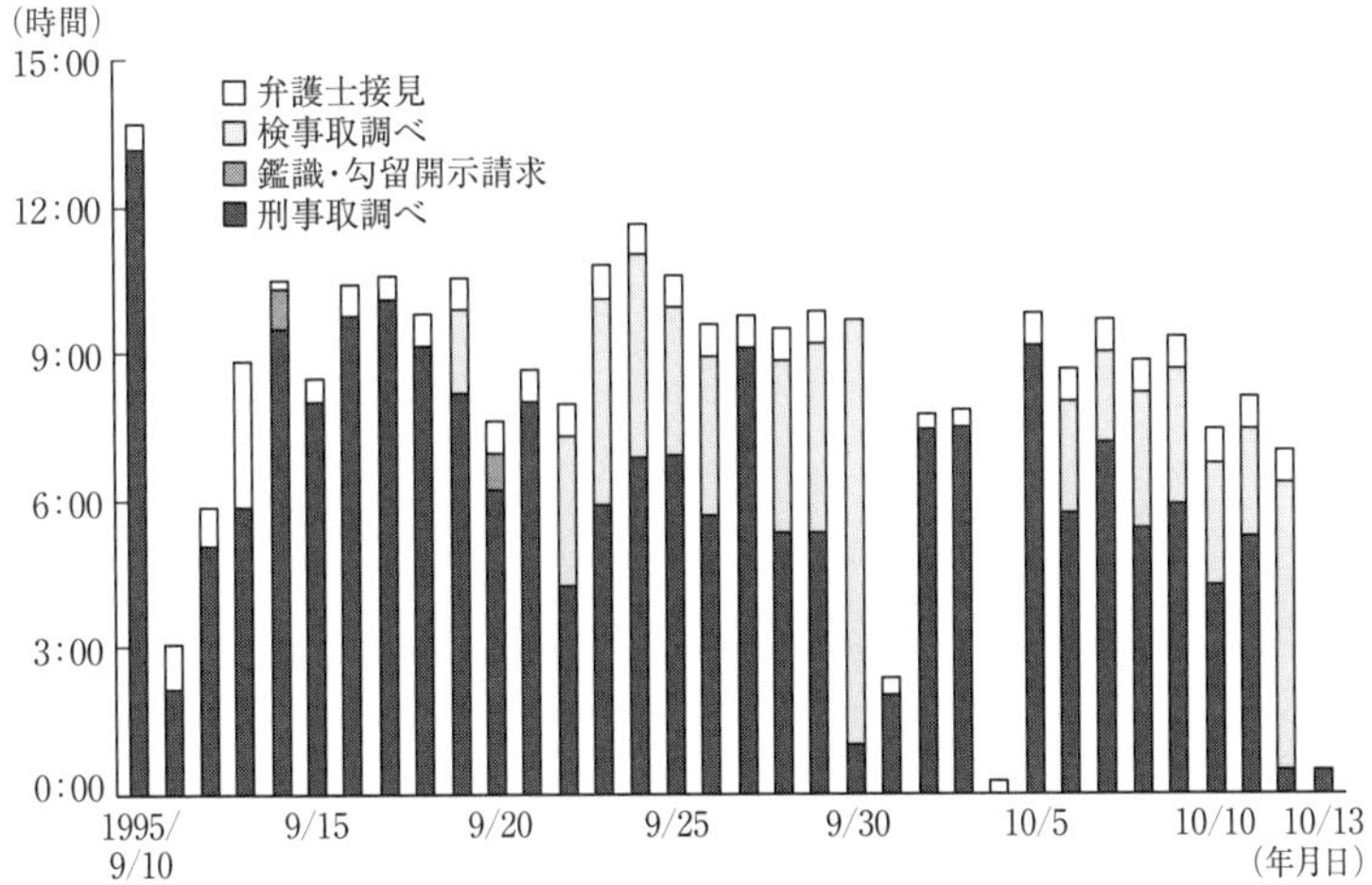

図3-1　青木さんの取調べ経過

再審請求の即時抗告審の段階になって開示された取調日誌等をもとに筆者が作成した．日誌の記録でははっきりしないところについては，弁護士の接見メモを参考にした．

かまわず取調べに出されている。

新井刑事からは、「洵に昨日会ってきたぞ。洵から「ママいつ帰れるの。おっちゃんが連れていったんやから早く連れてかえってきて」と言われて辛かったぞ」などといって、心理的な圧力をかけられた。また岡本刑事からは、オウム真理教の女性の判決の新聞記事を見せられて、このまま認めなかったら情状酌量の余地なしになるぞと言われた。さらには、宋さん担当の浅尾刑事がやって来て、このまま否認していたら死刑になる、死刑でもいいのかと言われた。

多田検事は夜に東住吉署に来ることがあったが、青木さんは多田検事に対しても黙秘していた。ただ、青木さんが刑事の取調べが非常に厳しいことを多田検事に話すと、多田検事はちゃんと言っておくと言った。そうすると、検事が来る日は刑事もほとんど怒鳴ったりすることがなくなったが、そうでない日はやはりがんがん怒鳴ってきたのだった。また、多田検事が帰った後には、刑事は優しい態度でどんな話をしたのか聞き出そうとした。

(4) あまりにも長い取調べ

青木さんは、九月一六日以降も、ほぼ毎日のように夜の一〇時から一一時頃まで取調べを受けている。そして、九月三〇日に殺人・現住建造物等放火の容疑で起訴された。その後、一〇月二日からは詐欺未遂の容疑で再逮捕されて取調べられ、一〇月一三日に再起訴をされた。

青木さんは九月一〇日から一カ月あまりに渡って、連日夜遅くまで取調べを受け続けていたことになるが、この間の取調べ経過について、取調べ時間、接見時間等を図示したのが図3-1である。この図からも青木さんが警察でいかに長時間の取調べを受けていたかが分かる。

3 その後の宋さんの供述経過

(1) 黙秘に転じる

次に、宋さんのその後の供述経過について見ていきたい。九月一〇日に自白して、その後に弁護士の接見があって、翌一一日の取調べでは宋さんは黙秘に転じた。[11] その日の午後には検察官による弁解録取、続いて裁判官による勾留質問があったが、そのいずれでも宋さんは黙秘した。

(2) 再び自白する

翌一二日の取調べでも宋さんは引き続き黙秘していたが、すると刑事は父親が書いたという手紙を宋さんに見せた。手紙には「やったんやったら仕方ないから、ちゃんと罪を償って、刑事さんには迷惑を掛けんようにして、早く帰ってこい」といったことが書かれていて、宋さんは親父までも信じてはくれないのかと思った。さらに刑事は、「このまままた否認したらまたマスコミで騒がれるぞ。そうしたら、父親の病気も悪くなるかもしれんし、そんなんでええんか。罪を認めることが親孝行にもなるんやぞ」と言って圧力を掛けてきた。

また刑事は、西川事件の死刑判決の記事や愛犬家殺人事件の話を持ち出してきて、宋さんに自白を迫っている。西川事件というのは、一九九一年一二月に起こったスナック経営者四人の連続殺人事件で、翌年一月に西川正勝が逮捕されて、西川は公判になってから否認に転じたが、一九九五年九月一一日に最高裁で死刑が確定している[12]。刑事はちょうど前日に死刑が確定したその新聞記事を見せて、否認していれば情状酌量の余地がなくなって死刑になると言ってきたのだった。もう一つの愛犬家殺人事件とは、一九九二年から九三年にかけて五人が殺された連続殺人事件で、一九九四年一月に自称「犬の訓練士」の上田宜範が逮捕され、上田は五人の殺害を自供して、その自供通り被害者の遺体が発見されたのだが、公判では一転して「自供は強要されたもの」として無罪を主張していた[13]。この事件については、秘密の暴露があるのに弁護士が入った途端に否認に転じ、情状酌量の余地がなくなったと言われた。そして、宋さんは浅尾刑事から、おまえも一度自供している、そして秘密の暴露もしている[14]、それを弁護士が入った途端に否認しても誰もそんな否認は信用しない、情状が悪くなるだけだ、お前も死刑になるといって追及されたのだった。

さらに浅尾刑事は、「調書作るんは俺やねんぞ。否認しとったら、悪く書こうと思ったらなんぼでも書けれるんやぞ。それでお前を死刑にすることも簡単にできるんやぞ。否認するんやったらそういうふうに書くぞ」と言ってきた。そして、「逆に今認めるんやったら、情状酌量で訴えたら一五年くらいで判決になって、まあ仮釈放もらったら七、八年で出てこれるぞ」とも言った。

それから浅尾刑事は、「恵子の場合は血がつながってるだけ罪重たいから、このまま否認しとったら間違いなく死刑になるぞ」とも言ってきた。そう言われて、宋さんは何とかして青木さんが死刑になることだけは避けたいと思った。そこで浅尾刑事に教えられて、宋さんは検事を介して青木さんに渡してもらう手紙を書くことにし、青木さんに宛てて、弁護士の言う通りに否認していたら必ず死刑になるから、それを回避するために容疑を認めようといった内容の手紙を書いたのだった[15]。手紙を書いた際の宋さんには、もうめぐみさんも死んでいるし、みんなばらばらになって、このままずっと戦っていても二度と元に戻らないといった絶望感もあった。

この手紙を書いた後に、宋さんは担当検事の多田検事の取調べを受けた[16]。その際に宋さんは、手紙に書いた思いを青木さんに伝えてほしいと検事に頼んでいるが、同時に検事によって容疑について自白をした調書も作成されている。

(3) 再び黙秘に転じる

九月一二日の検事による取調べは午後一〇時半頃までであったが、その後に検察庁で秋月弁護士が宋さんに接見した。宋さんは秋月弁護士に、「本当はやっていないが、情状酌量の余地を求めて自白に応じた」「ひっくり返すのは無理と思った」「弁護人に死刑と言われたので否認したと言ったのは、自白を翻したことを説明した文脈で、説明上仕方なかった」「今日は大芝居をした」等と話している。

九月一三日も引き続き自白していたが、夕方からの秋月弁護士の接見により黙秘にと変わった。宋さんによれば、そのように態度を変えたのは、その日の接見で秋月弁護士から明日共同記者会見をするという話があったからである。当時、この事件については青木さんや宋さんを犯人扱いした激しい報道をマスコミがしており、それに対して青木さん自身の主張を社会に知ってもらうために、青木さんの弁護人は九月一二日の時点で記者会見を開いていた。そして青木さんの弁護人から、さらに無実を訴えるために共同記者会見をしたらどうかという提案が秋月弁護士に来ていたのだった。ただ秋月弁護士としては、その日宋さんと接見して、このように宋さんの否認の態度が明確ではない状況では共同記者会見をするのは難しいと考えていた。一方宋さんのほうは、その話を聞いて、明日になれば共同記者会見をして無実を訴えることができるものと受け取り、そうすればまた頑張れると思ったのであった。ところで、仮に共同記者会見ができたとしても、それは弁護士によるものであって、逮捕されている身の宋さんや青木さんが記者会見の席に出て訴えるなどということは考え難いことでもある。しかしながら、宋さんはそのように受け取って、それ故にそれに期待するところも大きかった。それで、宋さんは翌九月一四日の取調べでは黙秘する。とにかく秋月弁護士が来る昼まで黙秘して頑張ればよいという気持ちだった。

⑷ 再々度の自白と秋月弁護士の解任

しかしながらと言うべきか、当然ながらと言うべきか、宋さんが黙秘しながら秋月弁護士が来るのを待っていても、秋月弁護士は昼を過ぎてもやって来なかった。宋さんは刑事に秋月弁護士が来ていないか何回も聞いたが、弁護士が来ている気配はなかった。すると刑事は、「来るいうて来えへんやないか。約束も守れへんような弁護士、そういうのはおまえのこと全然考えてくれてないんやぞ」などと言って、そこを突いてきた。いくら待っていても秋月弁護士はやって来ず、刑事からそのように言われているうちに、宋さんはこの先もう誰も頼る人がいなくなる、もう弁護士にも見捨てられたというように思い込んでしまった。

そして、宋さんは、刑事に言われるままに秋月弁護士に対する解任届を書いた。実はその日の午前中、宋さんの親族から依頼を受けた盛澤弁護士が接見の申し込みをしていた。刑事は宋さんに秋月弁護士の解任を勧める一方で、親族が盛澤弁護士という人に頼んでお金も出してくれている、連絡したら今日来てくれる、そういう弁護士が本当の弁護士やと話したのだった。その夕方には盛澤弁護士が宋さんに接見したが、宋さんは盛澤弁護士に、やっていないけれど自供しているといったことは話さなかった(17)。そのため盛澤弁護士も、情状面で訴えて少しでも早く出られるようにやっていくと言い、宋さんは盛澤弁護士を弁護人に選任したのだった(18)。

秋月弁護士は、その日の夕方五時から宋さんとの接見を申し込んだが、午後七時からとの指定を受けた。そして、その時間に平野警察署に出向いて接見を求めると解任届を渡されたのだった。宋さんの真

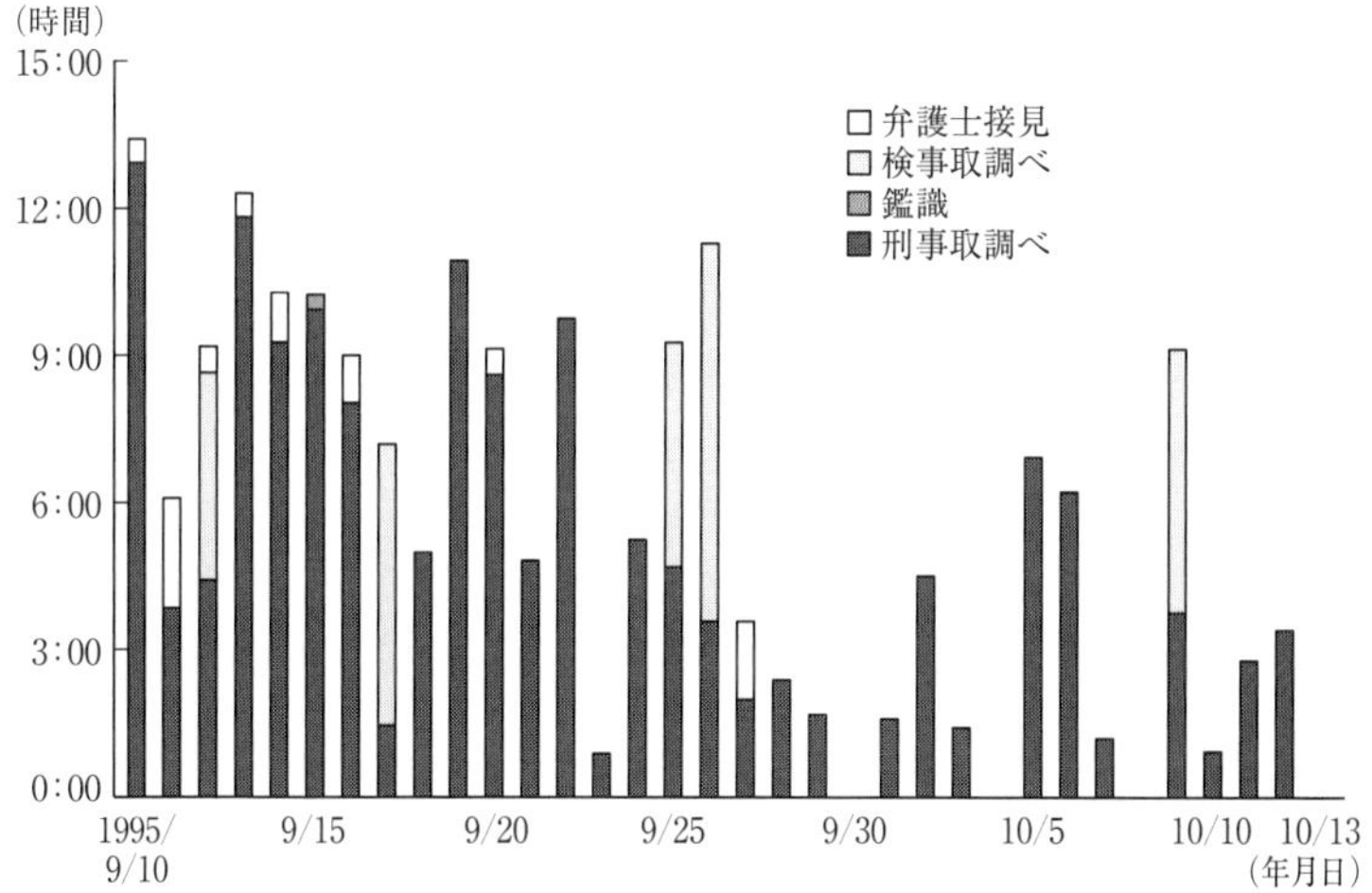

図3-2　宋さんの取調べ経過
再審請求の即時抗告審の段階になって開示された取調日誌等をもとに筆者が作成した.

意を確かめようと秋月弁護士は改めて宋さんとの接見を求めたが、宋さんが拒否しているからということで接見はできなかった。そしてすでに別の弁護士が選任されていると告げられた。

(5) 自白を続けた宋さん

宋さんは、九月一四日に再々度自白に転じて以降、取調べではずっと自白を続けて、その間に膨大な数の自供書ならびに供述調書が作成されている[19]。そして、青木さんと同様、九月三〇日に殺人・現住建造物等放火の容疑で起訴され、一〇月二日からは詐欺未遂の容疑で再逮捕されて取調べを受けて、一〇月一三日に再起訴されている。宋さんは、殺人・現住建造物等放火の容疑で取調べられていた九月中はほぼ連日夜遅くまで、遅い時には午後一一時三〇分過ぎまで取調べを受けていた。宋さんの取調べ経過について、取調べ時間、接見時間等をまとめて図示したのが図３‐２である。青木さんの場合と比較した時、宋さんについては、一〇月以降の詐欺未遂容疑での取調べになってからは取調べ時間がやや短くなっていることが認められる。[20]

(6) 完全に否認に転じるまで

宋さんは、一〇月二〇日には大阪拘置所に移監されたが、その後もしばらくは容疑を認めたままでいた。しかし、その後否認に転じ、公判(第一回は一二月一九日)に入ってからは一貫して容疑を否認している。

宋さんが完全に否認に転じられたきっかけは次のようなものであった。大阪拘置所に移されて、殺人で入っていた人と同房になったが、その人は、週刊誌や新聞を通して宋さんの事件のことを知っていた。宋さんが入って来てすぐの時には、宋さんがずっとふさぎ込んで一人の世界に籠もる感じであったので、しばらくはそっとしてくれていた。しかし、事件の記事を見てこんな変な事件があるはずがないと思っていたので、一―二週間経ってから宋さんに、「まあ一遍、ちょっと事情を話してみい、ほんまはいったいどんなんやったんや」と話しかけてくれたのだった。それで、宋さんも事件や自分の受けた取調べについてその人に話をすることができた。実はやっていないけど、刑事にこういうふうにされて、もうどうしようもなく認めてしまった、ということを宋さんが話すと、警察がどんな汚いやり方をすることがあるかもよく知っていたその人は、「ほんまにそんなことでええんか、今ここで無実を訴えなくていつ訴えるんや。ここで訴えへんかったら後悔するぞ。恵子に対して悪くないんか」と宋さんに言った。そう言われて宋さんは、とんでもないことをやってしまったと思った。そして、公判では必ず否認をすると心に決めたのだった。

ところで宋さんは、否認に転じる前後に、容疑を認めた内容の手紙を中学時代の友人に送っていた[21]。また浅尾刑事にも礼状(一〇月三一日の消印)を送り、その後一一月二一日には、拘置所に訪ねてきた浅尾刑事と面会もしている。手紙の文面が罪状を認める内容になっていたことについて、宋さんは後に、内心では否認に転じてからもまだ情状を悪くすることを恐れる気持ちがあった、また拘置所から出す手紙は検閲を受けるので、それが浅尾刑事らに伝わることを恐れていたと述べている。

第Ⅱ部　裁判の経過

第4章　検察側の犯行ストーリーと裁判の争点

1　検察側が描いた犯行ストーリー

第Ⅰ部で述べた事件の経過は、客観的で争いのない状況や、青木さんや宋さんの公判での供述、すなわち容疑を否認していた際の供述をもとにしてまとめたものである。したがって、二人が無実であることを前提にした説明になっている。それに対して、本件を起訴した検察側は本件をどのように考えていたのであろうか。

本件では、火災発生当時、玄関には鍵がかけられていて、外部の者による放火の可能性はほぼ考えられなかった。また、第2章4節で述べたように、車両からのガソリン漏れならびに車両からの発火は考えられないこと、風呂釜の種火から火が燃え広がった可能性もないことなどがそれまでの捜査によって明らかにされていた(1)。そうとすれば、おのずと家の中にいた者による放火の可能性が考えられるところとなって、その犯人としては、亡くなっためぐみさん、そして洵君も除外するとすれば、宋さんか青木さんしかいないことになる。その動機については、火災の後にめぐみさんにかけられていた保険金が請求されていたことから、保険金目当てであると考えられた。検察側はそれらを骨子とし、そこに青木さんや宋さんの自白供述を組み入れて、犯行ストーリーを組み立てていったものと考えられる。検察側が描いていた犯行ストーリーは次の通りである。(2)

(1) 犯行前の状況と謀議

青木さんならびに宋さんの経歴、宋さんが青木さんと同居するようになったいきさつ、それから、当時の生命保険の加入状況、マンションを購入予定であったことなどの事実については、検察側のストーリーでも第I部で述べたところと変わりはない。ただし、当時の生活状況について、経済的にはマンション購入のために必要となっていた一七〇〇万円を準備できる目途が立っておらず、また、青木さんはめぐみさんを洵君ほどには可愛がっていなかったとされた。

六月二二日頃の夜のこと、青木さんが宋さんに「今月もまたお金が足らん」などと言ってきた。それに対して宋さんが「足らんのやったら何とか節約できんのかな」と言うと、青木さんは「生命保険があるやん。生命保険のお金が入ったら一七〇〇万円位ぽんと出せるやん。マンション買うのも楽になるやん」などと言った。

その後も「どないするの、どないするの」などとお金のことで青木さんから迫られて、宋さんも、めぐみさんを殺せば多額の保険金が手に入るという考えが頭から離れなくなった。そして、めぐみさんを殺害する方法をあれこれと考えて、自宅ガレージにガソリンを撒いて放火し、めぐみさんを焼死させて殺害しようと考えるに至った。自動車の欠陥から火災になったように装うために、車で仕事から帰った直後にガソリンを撒いて火を付けることにした。また、めぐみさんが入浴している時にはシャワーを出しっ放しにし、シャワーを出している時には外の音が聞こえないことから、めぐみさんが風呂に入っている間に放火するのがよいと考えた。

七月五日頃の夜、宋さんが青木さんに「この前の保険金の話やけど、本気やのん」と聞いたところ、青木さんが「当たり前や、お金ないのにこれ以上どうするの」と答えたので、宋さんは青木さんに先の考えについて話した。めぐみさんを風呂に入れるのが青木さんの役割であること、雨の日にやること、雨が降っているから早く帰れるというのが決行の合図であることも説明し、青木さんはそれを了解した。

(2) 犯行当日

犯行当日となる七月二二日、宋さんは午前七時過ぎに、車(ホンダ・アクティ・ストリート)で仕事先のマンション建設現場に行き、その後、青木さんも別の車(シビック)でアルバイトの商品配達の仕事に行った。青木さん方では、めぐみさんと洵君が二人で夏休みの宿題をしたり遊んだりしていた。午前中、宋さんはめぐみさん殺害の決行を青木さんに連絡するために携帯電話から自宅に電話を掛けたが、青木さんは不在であったため、洵君とめぐみさんに青木さんが帰ったら電話するように伝言を頼んでおいた。午後一時前頃、帰宅した青木さんが宋さんに電話をした。青木さんは、殺害の決行を自分から言い出すことができないでいた宋さんの意図を察して、「今日配達中に雨でびしょびしょになったから、風呂沸かしとくわ」と言った。それで宋さんも覚悟を決めて、「今日雨降ってるから早帰るわ。四時頃ここを出るわ」と決行の合図を告げた。そして青木さんも、「竹野内さんが今来てるから帰ってくる前に車で家に送るわ。帰ってきたらめぐみを風呂に入れるから」と答えた。宋さんは午後四時五分頃に仕事をあがって帰路につき、その途中、ガソリンスタンドでガソリンを給油し、金物店で手押式の給油ポンプを購入した。

宋さんが自宅に帰り着いた時には、青木さんらは竹野内さんを車で家に送っていっていたため留守であった。宋さんは玄関土間兼ガレージに車を入れた後、購入した給油ポンプで車のガソリンタンクから車庫にあったポリ容器にガソリンを移し入れて放火の準備をした。給油ポンプは放火した際に燃え尽きるようにと考えて車の下に投げ入れておいた。宋さんが車の運転席に座って青木さんらの帰りを待っていたところ、青木さんがめぐみさんや洵君とともに帰ってきたので、宋さんは青木さんに顔を振って合図をし、青木さんもこれを見てうなずいた。青木さんはめぐみさん、洵君と一緒に奥六畳間に上がり、宋さんもその後に続いた。ほどなくして青木さんが「めぐちゃん、風呂入りや」と言い、めぐみさんは着替えを用意して風呂場に行った。

宋さんは、被害者を装うために作業服を脱いでパンツ一枚の姿になった。脱いだ服は脱衣場に置いたが、その際に作業服の上着の右ポケットからターボライターを取り出しておいた。それから六畳間に戻り、さらにガレージに出て、ポリタンクに入れていたガソリンを車の左後ろから撒いた。ガソリンは車の右側にじわっとはみ出して流れていた。車の右側に行き、顔を背けながらターボライターの火をガソリンに近づけたところ、ボワッと火がついて、髪の毛の右側付近が熱く感じた。

その後、宋さんは六畳間に上がりガレージとの間の戸を閉めた。ややしてから、宋さんが洵君にも聞こえるように「何やあれ」と言うと、青木さんも「燃えてる」と言った。戸を開けたところ、車の右後ろの方は四〇センチ位の火の高さだったが、左後ろの方は天井の方まで大きく燃え上がっていた。

宋さんは何もしないと怪しまれると思い、青木さんに「水、水」と言い、さらに「一一九番して」と言ってから表に飛び出した。青木さんは、台所の流しから洗い桶に溜めてあった水を持ってきて火に向かってかけた後、一一九番通報した。そして通報後は、めぐみさんを助けようとはせずに洵君だけを連れて裏路地の方に逃げた。

一方、外に飛び出した宋さんは、消火活動をしているふりをしなければと思い、河内さん方に飛び込んで「火事や、消火器貸して」などと言ったが、消火器を受け取ることなくまた出て行った。そして今度は三上さん方に飛び込んで、その裏口から裏路地に出て自宅裏口に回り、裏木戸を開けようとしたのだが開かなかった。「惠ちゃん、惠ちゃん」と呼んだが返事もなかった。そこでまた表に戻ったが、表にも青木さんと洵君の姿はなかったため、二人が家の中に取り残されていると思い、何とかして二人を助けなければと、電柱によじ登って三上さん方の屋根伝いに裏側に行った。「惠ちゃん」と何回か叫んだところ、家の裏の路地の方から、「私ここに居る、洵君も居る」という青木さんの声がして、二人が無事であることが分かった。

その後宋さんは屋根から下に降りたが、その時には家の中は火の海になっていて、めぐみさんはもう死んでいるものと思った。消防隊員から「中に人はいないのか」と聞かれた時には、それでも念のために、めぐみさんが風呂場にいるとは言わずに、「一人奥にいる」と答えた。それからしばらくして、めぐみさんは消防隊員によって台所の窓から外に出された。

以上が、東住吉事件について検察側の描いた犯行状況の概略になる。それ以降に関しては、八月二二日にはめぐみさんを殺害した事実を隠し、偽りの事故状況を書いて保険金を請求した、九月一〇日に青木さんと宋さんを任意同行し、二人は自白したが、それ以降も含めて自白の任意性を疑わせるような違法な取調べなどはなかったということになる。

2　主な争点

東住吉事件の一審から上告審、さらには再審までの判決や決定を通して見ると、主たる争点となっていたのは次のような点であった。

- 出火の原因(放火以外による発火の可能性)
- 青木さんと宋さんの自白の任意性
- 青木さんと宋さんの自白の信用性
- 青木さんと宋さんの公判(否認)供述の信用性
- 火災発生時の宋さんや青木さんの行動は不自然であったのか
- 保険金殺人を企むほどに、当時経済的に追い詰められた状況だったのか
- 殺害も厭わないほどにめぐみさんは大切にされていなかったのか
- 犯行計画の内容がそもそも荒唐無稽なものではないのか

各判決や決定がこれらの争点すべてに言及しているわけではないが、以下、本章では右に挙げた争点についての検察側、弁護側双方の主張を整理し(3)、続く二つの章で各判決や決定がそれらについてどのように判断しているかを見ていく(4)。

(1) 出火の原因

本件でまず大きな争点となったのは、出火の原因である。外部の者による放火の可能性はないということについては争いがないのでよいとして、問題となるのは、①車両からガソリンが漏れることはないか、②車両から発火することはないか、③風呂釜の種火から引火することはないかということである。

①車両からガソリンが漏れることはないか

検察側は、科学捜査研究所による調査では、燃えた車両の火災後の検査で内蓋は完全に締まっており、ガソリンタンクに漏れは見つからなかったことを根拠に、車両からガソリンが漏れることはなかったと主張していた。一方弁護側は、独自に望月秀晃技術士を証人に立てて、満タンを超えて最後に注ぎ足すようにして過量に給油した場合で、しかもその後に高温な場所に車を置いていた場合には、ガソリンがあたたまって膨張し、キャニスター(燃料蒸発ガス排出防止装置、ガソリンタンク内にたまったり不完全燃焼したりしたガスを活性炭で濾過して排出する装置)などからガソリンの蒸気が漏れる可能性があるとした。そしてさらに、漏れたガソリンが車体下部に滞留してそれに発火した場合には、燃料タンクが強く加熱されて内圧がいっそう高まり、ガソリンが給油口からあふれだすことがあると主張していた(5)。

②車両から発火することはないか

検察側は、科学捜査研究所の調査で、車両からの出火原因となったと言えるような状況は発見されなかったことを根拠に、車両から出火した可能性についてはそれを否定していたが、エンジンキーがオフになるとすべての供給ラインが停止するので、エンジンキーをオフにした後の出火はあり得ないというホンダの技術者の証言もその根拠としてあげていた。弁護側は、エンジンキーがオフの状態であっても原因不明の車両火災が多数生起していることを理由に、それに反論している。また望月技術士の証言をもとに、気化ガソリンが車体下部に滞留した状態で車両の停車位置を再調整するためにエンジンを再始動させたことにより、車体床下各部(エキゾーストマニホールド、触媒装置などの排気系)には余熱に加えて過熱部が生じ、エアコン・コンプレッサー付近に火種が発生し、そこから滞留していた気化ガソリンに引火した可能性があると主張した。そして、その燃焼により燃料タンクが強く過熱されて、給油口からも気化したガソリンがあふれ出して着火し、さらに多量の液体ガソリンが噴き出して、火勢が一挙に拡大した可能性があるとした。検察側はそれに対しては、ホンダ技術研究所の実験において、気化ガソリンがあふれ出したとしても、そのガソリン蒸気は着火可能なまでの高い温度ではあるが、発火するに足るだけのHC(炭化水素)濃度ではないことが確認されたとの結果を出して反論している。

③風呂釜の種火から引火することはないか

検察側は、風呂釜の種火からの引火については、風呂釜そのものは全く焼けておらず、バーナーに煤も付着していなかったことなどから、その可能性はないと主張していた。さらにその裏付けとして、種火と給油口は九〇センチ離れているので引火する可能性はないとの大阪ガスの技術職員の証言や、二〇〇ccのガソリンをトレイに入れて火種を一〇センチまで近づけても引火しなかったという警察が行った実験の結果もあげていた。一方弁護側は、その大阪ガスの技術職員に対する反対尋問で、気化したガソリンが爆発可能濃度で充満していた場合は離れていても引火する可能性があるのではないかと質し、それはあり得るとの答えを引き出している(6)。

⑵ 青木さんと宋さんの自白の任意性

出火原因とならんで東住吉事件で大きな争点となったのは、青木さんや宋さんの自白の任意性であった。自白をするに至った取調べ状況について、青木さんや宋さんが公判で述べているところについては先に紹介した通りである。弁護側は、青木さんについても宋さんについても、そのようにして得られた自白には任意性はないと主張している。本件では取調べの録音や録画はなされておらず、その状況を客観的に証明できるものはないが、青木さんや宋さんが接見の際に話していたことについては、弁護人の接見メモの中に残されていた。また、弁護人は警察や検察に対して取調べ方法についての抗議書も送っていた。

一方、検察側は宋さんや青木さんの主張するような取調べはしていないと主張している。そのうち、宋さんの取調べについて検察側がその主張の根拠としていたのは、取調べをした浅尾刑事や磯野刑事、そして多田検察官の公判証言であった。浅尾刑事が公判で証言している内容はおおよそ次の通りである。

浅尾刑事が宋さんを初めて取調べたのは七月三〇日のことである。その後八月一〇日には、宋さんに、青木さんがかつて働いていたスナックの場所に案内してもらった。八月一四日には、宋さんのほうから浅尾刑事を訪ねてやって来て、めぐみさんと肉体関係があったということを話してきた。後からばれたら困るので先に言っておくということだったので、供述書を書いてもらった。宋さんから聞くまで、浅尾刑事は司法解剖でめぐみさんに性交の痕跡があったことについては知らなかった。

九月一〇日に宋さんの取調べをした部屋には机が一つと椅子が三脚あって、浅尾刑事と宋さんが机を挟んで向かい合う形で座り、磯野刑事は机の横に座っていた。壁に三カ所めぐみさんの写真を貼っていたが、床に毛布を敷いたりはしていない。取調べを始めるにあたっては、容疑者として取調べる旨を伝え、黙秘権も告げている。宋さんから仕事先に連絡してほしいという話があったのは逮捕した後のことであり、始めて間もないときには言われていない。

取調べでは、火事の時の状況を再度話してもらいながら、捜査の結果と矛盾する点などを質していった。取調べの中で、宋さんが火を付けたのを洵君が見ていると言ったことはなく、犯行を認めなければめぐみさんとの関係をばらすぞというように利益誘導的なことを言ったこともない。青木さんが犯行を認めているということを話したこともない。青木さんが自供したということを聞いたのは、一〇日昼過ぎの二時前後だったと思う。磯野刑事には浅尾刑事から伝えた。また、宋さんを立たせて壁に押し付けるようにして首を絞めたり、宋さんが足を組んでいたので蹴ったりするというような暴力を振るったことはない。そもそも宋さんは取調べに来た時からしゃきっと座っていて、足を組んだりはしていなかった。それから、浅尾刑事が取調べ時に数珠をしていたということもない。

午前一一時頃にモーニングを取って、取調室で浅尾刑事と宋さんの二人で食べた。二人だけになった時に、浅尾刑事が宋さんの横に行き、向き合う形で椅子に座って、宋さんの膝をつかんで「正直な話をしてくれ」と言ったことはある。さらに言い聞かせていったところ、宋さんのほうから「お願いします」と言って浅尾刑事の手を握ってきた。自供書を書かせた時は、何を書いてほしいかそのテーマは与えたが、あとは本人が自分で考えて書いたもので、内容について誘導するようなことはしていない。一通目の自供書を書いた後、午後二時にほかほか弁当を三人で食べ、夕方自供書を書き終わった後には焼きめしを注文して食べた。

九月一一日の取調べでは、お母さんもお父さんも家族みんな心配しているぞと言って家族の写真は見せたが、父親の手紙を見せたことはない。再び自白した時には、黙秘に転じた理由について、接見した秋月弁護士から自白したら死刑になると言われて、頭がまっ白になってしまったからであると話していた。死刑になるかどうかということを非常に気にしていた。

磯野刑事の公判証言も、浅尾刑事の説明とほぼ一致していた。ただし磯野刑事は、宋さんが足を組んでいたので、遊びに来ているんじゃないからといって注意したということを述べている。また、磯野刑事は、青木さんが自白しているということは聞いていなかった、聞いたとしてもそれは逮捕後の大分遅い時間帯ではなかったかと思うと述べている。弁護側は磯野刑事に対して、証言する前に浅尾刑事と磯野刑事とで証言内容のすり合わせをしたのではないかと追及しているが、磯野刑事はそれを否定していた。

(3) 青木さんと宋さんの自白の信用性

青木さんや宋さんの自白については、その信用性も争点になっている。①客観的証拠、特に火災状況や再現実験との不整合、②供述の変遷、③青木さんと宋さんの供述の不一致といったことが問題として挙げられる。検察側の主張としては、それらも人の記憶の錯誤やその他の理由によれば不自然とまでは言えないということになるだろうが、そのように言えるかどうかが問題となる。それらについて、弁護側の主張をまとめておけば以下の通りである。

①客観的証拠、特に火災状況や再現実験との不整合

客観的証拠との不整合ということでは、主に犯行状況について述べた宋さんの自白供述の信用性が問題となる。特に、宋さんの自白にあるようにガソリン一〇リットルないし七・三リットル[7]を撒いてそれに火を付けた場合に、宋さんが火傷をすることなく、さらにその後いったん居間に戻ってから、その火を飛び越えて外に出ていくといったことが果たして可能なのかということが大きな争点になっていた。実際、早い段階に行われていた再現実験[8]でも、「着火後直ちに土間の後方を中心にガソリンの燃焼による炎が立ち上がり、同時に黒煙が多量に発生した。この炎は七秒後には土間の後ろ側にある開口部から噴き出すようになり、一気に天井の高さを越える状態になった」(一〇月一三日付燃焼状態の鑑定結果)とされていた。

また、ガレージには東から北西角の排水口に向かってコンクリートの床面に傾斜がつけられていたが、弁護側は、それだけの量のガソリンを撒いた場合に、撒き終わった時点で自白にあるような車の右側にガソリンがじわっとはみ出すような流れ方をするかも疑問であるとした。

それから、宋さんの自白供述では、火災当日、宋さんがガレージに車を入れてから青木さんらが帰ってくるまでの短時間のうちに、ガレージに置いてあった灯油用のポリタンクに車のガソリンタンクから給油ポンプでガソリンを抜いて移したことになっていた。しかし、火災になる前、このポリタンクは同じくガレージに置かれていた水槽の横に置いてあって、水槽用のエアーポンプの電源を取るため引っぱってきてあった延長コードの電源タップが下に落ちて濡れたりしないように、そのポリタンクの取っ手の下にはめ込んであった(図4-1参照)。ところが、宋さんの自白には、身体を入れることも難しい狭

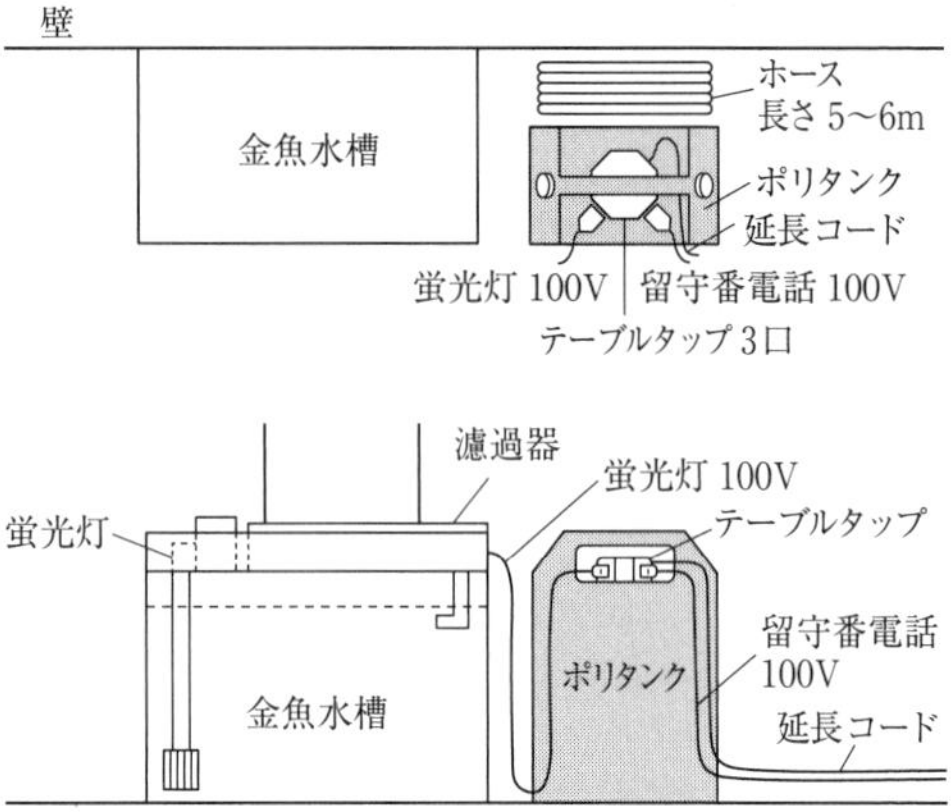

図4-1　ポリタンク周りの状況

いスペースで、その電源タップやコードをどうやって外したのか等について言及したところがなかった。

その他、自白では、犯行当日に購入した手押しポンプについて、ガソリンを抜くのに使用した後、車体の下真ん中辺りに投げ込んでおいたことになっていたが、火災直後の実況見分ではその残渣が発見されていなかった[9]。

さらにもう一点だけ挙げておくと、宋さんは、めぐみさんの殺害方法を思いついたきっかけとして、西名阪自動車道を走っていた時に見た車両火災の様子について述べていた。しかし、そのときに自動車道を走行していたとしても、その位置関係からして、燃えていた車両は実際には見えないのではないかと考えられた。警察の記録によると車両火災があったのは、自動車道上ではなく、自動車道より約一二メートル下の一般道上のことであった(図4-2)。

弁護側の主張では、これら客観的証拠と宋さんの自白供述との不整合は、宋さんの自白した犯行ストーリーが想像を交えて構成されたものであるために、実際との間にそのような食い違いが生まれたということになる。

②供述の変遷

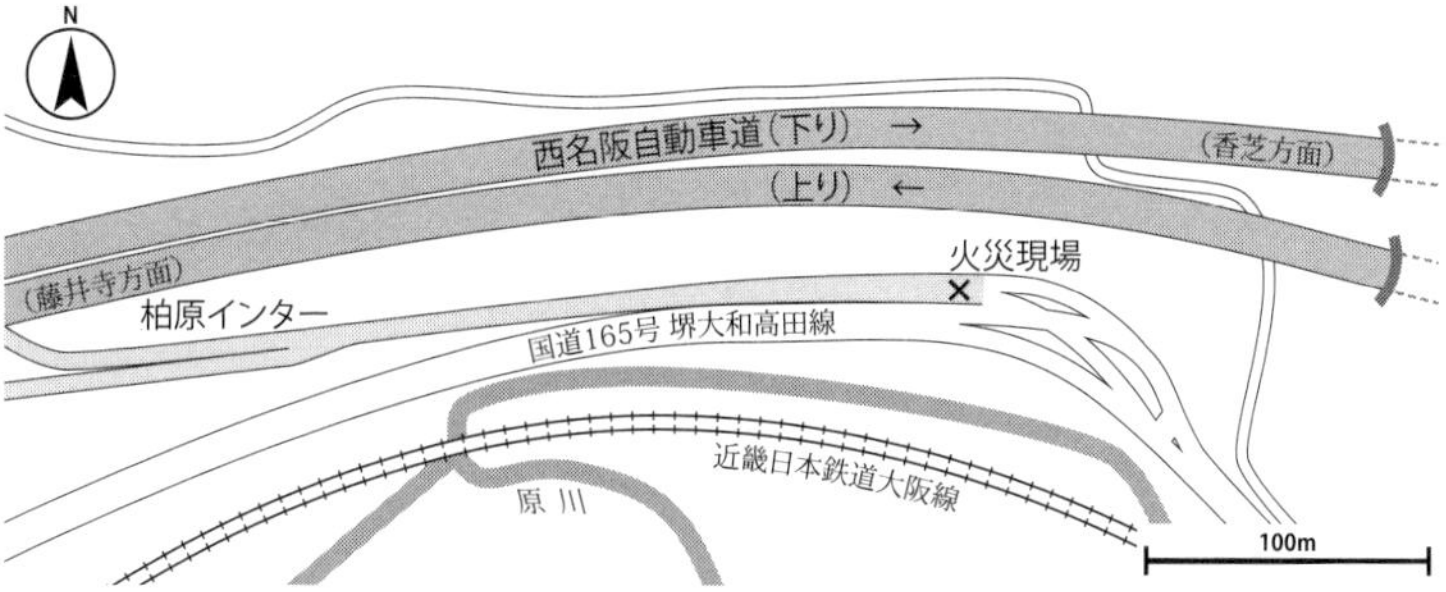

図 4-2　西名阪自動車道で車両火災があった現場

宋さんが走行していたという西名阪自動車道の道路は，車両火災の現場付近から見て，その路肩部分までが，高さにして約 11.72 メートル高く，水平距離にして約 23.12 メートル離れた位置にあって，側端に高さ約 1.35 メートルのガードレールが設置された幅員約 3 メートルの路肩部分があり，これに続いて幅員各約 3.5 メートルの 2 車線(走行車線と追越し車線)の道路となっていた．宋さんの自白では，仕事帰りに西名阪自動車道を藤井寺方面に向かって走っていた時に，車両火災を目撃したことになっていた．

宋さんの自白供述では、撒いたガソリンの量については、最初はポリタンクに約二〇センチの高さまで(約一〇リットル)ガソリンを入れ、それを撒いたとしていたが、後にはそれを約一三センチ(約七・三リットル)と訂正していた。また、同じく宋さんの自白で、青木さんとの謀議とされたのは、初めは六月二二日頃と七月五日頃の二回だけであったものが、九月一七日の供述からは、七月中旬にも青木さんが「めぐちゃん死んだら一五〇〇万円入るなあ」と宋さんに言ったことが加わっていた(青木さんの自白供述の中には出て来ていない)。宋さんの供述を細かく見ていくと、七月五日頃の謀議で宋さんが殺害方法について話した内容やそれに対する青木さんの応答、また、犯行当日に決行について伝えた際の電話の内容にも変遷が認められる。このうち、犯行当日の電話内容については、最初は、宋さんの方から「早く帰るで」という決行を伝える合い言葉を言ったことになっていたが、九月一七日には、合い言葉ではなく「今日するで」と言ったことになり、さらに九月二三日以降には、決行を切り出したのは宋さんではなく青木さんというように供述が変遷していた。ちなみに、九月二三日の供述は、電話のやりとりを思い出すために約一七分間沈思黙考し、それから「思い出しました」と述べて、宋さんが話したものであった。[10] 弁護側は、このように変遷している供述には信用性はないと主張している。

③二人の供述の不一致

宋さんと青木さんの二人の自白供述の間にも不一致がある。例えば、六月の謀議の時期は、宋さんの供述では六月二二日頃とされていたのだが、青木さんの供述では六月初めとなっていてかなりの食い違いがある。双方ともその点について供述の変遷はない。またその謀議について、青木さんの供述では、青木さんのほうから宋さんにめぐみを殺してと言ったとなっていたが、宋さんの供述では、青木さんは「保険金があるやん」と言っただけであった。そして青木さんの供述では、それに宋さんがうなずいたのであるが、宋さんの供述では、それに対して宋さんが「何いうてんのん」と言うと青木さんは黙っていたとなっていた。さらに同じ場面で、宋さんの供述には、青木さんは気を取り乱して泣きながらというう印象的な事柄が述べられているのだが、青木さんの供述にはそのことが出てこない。弁護側は、そのような不一致が認められる供述には信用性がないと主張している。

(4) 青木さんと宋さんの公判(否認)供述の信用性

一方、検察側の主張では、宋さんや青木さんの否認供述のほうこそ信用性がないということになる。宋さんの公判供述で問題とされたのは、仕事から帰宅してガレージに車を入れた後、車が後ろに下がりすぎていたのに気付いてまたエンジンをかけて車を前に出して、車の中で片づけをしていた際にもエンジンをかけたままだったという供述と、青木さんらも帰ってきて宋さんも居間に上がった後、服と一緒に持ってきてしまったドライバーを車に戻すためにガレージに下り、その際に足下に温かいのを感じたという供述が、公判[11]になって初めて出てきているということであった。検察側は、それらは記憶の想起としては不自然であるとしていた。

一方、青木さんの供述では、逃げる前に取った行動についての供述の変遷が問題とされた。自白前と否認後の青木さんの供述は次のように変遷していた。

- 板間の入口で必死に、めぐみちゃんめぐみちゃん、火事やで、ここに早く来てと叫んだ(七月二二日警察官調書)。
- 裏庭に出る前に息子の手を引き風呂場近くまで行き、めぐみちゃん早よこっちへ来てと言った(七月二七日警察官調書)。
- その時めぐみさんに声をかけたかどうかは、その当時は覚えてたかもしれないけれど、今はもう覚えていない(一九九六年一一月一九日の宋さんの一審での証言)。
- 青木さんも洵君も台所までは行っていない。声を出した記憶はない。洵君も声を出していない。頭の中はもうパニクっていたので、声も出さなかったんだと思う(二〇〇三年三月一三日の青木さん控訴審での供述)。

また、逃げる前の青木さんの行動については、青木さんの知人らが、火災後に青木さんから聞いたことを後に青木さんの公判で述べている内容においても食い違いがあった[12](日付は青木さんからそのことを聞いた日である)。

・友人の森山弘子さん(七月二三日):電話を掛けている途中に何か爆発が起き、一階の居間の六畳のテレビのところまで行ったが、煙と炎がすごくて、とりあえず先に洵君を裏の路地に連れ出して、それから戻ろうとしたが、もう炎と煙がすごくて戻れなかった(青木さんの一審第三一回公判)。

・チラシ配りを依頼していた中島知宏さん(七月二四日):洵君は抱えて何とか逃げきったが、めぐみさんについては、とにかく呼んで、呼んで助けに行こうと思ったけど、熱気と爆発音がすごかったので、助けるに助けられなかった(青木さんの一審第二二回公判)。

・保険外交員の畑中幸子さん(七月二五日):お風呂場はすごい煙の状態で、お風呂場のほうに手を差し伸べて、ここにママの手があるからつかまりなさいと言ったが、煙で姿も見えず、また返事もなくて、このままだと洵君も煙に巻き込まれてしまうので、とりあえずその場を出た(青木さんの一審第一〇回公判)。

検察側は、後述する洵君の証言との不一致等とも合わせて、このような青木さんの弁解には信用がないとしていた。

(5) 火災発生時の宋さんや青木さんの行動は不自然であったか

検察側は、青木さんが洵君を連れて逃げ出す前にめぐみさんを積極的に助けようとしていないのは、実の母親の行動として不自然であり、殺す意図があったものと主張していた。また、宋さんについても、河内さん方に行きながら消火器を受け取らずにまた外に出て行っている、すなわち消火活動を積極的にしていないことは不自然であるとしていた。さらに、宋さんがめぐみさんが家の中にまだ取り残されているのを消防隊員に伝えようとした際に、実際には道路に近い側にある風呂場にいたにもかかわらず「奥にいてる」と言ったというのは不自然で、故意に救助を遅らせようとしたものであると主張していた。

ところで、これらの検察側の主張については、二つの面を区別して考えておく必要がある。宋さんが「奥にいてる」と言ったことについては、その事実に争いはない。宋さんは、普段の生活のイメージから咄嗟にそのように言ってしまったと説明しており、ここではその行動をどのように理解できるかが争点になっている。

もう一つは、主張の前提となっている事実の認定にそもそも争いがあるものである。宋さんが河内さん方で消火器を受け取らないままに出て行ってしまったという点については、宋さん自身は消火器を持って行って消火活動をしたと主張している。河内さんは、公判証言等では確かに宋さんが消火器を受け取らずにまた外に出て行ったと供述しているのだが、火災当日に東住吉消防署消防司令補によって作成された聞き込み状況書では、火災当日には「居室に居ますと裸の男が飛び込んで来て、消火器を貸してくださいと言うので、一本持たせ、彼と一緒に外に出ますと、青木さん所が火事になっていました」というように述べていたことが認められる[13]。その点について確かなことが分からない限りは、その行動が不自然であるかどうかについて判断することもできない。

青木さんの行動についても、青木さんがめぐみさんを助けようとすれば助けられる状況であったのに助けようとしなかったのか、助けようとしてもできない状況であったのかに争いがある。検察側は洵君の供述を主な根拠に前者の主張をしているが、そのためには洵君の目撃証言の信用性についても検討される必要がある。その上で、(前述したように青木さんの供述には変遷もあるが)青木さんがめぐみさんを積極的に呼んだりしていなかった場合に、それが不自然であると言えるのかどうかについての判断がなされる必要がある。

(6) 当時保険金殺人を企むほど経済的に追い詰められた状況だったか

当時の青木さんの方の経済状態については、宋さんの収入が一定はしないが月五〇万円前後、青木さんの収入が月五万円ないし一〇万円であり、貯金が約八八万円あり、負債は四〇〇万円あまりあった。負債のうちのおよそ半分は宋さんと青木さんとの二台の車のローンで、他はクレジットカードを利用したキャッシング等であった。いわゆるサラ金からの借り入れはなかった。新しく四〇五〇万円のマンションを購入する手続きを進めていて、手付金一〇〇万円は払っていたが、残り四〇四〇万円についてはローンを組む予定になっていた。そのローンの審査中であったが、審査が通るように宋さんの収入について修正申告をし、六三万円の所得税を追加して払っていた。その支払いは、解約した賃貸マンションの敷金の返還分の一〇〇万円や借り入れによっていた。また、近々予定納税として二〇万円を納める必要があり、マンション購入のための諸費用として一七〇万円を支払う必要も生じていた。確かに月々のローンの返済はかなりの額にはなっていたが、それについては青木さんがやりくりをしていて、返済に遅れたことはなかった。また、四人で月約五万円の生命保険の掛け金も払っていたし、毎月家族のそれぞれについて一万円ずつ合計四万円の積み立て貯金もしていた。それから、家の家賃は払っていなかったが、荷物置き場ならびにガレージとして親から借りていた場所については、月々四万円の賃料を支払っていた。

検察側はそれでも、本件では青木さんが何としても希望のマンションを手に入れたいという気持ちが強く、より楽な暮らしをしたいために手っ取り早く大金を手に入れようとしたと主張していた。それに対して弁護側は、そのようにしてお金を手に入れるような必要は全くなかったとしている。そもそもまだローンが通るかどうかも分からなかったのであり、審査が通らなければお金を払う必要もなかった。青木さんによれば、本当に必要になった時には一時的に母親から借りることも考えていた。マンション販売会社から二〇〇万円の利子補給をするという話も出ており、マンションを購入後にその二〇〇万円をまとめてもらうことができれば、母親から借りたお金も返すことができた。それに、当時は宋さんの仕事も軌道に乗ってきていて、その先の仕事の請負予定もいくつか決まっており、それらの仕事をすればかなりの収入が確実に入り、一時的に借金をしたとしても十分に返せるという見通しもあった。また、仮に保険金が手に入ったとしても一五〇〇万円に過ぎず、火災で身の回り品や宋さんの車や仕事道具を失ってしまう損失なども考えると、実質的に手に入る額はさらに少ないことになる。

(7) 殺害も厭わないほどにめぐみさんは大切にされていなかったのか

検察側は、宋さんの自白時の供述を根拠に、青木さんとめぐみさんの関係が、親子でありながら極めて悪く、それ故に、洵君ではなくめぐみさんを殺そうとしたと主張していた。他方、弁護側はそれを否定していた。実際、青木さんの友人や知人も、青木さんがめぐみさんを洵君と変わりなく可愛がっていたと考えられる旨を証言している。なるほど、気の強い青木さんとめぐみさんが喧嘩をすることはあっただろうし、年齢的にもめぐみさんが青木さんに反抗していたということはあるかもしれない。しかし、だからと言って青木さんがめぐみさんに愛情をいだいていなかったということにはならないだろう。青木さんは、めぐみさんが高校受験で苦労しなくてよいようにと考えて、私立の中学校に入学させるために一緒に見学に行ったりしていたし、六年生の修学旅行のためにブランドの靴なども買ってやっていた。

(8) 犯行計画の内容自体が荒唐無稽なものではないのか

主な争点のもう一つとして、弁護側は自白で述べられている犯行計画の内容自体がそもそも荒唐無稽なものであるとの主張もしていた。

東住吉事件では、雨の日、ガレージから火災が発生して、入浴中であっためぐみさんが逃げ遅れて亡くなったということは事実である。しかし、それを計画された犯行として考えた場合はどうであろうか。風呂場はガレージに隣接していたとは言え、その間には壁があった。風呂場から出られないように鍵等がかけられていたわけではないし、めぐみさんは移動するのに何か不自由があったわけでもない。とすれば、めぐみさんが火事に気付けばいくらでも逃げられる状況にあった。確かに、実際にはガソリンの爆発的燃焼が起きて、それがガレージと脱衣場の間の窓を破って一挙に高温のガスが風呂場にも流れ込み、めぐみさんがそれを吸い込んで死亡したという可能性が考えられるのだが、そこまでのことが計画に入っていたのだろうか。しかし、そうでもなければ、シャワーの音で火事に気付くのをいくらか遅らせることはできたとしても、確実にめぐみさんが死ぬということにはならない。検察側の主張する犯行内容は、犯行計画として見た場合には、それが成功するかどうかが極めて怪しい、不確実なものである。

死亡保険金を詐取するために人を殺すのに、そのような殺害方法を発想するものだろうか。

また、犯行計画の中には雨の日に実行するということがあったが、それは雨の日だったら宋さんが早く帰れること、雨の日だったら濡れるために早く風呂に入るのもおかしくは思われないからという理由からであった。このうち、雨の日だったら宋さんが早く帰れるということについては、実際は必ずしもそうではなかったことが分かっている。特にその謀議があったとされる時期については、宋さんは地下街の電気工事に行っていて、雨かどうかは仕事には全く関係なかった。雨の日だったら早く風呂に入ってもおかしくないというのは、雨→濡れる→風呂に入るという連鎖で考えられたのだろうが、雨が降ったとしても家の中にいれば濡れるものではないし、外出したとしても、当時青木さんが車で子どもを送り迎えしていたように車を使ったり、また傘を差して行ったりすれば、帰ってすぐにお風呂に入ろうと考えるほどに濡れるものとも限らない。そのように考えた場合、雨の日に実行する計画というのもまた疑問である。

第5章　裁判所はどう判断したのか

1　一審(原審)

さて、東住吉事件では、一審から上告審に至るまで三度に渡って有罪判決——共に無期懲役——が言い渡されてきた。青木さんと宋さんの裁判が分離して開かれていたことからすれば、六回の有罪判決が出されていることになる。

(1) 宋さんの一審判決(一九九九年三月三〇日)

①犯罪事実

東住吉事件で最初に判決が出されたのは、宋さんの一審判決であった。まず、その判決が犯罪事実として認定している内容を紹介しておくと次の通りである。

被告人(宋さん)は、内妻青木恵子並びにその子めぐみ(昭和五八年〇月〇日生)及び洵とともに生活していたが、借金返済やマンション購入のための資金等に窮したことから、被告人らの居宅に火を放ち、火災事故を装ってめぐみを殺害し、先に恵子が大正生命保険相互会社との間で締結していた、めぐみを被保険者、恵子を保険金受取人とする新生存給付金付定期保険契約（災害死亡保険金一五〇〇万円）に基づく保険金を詐取しようと企て、恵子と共謀の上、

第一　平成七年七月二二日午後四時五〇分ころ、大阪市東住吉区〇〇〇丁目〇番〇号の当時の被告人宅で、恵子がめぐみを入浴させた上、被告人において、同居宅一階風呂場南側に隣接する土間兼車庫のコンクリート床面に同所に駐車してあった貨物自動車から抜き取っておいたガソリンをまき、これに所携のライターで点火して火を放ち、その火を右自動車や付近の柱、天井等に燃え移らせ、よって、めぐみ及び洵が現に住居に使用する木造瓦葺二階建て家屋（延べ床面積八九・六平方メートル）を全焼させて焼損するとともに、そのころ、同家屋の風呂場において、めぐみ（当時一一歳）を焼死させて殺害し、

第二　……（以下保険金の詐取に関する部分は省略した。）

右で認定されている事実は、表現に多少の違いはあれ、後述する青木さんの一審判決でも全く変わらない。

②「争いのない事実」

判決はそのように認定した理由の説明で、まず証拠上認められて当事者間においてもほぼ争いのない事実を挙げているが、それらの中には、青木さんと宋さんの生活状況や火事になった家屋の状況などの他に、火災発見後に宋さんが消火活動をしていないことや、逃げる前に青木さんがめぐみさんに声をかけていないことも含まれていた(1)。

③火災原因

続いて本件火災の原因については、まず外部からの放火の可能性はないとし、風呂釜の種火からの引火についても、風呂釜に異常はなかったこと、種火から燃焼したことを疑わせる焼損状況もなかったこと、さらに、引火実験において、ろうそくの炎を〇・二リットルのガソリンに一〇センチメートルの距離まで横から近づけてもガソリンには引火せず、ろうそくの下方にガソリンを置いても引火しなかったこと等を根拠にその可能性を否定した。(2) 自動車からの発火の可能性についても検討しているが、本件火災で燃えた自動車の検証、実況見分、およびそれらに基づく考察等を根拠にして、電気系統、エンジン、燃料系統、排気系統、積載物のいずれについても、出火や異常過熱の痕跡等はなく、それらからの発火の可能性は認められないとした。弁護側の証人が述べた機序(3)による発火の可能性についても検討しているが、ホンダの技術者の証言等に依拠して、キャニスターの活性炭の吸着能力限界を超える量のガソリンが燃料タンクからキャニスターへ到達するといったことは極めて稀である、エアコン・コンプレッサーについてはサーマル(温度)センサーがついているので一三五プラスマイナス三℃以上に過熱することはない、車体床下の排気系が高温になっていたとしても通常の走行時に認められる三〇〇℃前後と考えられる等の理由を挙げて、そのような機序で発火にいたる条件がすべて揃うことはほとんどあり得ないと結論していた。そして、最終的には次のように述べていた。(4)

結局、本件自動車のバッテリー、エンジン、車内積載物からの発火の可能性はなく、排気系統・エアコンプレッサーの過熱による発火の可能性も、絶無とはいえないにしても、極めて低いと認められる。もとより、そうであるからといって、排気系統・エアコンプレッサーの過熱による発火が絶対に起きないということはできないわけであるが、逆に、そのような出火機序以外の出火が絶対にあり得ないともいえず、結局、技術士意見書等は、それをいかに尊重したところで、それのみでは、後に検討する被告人の捜査段階での自白の信用性を否定するに足るものではないというべきである。

④宋さんの自白の任意性

判決は次に宋さんの自白の任意性についての検討に移っている。取調べについて述べた公判での宋さんの供述と浅尾刑事および磯野刑事の証言についてその信用性を吟味し、後者のほうが信用性は高いと判断して、取調べ状況を検察側の主張の通りに認定し、宋さんの自白の任意性を認めていた。また、弁護側の違法な身柄拘束の主張についてもそれを退けていた。

判決が浅尾刑事らの供述の信用性が高いと判断している理由は、浅尾刑事と磯野刑事の証言内容が概ね一致していること、反対尋問にさらされてもそれが動揺していないことであった。(5) また浅尾刑事については、被告人の膝を摑んだことなど取調べに行き過ぎがあったと非難されかねないことも供述していて、真摯な供述態度が認められるとしていた。それから、それまでに得られた客観的な捜査結果と被告人の供述内容の矛盾を追及するという取調べ手法について浅尾刑事らが供述していることも、取調べについて述べた内容として自然であるとしていた。

他方、宋さんの公判供述に関しては、例えば自白をした九月一〇日の取調べについて述べた供述内容を、一見具体的であるが、全体として見ると数時間にわたって浅尾刑事との間で押し問答をしていたというような漠然としたものであって、(6) 全体として迫真性に欠けるというように評価していた。また、宋さんの供述で、取調室に毛布が敷いてあったという点、浅尾刑事が暴行を振るっているときにも取調室の扉は開いていたという点、追及し得る証拠を揃えて本格的な取調べを開始した初日で、しかも被疑者が弁護士に当日接見を求めている状況で暴行により自白を強要したなどという点は、警察の取調べ状況として考えられるものとしては不自然であるとしていた。切り違え尋問の主張についても、共犯者が自白しているという捜査上の重要情報を被疑者に伝えるということはよほどの事情がない限り考え難いとしていた。浅尾刑事から暴行を受けたということについては、九月一二日に病院に行った際に宋さんが身体の不調や痛みを訴えていないことや、それ以後も二度にわたって否認に転じられていることなどを理由に、宋さんの供述の信用性を否定していた。宋さんは暴行のことを秋月弁護士にも話していたのであるが、それについては、宋さんが事実とは異なる説明をしていた可能性もあるから、接見した弁護士に対してそのように訴えていたからといって直ちにその裏付けとはならないと述べていた。

⑤宋さんの自白の信用性

続いて宋さんの自白供述の信用性に関しては、まず、車の運転席側付近の床から三〇センチメートル程度の高さの炎が上がっていたという目撃者の述べる火災の状況と、宋さんの自白に基づく再現実験では着火約五秒後から黒煙を発して激しく炎上したという結果は一見矛盾すると認めていた。しかし、燃焼という現象は多様な条件によって左右され、できるかぎり条件を同じにした再現実験といっても実際とは相違が生じ得るから、この結果から直ちに両者に違いがあるとは断定できないとし、コンクリート床面にガソリン約一リットルを撒いて着火するという別の条件の実験下では、目撃証言と一致する状況も再現されていることなどを挙げて、最終的には、本件火災と再現実験との間に看過できないほどの矛盾相違があるとまでは認められないと結論していた。

また判決は、自白供述には信用性があると考える理由として、次の通り、自白内容と争いのない事実や客観的事実とが一致している点を挙げていた(7)。

・放火した際に髪の毛の右側付近が熱く感じたと供述しているが、宋さんの頭髪には実際に焦げたところがあった。

・青木さんからプレゼントされたターボライターで火を付けた旨を供述しているが、宋さんは実際にこのようなライターを持っていた。

・火災当日、仕事からの帰路で手押しポンプを購入したと述べているが、宋さんの当時の帰宅経路に夏期にも手押しポンプを販売している金物店が実在する。

・本件の着想のきっかけとなったという西名阪自動車道におけるトラック炎上事故については、その供述と相違しない事故が現に発生していた(8)。

・火災発生時の行動についての供述内容は、河内さん方に消火器を借りに来たが消火器を持たずに出て行き、その後は何ら消火活動をしなかったとする河内さんらの供述とも一致する。

そして、自白した供述の一貫性、具体的かつ詳細で自然であること(9)、申し訳なさと悔悟の念から自白したとする供述動機も納得できることを挙げて、最終的に宋さんの自白は信用性が高いと考えられると結論づけていた。

⑥宋さんの公判(否認)供述の信用性

宋さんの公判(否認)供述のうち、取調べ状況に関する供述の信用性判断についてはすでに述べた通り

である。その他に次のような点も不自然であるとしていた。(10)

・電話で一度は子どもらと話しているのに、その後さらに何度も電話をしている上、帰宅直前になってさらに二度電話をかけていること。

・ガソリンスタンドと被告人方との間は約二・六キロメートルであり、雨で傘を差した歩行者が走行の障害となったとしても、それほどの時間がかかるとは考えにくいこと。

・本件自動車にドライバーを戻しに行ったとする点については、捜査段階でも追及されていたにもかかわらず言及されておらず、第二五回公判の被告人質問になって急に供述するに至っていること。同様に、エンジンを再起動した旨の供述も公判廷において突然なされていること。

・消防士への指示では「奥にいる」と繰り返して言っていて、それ以前の行動が比較的冷静で特段奇異な点は認められないのと対比してあまりにも異常であること。(11)

・後部座席の後ろが荷台となっているワンボックス型貨物自動車で、後退中に車体後方から二メートルと離れていないところに落ちていたラケットに気づき、さらに停車直後の自動車の床下部に手を差し込んでこれを拾い上げたというのはいかにも不自然であること。(12)

⑦犯行動機

宋さんの一審判決は犯行事実を述べる中で、「借金返済やマンション購入のための資金等に困窮したことから」と犯行動機にも触れていたが、借金やマンション購入のために必要になっていた資金の状況については述べても、それで保険金殺人を考えるほどに心理的にも追いこまれた状態になっていたと言えるかどうかについては検討していない。また、青木さんとめぐみさんの関係がどのようなものであったかについても検討していない。つまり、争点に挙げた動機にかかわる部分については十分な検討がされていない。

⑧謀議内容の荒唐無稽さほか

その他に判決が弁護側の疑義に対して判断を述べていたことの中から、三点触れておきたい。一点目は、めぐみさんや洵君が一緒に寝ている部屋で謀議するというのは不自然であるとの弁護側の主張については、家計のやりくりについて話しているうちにそのような話が出てきたものであり、当時は四人が同じ部屋で寝ていたこと、深夜一二時頃のことで子どもたちは熟睡していると窺われることから、特に不自然不合理とは言えないとしていた。二点目は、二人だけで話をする機会が十分あった宋さんと青木さんが本件犯行を実行する合図ないしは合い言葉を決めていたというのは不合理であるという主張についてで、それに対しては、電話で連絡することになった時などに備えて、周囲に怪しまれないような合い言葉や合図を決めておくことも十分考えられることであるとしていた。三点目として、ポリタンクに絡めてあったコードやポリタンクの後ろにあったビニールホースについて一切言及されていないのは不自然であるという主張に対しては、ポリタンクの残渣からは、コードがポリタンクに巻きつけてあったとははっきりとは判断できないし、それらについての供述がないからといって、供述全体の信用性に影響するわけではないとしていた。(13)(14)

(2) 青木さんの一審判決(一九九九年五月一八日)

①直接証拠は自白しかない

宋さんの一審判決が出てから約一カ月半後に、青木さんの一審判決が出ている。犯罪事実として認定していた内容は宋さんの判決と変わらないが、その初めのほうで次のように述べていた。

……宋が本件家屋に火を放ったとする点については、直接その場面を目撃した者はおらず、また、被告人らの犯行であることを示す、決め手となるような物的証拠もなく、本件では、被告人らの犯行であることを結び付ける直接証拠としては、被告人らの捜査段階における右各自白しかない。

②「争いのない事実」

青木さんの判決もほぼ争いのない事実関係から説明を始めている。その中では、宋さんは河内さん方では消火器を受け取ることなくすぐに出て行ったと認定していたが、その理由は、宋さんの公判証言は、前後の状況も含めて具体的に供述する河内さんの証言に比べて信用できないということであった。また、火事の際の青木さんの行動については、一一九番に通報後は風呂場のほうに向かうことなく、洵君の手を引いて裏の路地へ出たと認定していた。そして、それらの点も含め、宋さんや青木さんの火災時の行動や火災後の言動で不自然と思われる点をいくつも挙げた上で、それらについて、本件火災が予期せぬ事故であるというには余りにもそぐわない行動であると断定し、さらに、車両から出火した可能性を考えることにも合理性がないとすれば、青木さんや宋さんの自白について見るまでもなく、本件では宋さんが放火をして、青木さんもそれに何らかの関与をしている疑いが強いと述べていた。

③火災原因

次にその出火原因については、宋さんの一審と同様に、風呂釜からの引火の可能性についてはこれを否定し、本件車両からの自然発火の可能性も極めて小さいとしていた。弁護側が主張していた発火機序についても、ＨＣ濃度の点からそれに疑問を呈するとともに、その条件に関しても、エンジンを再始動したという宋さんの供述は公判段階になって初めて出てきていて信用ができず、給油後にガソリンが過量状態にあったというのにも確たる証拠はないとしていた。

④宋さんと青木さんの自白の任意性

宋さんの自白の任意性については、宋さんの取調べについて述べた浅尾刑事や磯野刑事の証言と宋さんの公判供述のどちらが信用できるかをまず検討し、信用できるとされたほうの供述に沿って取調べ状況を認定して、その認定された事実に基づいて自白の任意性を判断しているのは宋さんの一審判決と同様である。そして、取調べ状況の供述については、浅尾刑事の証言は磯野刑事の証言などとも符合し信頼できるのに対し、宋さんの公判供述は次のような理由により信用性に疑問があるとしていた[15]。

- 宋さんが八月の段階で法律相談に行き、秋月弁護士から逮捕された場合の対応についてある程度の助言を得ている。
- 九月一〇日と一二日のいずれもいったん自白しながら、その後秋月弁護士の接見を契機に否認に転じ、若干の間とはいえ黙秘ないし否認を維持していた。
- 自ら選任し、精力的に弁護活動をしてくれた秋月弁護士を一四日の段階で解任している。
- 九月一〇日の取調べでのやりとりについては割と具体的に問題を指摘するものの、その後の取調べについては、曖昧な指摘にとどまっている。

•否認から自白するに至った理由、自白から否認に至った理由について述べる宋さんの検察官調書の該当部分には、格別不自然なところがなく、合理的な説明になっている。

•起訴後、浅尾刑事に礼状まで出している。

また判決は、仮に一〇日と一二日には宋さんの言うような内容の取調べ状況があったとしても、検察官調書の作成段階にまでその問題の影響が残っていたとは考えられないから、宋さんの検察官調書の任意性には問題はないともしていた。

一方、青木さんの自白の任意性については、判決はまず次のように述べて、青木さんの取調べに問題があった可能性についてはそれを認めていた。

……被告人〔青木さん〕は、当公判において、九月一〇日は、取調べに耐え得る体調でなかったほか、取調べ警察官に怒鳴られ、宋とめぐみとの性的関係、洵が被告人の兄の養子になること、宋が被告人と共謀して本件犯行に及んだ旨の自白をしたことなどを聞かされ、自暴自棄に陥り、本件犯行を認める虚偽の供述をしてしまったと、自白に至った理由を供述する。右供述は、一一日の勾留質問の際にも、裁判官に対し、簡潔ながらこれとほぼ同旨の供述をしていたことをも考えると、にわかに排斥し難いものがあるともいえる。

しかしながら、続けて次のような理由をあげて、(16) そうした問題も実の娘を保険金目的で殺害するとの重大犯罪について虚偽自白を引き出すほどのものであったとは考えにくいとして、最終的には青木さんの自白の任意性を認めていた。

・弁護士の接見を契機に否認に転じ、その後三日間の取調べにおいては否認を維持していたという経過がある。
・警察官から暴行ないし脅迫があったというものではない。
・一〇日の逮捕前の取調べに際しては、青木さんから自宅に戻りたいとの希望を申し出ていたわけでもない。
・法律相談での秋月弁護士からの助言を事前に宋さんから間接的にではあれ聞いている。
・否認から自白するに至った理由、自白から否認に至った理由について述べる青木さんの自供書の該当部分には、格別不自然なところがなく合理的な説明になっている。
・再度自供した一四日の取調べについては、それまでと特に異なる厳しい取調べがあったというような具体的な供述は一切見られない。

⑤宋さんと青木さんの自白の信用性

宋さんの自白の信用性については、最初に、宋さんの自白に基づく再現実験の結果と近隣住民らが目撃している出火当初の状況とが整合性を欠いている可能性も否定することはできないと述べている。しかしそれに続けて、再現実験は宋さんの供述の忠実な再現とは言えないとし、その結果をもとにして宋さんの供述の信用性について論じるのは適切ではないと述べて、最終的には再現実験の結果は宋さんの供述の信用性を根本的に損なうものではないと結論していた。

宋さんの供述に認められる変遷や青木さんの供述との不一致については、それを認めながらも、その多くは単なる表現方法の違いであったりするのに過ぎないとして[17]、それによって宋さんの供述の基本的な部分の信用性は損なわれることはないとしていた。そして、「むしろ、完全に齟齬のないように自供書や供述調書が作成されている方が、かえって作為的ではないかと疑う場合もあるのであって、そのようなことがないということは信用性を肯定する方向に考えることもできるというべきである」とも述べていた。[18]

一方、青木さんの自白の信用性については、その内容が必ずしも詳細かつ具体的なものではないことは認めながらも、宋さんの供述内容と大筋では合致しており、宋さんの供述については信用性が極めて高いと認められることからすれば、十分信用性があると言えるとしていた。

⑥宋さんと青木さんの公判(否認)供述の信用性

宋さんの公判(否認)供述の信用性については、火災の前後の状況についてそれなりに具体的に述べているところもないではないとしながらも、次のような例を挙げて、その供述経過、供述内容ともに不自然かつ不合理なところが多々あって信用に値しないと結論していた。[19]

- いったん切ったエンジンを再始動させたとか、本件ガレージに下りて本件車両の後部ハッチを開けて立った時に、足元がやけに温いという感じがしたとかいう点は、捜査段階では全く供述しておらず、公判段階になってそれを突如述べるようになった理由についても合理的な説明ができていない。
- 本件当日、何回も自宅に電話を掛け、青木さんと話をしようと試みているが、その理由についても、曖昧な説明しかできていない。
- 河内さんから消火器を借りたなどと、信用できる河内証言に反する供述をしている。
- 消防隊員の問いかけに対して「奥にいてる」と答えたのは、家の中から見れば風呂場は間取りからして奥まった部分という感じがするので、思わず「奥」と答えてしまったかもしれないなどと、いかにも後でとってつけたかのような供述をしている。

一方、青木さんの公判(否認)供述の信用性については、捜査段階において一時自白したほかはほぼ一貫して否認していると認めながら[20]、本件における罪責の重さからすれば、そうであるからといって直ちに信用はできないとしていた。また、めぐみさんを助けられなかったことについての青木さんの弁解も、洵君の供述に照らすとそのまま信用することはできず、その他の供述についても宋さんの供述等に照らすと信用できないとしていた。

⑦犯行動機

次に動機に関する判断であるが、めぐみさんは洵君ほど大切にされていなかったのかという点については、それを裏付けるような第三者の証言はないと述べ、さらに、青木さんがめぐみさんの進学のために家庭教師を頼んでいた事実や知人らの証言を元に、青木さんがめぐみさんに対して母親としてそれなりに愛情を抱いていたとも考えられるとしていた。しかしながら、青木さん自身が自白の中で、「洵は年下で男の子ですから可愛いい子でした。めぐみは、洵ほど可愛いくありませんでした」(九月一〇日警察官調書)と述べていることを挙げて、最終的には、「日頃はめぐみに対してそれなりの対応をしていたとしても、いざ犯行を思い立つに際しては、洵ではなくめぐみを殺害の対象にするということが全く不可思議といわなければならないものではない」と判示していた。

もう一つの動機とされた経済的な状況については、まず、せいぜい二〇〇万円程度の工面のために本件犯行を企てるというのは不自然さを否定できず、他から借り入れるといったことも考えれば、経済的な逼迫度はそれほどでなかったとも言えるとしていた。しかしながらそれに続けて、「被告人〔青木さん〕としては、何としてもこれを手にしたいとの気持ちが強くあったことも十分推測できること、そのことがきっかけとなり、より楽な暮らしがしたいがために、手っ取り早く大金が手に入ることを考えるということも、あながちあり得ない話ではないことなどにかんがみると、経済的な犯行動機など到底考えられないとはいえない」と述べて、最終的にはその動機についても是認していた。

⑧犯行計画の荒唐無稽さ

火災によりめぐみさんを殺害しようとしたという犯行計画については、それが殺害方法としては蓋然性が低いものであることを認めながらも、しかし、「本件ガレージ内でガソリンを撒いて火を放つだけでなく、めぐみを確実に殺害できるようにということで、風呂場で入浴中の機会を狙ったものであり、また、他の者が火災の発生やめぐみの所在等を知るのをできるだけ遅らせようと考え、現に種々の偽装行動に出ていた」ことや、また「実際、めぐみの死亡という結果を招来させていること[21]」を理由として、それが荒唐無稽で不自然であるとは言えないとしていた。

2 控 訴 審

(1) 控訴審における立証

控訴審の判決内容について紹介する前に、弁護側、検察側の控訴審における立証について簡単に触れておきたい。主な争点については控訴審においても基本的に変わるところはなく、出火原因については、弁護側は、一審でも主張していた機序による車両からの出火可能性について同じ技術士の証言等によりその補強を試み、他方検察側は、新たな実験を行うなどして弁護側の主張するキャニスターからのガソリン漏れは考えられないことなどを立証しようとした。

その中で注目すべきこととしては、検察側が裁判所や弁護側には知らせないままに再度の再現実験をしていた事実が挙げられる。しかし、この実験も目撃されているような燃焼状況の再現には失敗しており、玄関の扉を閉めたままの場合には、ガソリンに火がつくと同時に大きな炎が上がり、一五秒で真っ黒になり、その後酸欠となって火が消えてしまうという結果であった。そして、玄関の三枚扉の一枚を開けると、再び床から炎が上がり数分で家屋は激しい炎と黒鉛に包まれた。その様子を撮影したビデオは後に証拠として提出されている[22]。

また、控訴審の終盤になってから、燃料化学を専門とする京都大学の光藤武明教授ならびに近藤輝幸助教授(いずれも当時)による鑑定が実施されたが[23]、それによれば、自白にあるような方法でガソリンに放火した場合、放火者が火傷を負わないということはほとんど考えられないということであった。弁護側はさらに、温水器の種火に気化ガソリンが引火する事故の再現実験のビデオ[24]を提出し、証拠として採用されている。この再現ビデオでは、引火しても火元の温水器に損傷はなく煤も付かないことが示されていた。

また弁護側は、もう一つの大きな争点となっている宋さんや青木さんの自白についても、それが任意性および信用性に欠けることの立証を改めて試みている。宋さん、青木さんに対する被告人質問がそれぞれの公判において改めて行われ、宋さんと青木さんは自白に陥ることになった取調べ状況や自白してしまった時の心境などについて詳しく供述した。しかしながら、弁護側の依頼により心理学者の浜田、脇中、筆者が行った宋さんや青木さんらの供述についての心理学的鑑定の結果は、裁判所によって証拠採用されなかった。そして、弁護側が開示請求していた捜査メモ等についても、裁判所は検察に対してそうした勧告や命令は出さなかった。

(2) 青木さんの控訴審判決(二〇〇四年一一月二日)

青木さんの控訴審判決は無期懲役とした一審の大阪地裁の判決を支持し、青木さんの控訴を棄却した。判決言い渡しの際、青木さんは主文の言い渡し後に「こんな判決、冗談じゃないです」などと叫んで退廷したため、判決理由は被告不在のまま読み上げられている。青木さんの控訴審判決の要点については以下の通りであった。

①火災原因

火災原因については、次のような点を挙げた上で、弁護側の主張する自然発火の可能性は抽象的なものにすぎず、現実的な可能性としてそれを認める余地はまずないと結論していた。

- キャニスターからガソリン蒸気が漏れたとしても、空気より比重の高いガソリン蒸気は床面に沿って拡散するので、車庫床面から二十数センチはある加熱したエキゾーストマニホールドの位置まで達して発火するとは考えられない。
- 仮に発火したとしても、その燃焼により燃料タンク内のガソリンを噴出させるに足りる程度のガソリン蒸気がキャニスターから漏れ続けていたとは考え難い。

・風呂場の種火は距離がかなり離れており、そこまで到達して引火するほどのガソリン蒸気が短時間でキャニスターから排出されたというのは疑問がある。

②宋さんと青木さんの供述の任意性

宋さんの供述の任意性については、一審と同様に、宋さんに対する取調べ状況についての浅尾刑事および磯野刑事の一審公判における証言は信用できるとして、その任意性を認めていた。また、仮に逮捕前後の取調べにおいて、宋さんが供述するような取調べがあったとしても、検察官調書の作成段階までその影響が残っていることは認め難いとしていた。

浅尾刑事や磯野刑事の証言が十分信用できるとされた理由は、おおむね互いに一致している上、その内容も十分に具体的かつ自然であること等であった。他方、浅尾刑事から暴行を受けたとの宋さんの一審公判での供述については、「その供述内容が抽象的であり、浅尾が暴行を振るうに至ったという経緯や脈絡も唐突であって、捜査本部の指揮下で取調べを実施する立場にある浅尾が、本格的な被疑者取調べを開始したばかりで、しかも宋の要求により浅尾自身が秋月弁護士への連絡方を捜査本部に依頼しており、その日のうちに同弁護士が接見に来るであろうことが予想されている段階において、あえて暴力を振るうような必然性があったとは到底うかがわれない不自然な内容のものである」として、その信用性を否定した。そして、宋さんが接見に来た秋月弁護士に刑事から暴行を振るわれたと述べていたことについても、虚偽である疑いが濃厚であるとしていた。また、切り違え尋問があったという主張については、本格的な取調べの初日から虚偽の事実を告げて尋問を行う必要があったとは考え難い等と述べ、信用できないとしていた。さらに、浅尾刑事から、ガソリンを抜いて火を付けたという鑑定が出ているとか、ガレージに下りた時に火を付けていたところを洵君に見られているなどと言われたという点については、宋さんが浅尾刑事の言うことを混同あるいは誤解した結果である可能性が高いとしていた。

青木さんの供述の任意性については、一審判決とほぼ同様の理由を挙げて[25]、重大犯罪について虚偽自白を引き出すほどの問題があったとは考えにくいと判断していたところを是認し、その任意性を肯定していた。

③宋さんの自白の信用性（自白にある放火行為と火災状況の矛盾）

「大量のガソリンを床にまいて点火すれば、宋の捜査段階供述で言うような床上二センチメートルというところまで点火したライターを近付けるまでもなく、そのはるか以前に制御不可能な爆発的燃焼が起こり、宋が大やけどを負うとともに、多量の黒煙が発生することになるはずである」との弁護側の主張に対しては、判決は次のように判示していた。まず宋さんの供述によれば、怖かったので目をそむけ手を伸ばした状態で点火したというのであるから、二センチメートルというのはもともと正確ではない。新旧再現実験においては点火と同時に大きな炎が立ち上がっているが、これらの実験では自動車左後部に四リットルまたは五リットル、右側面部中央付近に二リットルのガソリンを撒いているため、自動車右側面と風呂場側の壁との間の床にかなりの量のガソリンが広がる結果となっており、宋さんの供述にある「じわっとはみ出して流れていた」という状況とはかなり異なっている。十分な再現がなされていないからには、その結果は宋さんが言うような方法で火を放った場合にどの位置に大きな炎が立ち上がるのかについての決め手にはならず、それらの結果をもとに当然に大やけどを負うとは言えない。黒煙については、時間の経過に応じてその量や程度が相当に異なる可能性が高く、大量の黒煙が継続的に発生するとまでは言えない。

④宋さんと青木さんの自白の信用性

青木さんの控訴審では、弁護側は、宋さんおよび青木さんの自白供述について、いずれも変遷が著しく、その供述内容も不自然である上に、お互いに一致しない点や客観的証拠と矛盾する点も少なくなく、それらは無実の者が実際に起こった出来事から逆行的に構成された虚偽の自白であると主張していた。[26]

それに対して判決は、そうした主張は「真犯人が犯行を認める以上は、当初から全面的に真実を供述するはずであって、共犯者間に供述の食い違いが生じたり、変遷が生じたりすることはあり得ないという、それ自体にわかに採用し難い命題を自明の前提とするものである」[27]としてその主張を退け、二人の捜査段階での自白の核心部分の信用性を否定すべきほどの問題性は認められないとしていた。

⑤火災発生時の宋さんと青木さんの行動

宋さんが河内さん方から消火器を借りてきて、消火活動をしたかどうかに関しては、弁護側がその裏付けとしていた聞き込み状況書の記載について、「いまだ火災鎮圧前である午後五時一〇分に火災現場で近隣者河内から聞き込んだという内容を記載したものであって、現場での興奮や混乱の影響を受けていることを否定できない」と述べ、河内さんの一審での証言等の内容は信用性が十分であるとした。河内さん方を飛び出してからの宋さんの行動については、わざとらしいパフォーマンス的行動であったとまでは言えないが、結果的に実効のある行動を一つもしていないこと、めぐみさんの所在について救助隊員に曖昧な説明しかしていないことを理由に、宋さんの行動には突然の火災発生に対してパニックに陥ったというだけでは説明のつかない不自然なところがあることは否定できないとしていた。

火災発生時の青木さんの行動については、洵君が、「〔消防署に電話していた時点では〕六畳和室に火は来ておらず、煙もちょっとであったから、風呂場に行こうと思えば火や煙に邪魔されずに行けるくらいであり、被告人〔青木さん〕のそばで「めぐ」などと叫びもしたのに、被告人は風呂場に向かったりめぐみを呼んだりすることなく、電話が終わるや否や洵を連れて裏の路地に逃げた」旨を供述していることなどを根拠として、めぐみさんを助けに行かなかったことはやむを得ない判断であったなどとは言えないとしていた。また、青木さんが裏路地に出て洵君と一緒にいた時の状況については、「確かに、その時点では、被告人がパニックに陥ったり、めぐみの脱出を待つ気持ちになっていたりした可能性が全くないとはいえないが」と述べつつも、めぐみさんがまだ家の中に取り残されていることを必死で訴えるなどの行動を取っていないことを挙げて、「実の娘を燃えさかる家の風呂場に残してきた母親の言動として、多分に不自然さや物足りなさを感じさせるものがあることは、やはり否定できない」としていた。

⑥**犯行動機**

犯行動機のうち、青木さんのめぐみさんに対する愛情が薄かったことについては、青木さんや宋さんの自供書の中に具体的な記載があることを挙げ、一審同様、めぐみを殺害の対象としたことが不可思議とまでは言えないとしていた。

犯行動機のもう一点である経済状況については、当時の青木さんらの収入状況、負債状況、マンション購入に際して必要な資金、またそれについての販売会社との交渉状況などを検討した上で、マンションの購入契約のための諸費用一七〇万円については金策のめどがたっていなかったとも言える等と判示していた。

(3) 宋さんの控訴審判決(二〇〇四年一二月二〇日)

青木さんの控訴棄却から約二カ月後には宋さんの控訴も棄却された。宋さんの控訴審判決の要点については以下の通りであった。

①火災原因

火災原因については、まず本件火災が車両からの出火によるものである可能性については、次のような理由を述べてそれを否定していた。

- 内蓋からガソリン蒸気が漏洩することがあるとしても、他に火種がなければガソリン蒸気は出火しない。
- エンジンキーを切った後の車両火災についての実例はほとんどなく、エンジンのスイッチを切ってもエンジンが回り続ける状態になるラン・オン現象によって過熱して出火したとか、屋外で車体の下部にあった枯れ草等に排気管が触れていて、排気管の熱で枯れ草等が発火し出火したという実例が挙げられている程度である。
- 一審とほぼ同様の理由により、本件自動車の燃料系、排気系、電気系、エンジン本体については、それが出火原因になったような状況があったことは認めることができない。

弁護側が主張していた機序による発火の可能性については、一審が挙げている理由の他に、ホンダ・アクティについてはキャニスターからガソリン蒸気が漏洩したことが原因で発火したような事例が生じていないこと、キャニスターからのガソリンの蒸気漏れについて行った実験(28)の結果でもガソリン蒸気の漏出はなかったことを根拠にそれを否定していた。さらに、車庫北西側に設置されていたガス風呂釜の種火が火種になった可能性についても、一審判決が説示する通りその可能性はないとしていた。

②宋さんの自白の任意性

宋さんの自白の任意性については、一審判決が説示しているところは概ね正当であるとして、それを認められるとしていた。判決は一連の宋さんの取調べ状況について詳しく検討していって、弁護側の主張に対して一つ一つ反駁し、最終的に違法な取調べがあったとは言えないと結論していた。その説示から三点紹介しておくと次の通りである。

まず判決は、めぐみさんとの性的関係を秘匿しておくために、本件放火、殺人罪を認めるなどということは、本件放火、殺人罪の真犯人である場合はともかくとして、無実である場合には、常識ではおよそ考えられないとしていた。次に、宋さんが、磯野刑事の「向こうも全部しゃべってんぞ」との発言を聞いただけで、すべてが終わったというような感じを受け、青木さんも諦めたんやったら自分も一緒に諦めようと思ったということについて、判決はそれを理解しがたいとしていた。それから、秋月弁護士が九月一四日の約束の時刻に接見に来なかったという程度で弁護人不信を来したということについて、判決は大袈裟で子供じみており不自然に過ぎるとしていた。(29)

③宋さんの自白の信用性

宋さんの自白の信用性についても、判決は弁護側の主張のそれぞれに反駁した上で、十分信用できると結論していた。ここでも判決が説示しているところをいくつか紹介しておきたい。

西名阪自動車道で目撃した火災が本件殺害方法を考える一つのきっかけになったという点については、

「被告人が走行していたという道路と車両火災現場とは、幅員のある路肩部分や道路と高低差があることにより、走行中の被告人が、車両火災現場を見下ろして燃えている車両を直接目撃するということは不可能なように思われる」といったんは弁護側の主張するところを認めながら、道路を走行中の宋さんが勢いよく高く上がる黒煙を目撃したということは間違いないから、宋さんの供述が客観的事実に反する作り話であるとまでは言えないとして、結論としては弁護側の主張を退けていた。

次に、一回目の謀議において青木さんが発した言葉やその時の青木さんの様子に関する供述の変遷については、供述の核心部分は一貫しているので、多少の供述の相違があるにしても、供述の信用性に疑いを生じさせるものではないとしていた。また、七月一五日の謀議が途中から加わっていることについては、宋さんも供述している通り、記憶を喚起した結果であると見るのが自然であるとしていた。

撒いたガソリンの広がり方については、排水口に向けて傾斜の設けられた車庫の土間の構造からしてガソリンは排水口まで達したと見るのが自然であるとの弁護側の主張に対しては、車庫の北西角にある排水口付近は焼けていないから、ガソリンが排水口まで達していないことは明らかである等と述べていた。[30]

再現実験で認められた爆発的な燃焼と宋さんの自白するところや目撃者が証言する火災状況に食い違いがあるとの主張に対しては、そのような燃焼が起こるかどうかは撒いたガソリンの蒸発時間などによっても左右されると考えられ、宋さんがじわっとはみ出して流れてきたガソリンの量について撒いた量の割には少ししか流れてきていないと感じたと供述していること、ガソリンを撒いて直ぐに点火したと供述していること、[31]さらに車庫の焼燬状況からは、宋さんの点火位置(車庫北西位置)から反対側(車庫東南位置)の二階へと抜ける空気の流通があったと推認できること等からすれば、爆発的な燃焼があったと断定はできないとしていた。また判決は、再現実験では車庫の状況やガソリンの撒き方などが実際とは異なっており、さらにその際の気象条件なども考えると、再現実験で実際に起こった火災状況を忠実に再現するというのはそもそも不可能なことであるから、燃焼状況等に関して宋さんの供述と再現結果に差異が生じるのはやむを得ないとも説示していた。

④宋さんの公判(否認)供述の信用性

河内さんから消火器を借りて消火活動をしたという供述など、宋さんの公判供述で一審判決では信用性がないとされて、弁護側が改めて信用できると主張していた点[32]については、一審と同様にいずれもその信用性を否定していた。

⑤犯行動機

宋さんらが借金返済やマンション購入のための資金に窮していたとの一審判決の認定については、マンション購入手続きに関する当時の状況や、当時の宋さんらの家庭の収支状況によれば、事実に反するものとは言えないとしていた。

⑥犯行計画や謀議内容の荒唐無稽さ

判決が説示していたことの中から二点付け加えておきたい。宋さんの七月初めの謀議の中で話された犯行計画では、昼間にめぐみさんを風呂に入れる口実とするために雨の日に実行するとなっていた[33]。それについて弁護側は、しかし当時めぐみさんと洵君については、青木さんが車で毎日学校へ送り迎えしており、雨の日でもめぐみさんの体が濡れることはないから、それが風呂に入れる口実にはならないと主張していた。それに対して判決は、宋さんは、駐車場と家との間を往復して少しは雨に濡れるので、めぐみさんを風呂に入れさせる口実になると供述しているから、青木さんがめぐみさんらを車で送迎していたことが、雨をめぐみさんを風呂に入れる口実にするということの妨げにはならないとしていた。

宋さんと青木さんの間に、「生命保険があるやん」という一言だけで、本件犯行の共謀が成り立つような状況があったとは考えられないという弁護側の主張に対しては、宋さんの本件犯行の共謀の経過に関する供述は一貫しており、その内容は極めて具体的かつ詳細で、話の経過、流れも自然であって、警察官の作文というには出来過ぎで、他の証拠との食い違いも見られないから、十分に信用できるとしていた(34)。

3 上告審

(1) 宋さんの上告審判決(二〇〇六年一一月七日)

宋さんの上告については、次に述べた点を除き刑事訴訟法四〇五条の上告理由に当たらず、また同法四一一条を適用すべきものとは認められないとして棄却された。

上告審において弁護側は、河内さんが宋さんと思われる人に消火器を貸したことを河内さんから聞いた消防署員作成の聞き込み状況報告書を証拠採用しなかったのは、判例違反だと主張していた。最高裁第三小法廷はそれに対して、「刑訴法三二八条により許容される証拠は、信用性を争う供述をした者のそれと矛盾する内容の供述が、同人の供述書、供述を録取した書面(刑訴法が定める要件を満たすものに限る。）、同人の供述を聞いたとする者の公判期日の供述又はこれらと同視し得る証拠の中に現れている部分に限られるというべきである」と述べ、「本件書証は、前記河内の供述を録取した書面であるが、同書面には同人の署名押印がないから上記の供述を録取した書面に当たらず、これと同視し得る事情もないから、刑訴法三二八条が許容する証拠には当たらないというべきであり、原判決の結論は正当として是認することができる」との判断を示した。すなわち、聞き込み状況書には河内さんによる署名押印がないことを理由として、その証拠採用を退けた宋さんの一審ならびに二審の判決については、それを支持していた。

(2) 青木さんの上告審判決(二〇〇六年一二月一一日)

それから約一カ月後、青木さんの上告についても、刑事訴訟法四〇五条の上告理由に当たらず、また同法四一一条を適用すべきものとは認められないとして棄却された[35]。

上告棄却によって無期懲役の刑が確定したことにより、青木さんは和歌山刑務所に、宋さんは大分刑務所に収監されることになった。そして、再審をめざすことになる。

第6章　再現実験、再審決定から再審無罪へ

1　再現実験

(1) 再現実験の経過

東住吉事件で、後の再審開始決定ならびに再審無罪を大きく決定づけたのは、再現実験の結果であった。ただし、これまでに述べてきたように、再現実験は一審や控訴審の段階でもすでに行われていた。最初の再現実験は、青木さんらの逮捕からまもない一九九五年一〇月に科学捜査研究所によって行われ、その実験でも、ガソリンを六リットル撒いてそれに火を付けた場合には、爆発的な燃焼が起こり多量の黒煙も発生して、宋さんの自白供述あるいは近隣の人の目撃証言にあった燃焼状況とはその様子が異なることが認められていた。しかし各判決は、再現実験では建物が必ずしも正確に再現されていたものではないこと、その時の気温や湿度など気象条件が実際の火災の時とは異なることなどを理由に挙げて、そうした違いがあるからといって、宋さんの自白の信用性が失われるものではないと判断してきたのであった。

弁護側としては、火災に遭ったガレージ等をより忠実に再現した条件で改めて実験をすることを裁判

所に強く求め続けてきたが、裁判所はそれを認めてこなかった。また、そうであれば弁護団自ら再現実験をしたいと考えても、その費用の面でもそれを行ってくれる人の面でも、それを実際に実施することは困難であった。

①TV番組『ザ・スクープ』が行った実験(小山町旧実験)

そうした状況の中で、冤罪事件などの社会問題を積極的に取り上げて報道していたテレビ朝日の『ザ・スクープ』のスタッフが、「東住吉冤罪事件」を支援する会のホームページを通じて本事件に関心を持ち、弁護団に連絡を取ってきた。そして、テレビ局によって再現実験が行われることになったのである。再現実験は二〇〇六年四月一六日、一七日に静岡県駿東郡小山町で行われた。そして、その結果は同五月一四日の『ザ・スクープ』で全国放映された。番組では、実施された各種再現実験の結果や、日本やアメリカの火災の専門家に対するインタビュー内容が紹介され、宋さんの自白の通りに放火がなされていれば、宋さんはもとより青木さんも火傷を負わないでは済まないことや、本件火災は車両の給油口からガソリンが漏れて、それに風呂釜の種火から引火して発生したと考えられることなどが明らかにされていた(1)。

②弁護団が行った実験(小山町新実験)

上告棄却後、弁護団は再審請求の準備を進めることになるが、弁護団はそのために改めて再現実験を行うという方針を立てた。先の小山町での実験の成果があったにもかかわらず改めて実験を行うことにしたのは、先の実験では、車の下に当たる部分を丸く粘土で囲って、その枠内に七・三リットルのガソリンを溜めた状態で着火しており、再現性に問題があって、立証上難があると考えられたからであった。

弁護団で実験をするためには、資金の調達をはじめいくつもの課題があったが、資金については日本国民救援会の会員を中心にカンパが得られたことで目途がつき、専門家については火災燃焼学を専門とする弘前大学の伊藤昭彦教授(当時)の協力が得られることになり、場所についても先の実験と同じ小山町の映画ロケ地の使用が認められた。

この再現実験は、再審請求がなされた後の二〇一一年五月二〇日に行われ、検察事務官もその場に立ち会った。実験では、コンクリートの床面に南東角から北西角に向けて約六センチの傾斜をつけるなど、火災のあったガレージを再現したプレハブがA、B二棟建てられた。そして、中には種火がついた風呂釜と軽ワゴン車が置かれた。それからまずA棟で、ポリタンクを遠隔操作で徐々に傾けることでその口からガソリンが流れ出るようにした装置を使って、七・三リットルのガソリンをプレハブ内に撒いていった。そうしたところ、まだ七・三リットルのガソリンを撒いている途中、液体ガソリンがまだ風呂釜まで達していない段階で風呂釜の種火から引火して、約二秒でガレージ全体が火の海となり、黒煙が発生して内部全体が見えない状態になった。B棟では、ガソリンを撒く速度だけを変えて同様の実験が行われたが、再び七・三リットルを撒ききらないうちに種火から引火し、約四秒後にはガレージ全体に火が広がった。弁護団はこの実験結果から、仮に宋さんが車庫内で七・三リットルを撒いていたならば自分自身の身体に燃え移っていたはずであり、放火を認めた宋さんの自白は真実ではないと結論づけた(2)。

③検察側が行った実験(小牧実験)

弁護側の行った再現実験に対して、その後再審請求の即時抗告審の途中で、検察側も同様の実験を行っている。検察側の再現実験は二〇一三年五月二七日から二九日にかけて行われた。検察側の実験の意

表6-1　再現実験の結果の概要

実施者と実施日	弁護団実施（2011年5月20日）		検察官実施（2013年5月27日～29日）		
実験名	小山町新実験A棟	小山町新実験B棟	小牧実験1回目	小牧実験2回目	小牧実験3回目
床面傾斜	東西6 cm・南北3 cm	東西6 cm・南北3 cm	東西2 cm・南北なし	東西2 cm・南北なし	東西3 cm・南北なし
床面の状態	平ら	平ら	窪みを設置	窪みを設置	窪みを設置
通気口	東側面下	東側面下	東側面下＋北側面下	東側面下	東側面下＋北側面下
撒く方向	北西角方向	北西角方向	西側辺の中間地点	西側辺の中間地点	西側辺の中間地点
撒いたガソリンの量と撒き切るまでの時間	7.3リットルを36秒で	7.3リットルを60秒で	7リットルを30秒で	7リットルを30秒で	7リットルを30秒で
ガソリン撒布開始後，種火で引火するまでの所要時間	20.8秒	20.1秒	約26秒	約21秒	約22秒
引火時，広がった液体ガソリン先端の位置	車両右前輪と後輪の間をはみ出し風呂釜との距離64 cmに達したあたり	車両右後輪をはみ出したあたり	車両右後輪をはみ出したあたり	車両右後輪をわずかにはみ出し，車底前輪と後輪の真ん中あたり	車底の右後輪と右前輪の真ん中あたりをわずかにはみ出したあたり

竹下政行弁護士の2016年7月26日の法科学研究会での報告資料をもとに抜粋した．

図は、条件次第では宋さんの自白通りの放火は可能であることを示すことであったが、三回行われた燃焼実験の結果は、いずれも弁護団の行った結果とほぼ同様の結果であった。

(2) 風呂釜の種火からの引火はあり得る

再現実験の結果について、もう少し説明を補足しておきたい。弁護団ならびに検察側の行った燃焼実験からは二つの点が疑いようのないまでに明確にされたと言える。一点目は、本件火災が起こったガレージの状況で、その床にガソリンを撒いた――これは漏れた時でも同様であるといってよいだろう――場合に、風呂釜の種火からそのガソリンに引火することが起こり得るということである。表6-1に示した通り、弁護団、検察側の行った計五回の燃焼実験では、いずれも種火からガソリンに引火している。

撒かれたガソリンは急激に気化し、気化したガソリンは空気より比重が重いため、床面に沿って滞留ある

ガソリンを流し始めてから 25.63 秒.

①

車の右側後輪付近(写真の左上)辺りからガソリンが流れ出てきている.

↓ 0.30 秒

②

ガソリンはまだ風呂釜からかなり離れたところまでしか広がっていないにもかかわらず，風呂場の種火から気化したガソリンに引火している.

↓ 0.40 秒

③

引火したガソリンは一気に燃え広がる.

↓ 0.77 秒

④

↓ 0.70 秒

⑤

その後，ガソリンは車両の右側(写真では下側)で燃え続けるが，最初に炎が上がった風呂釜の周辺は燃えていない.

写真 6-1　再現実験における発火の状況(5 月 27 日小牧実験 1 回目)

写真提供：東住吉事件弁護団.

いは広がる。そして、広がった気化ガソリンが火種に接触すれば発火するのである。(3) さらに、後述する弘前大学の伊藤昭彦教授らの鑑定において明らかにされていることであるが、風呂釜には煙突が取り付けられていたため、煙突から排気されると、ガレージの中の空気はその吸気口すなわち風呂釜のほうに向かって流れる(煙突効果)。撒かれて気化したガソリンはその空気の流れにのって、より早くまた確実に風呂釜のほうに流れるものと考えられる。

今回の再現実験の一つで、風呂釜の種火からガソリンに引火した様子を連続写真で示しておく(写真6－1)。写真6－1の⑤に見るように、種火から気化ガソリンに引火した後は、燃え続けるのは流れ出ていた液体ガソリンになる。したがって、風呂釜のところが燃えるわけではない。それゆえ、何か燃焼物が他にあって風呂釜のところも燃えない限りは、風呂釜が焼損していなくてもおかしいことではない。また、気化ガソリンが燃えただけであれば黒煙も発生せず、それゆえ、風呂釜に煤が付着していないのもおかしいことではない。

(3) 爆発的燃焼――自白通りの犯行は不可能

燃焼実験で明らかになったもう一点は、約七リットルものガソリンを撒いてそれに引火すれば、爆発的燃焼が起こるということである。その点は弁護団の二回の実験でも、検察側の三回の実験でも変わりがなかった。ガソリンを撒き始めてからガソリンに引火するまでの時間にはいくらかの違いは認められたものの、いったんガソリンに引火すれば数秒のうちに大きな炎となって、黒煙も激しくあがる状態になったのである。

表6-2　車両からのガソリン漏れの実験結果のまとめ

車名	S車	F車	M車	T車
周囲外気温	29℃前後	29.7℃前後	29.4〜29.7℃前後	26.0〜26.2℃前後
タンク直下外気温	27.3〜27.5℃	27.7〜27.9℃	27.8〜28.0℃	26.5℃
実験経過	10:00　給油開始(1缶目 10:00〜，2缶目 10:07〜) 10:11　給油終了(終了時ガソリン温度 17.3℃) 10:13　閉栓 10:15　暖機運転 10:25　同終了 10:27　ジャッキアップ(左後方 4.5 cm) 10:28:40　ガソリン漏れ開始 10:33:40　観察終了(ただし，漏れ続けている，終了時ガソリン温度 22.9℃)	13:09　給油開始(1缶目 13:09〜，2缶目 13:15〜) 13:19　給油終了(終了時ガソリン温度 14.4℃) 13:20　閉栓 13:21　暖機運転 13:31　同終了(ジャッキアップは行わず) 13:24:15　ガソリン漏れ開始 13:39:15　観察終了(ただし，漏れ続けている，ガソリン温度 20.5℃)	14:49　給油開始(1缶目 14:49〜，2缶目 14:54〜) 14:59　給油終了(終了時ガソリン温度 14.5℃) 14:59　閉栓 15:00　暖機運転 15:10　同終了(ジャッキアップは行わず) 15:03:15　ガソリン漏れ開始 15:18:45　観察終了(ただし，漏れ続けている，ガソリン温度 20.0℃)	9:11　給油開始(1缶目 9:11〜，2缶目 9:16〜) 9:20　給油終了(終了時ガソリン温度 16.7℃) 9:21　閉栓 9:23:10　暖機運転 9:33:10　同終了(ジャッキアップは行わず) 9:26:55　ガソリン漏れ開始 9:41:55　観察終了(ただし，漏れ続けている，ガソリン温度 20.5℃)
観察中のガソリンの漏洩量	約 30 cc(5 分間)	約 235 cc (15 分間)	約 253 cc (15 分間)	約 346 cc (15 分間)
閉栓後の漏洩量	66 cc	7 cc	41 cc	0 cc

竹下政行弁護士の 2016 年 7 月 26 日の法科学研究会での報告資料をもとに抜粋した．
火事のあったガレージの床面には勾配がつけられていたことから，S 車については暖機運転の後，左後部を 4.5 cm だけジャッキアップした上で経過を観察している．

宋さんの自白では、火を付けた後一〇秒ほど青木さんと談笑して、それからその火をまたいで玄関から出ていったことになっているが、約七リットルのガソリンを撒いて、それに火を付けたとすれば、そのようなことは不可能であることがもはや疑う余地なく明らかとなった。これによって、宋さんの自白の信用性は明白に崩れたと言える。

(4) ホンダ・アクティからのガソリン漏れの再現

ところで、弁護団は上の燃焼実験とは別にガソリン漏れを再現する実験も行っている。四台の同型車両を用いて、外気温が約二六—三〇℃の中で、ガソリン(約一四—一七℃)を満タンにしてから一〇分の暖機運転を行った後、エンジンを止めて様子を観察した。そうしたところ、暖機運転中もしくはエンジンを止めてから約三分後より給油口からガソリンが漏れ出し、漏れたガソリンの量は一台については約一〇〇cc、それ以外の三台については約二五〇—三五〇ccになった(表6-2参照)。

ちなみに、この四台の同型車両は、いずれも給油口からガソリンが漏れていたことがあるということで弁護団に連絡があり、弁護団が所有者のところまでいって買い取ってきたものであった。弁護団がそうした車両を見つけられたことについてはメディアの力が大きかった。後述する大阪地裁の再審開始決定が報道されたところ、一人の所有者から弁護団に連絡があり、そこでさらにインターネットを通じてそうした車両がないか呼びかけたところ、複数の連絡があったものであった。同型車両を集めて実際にガソリンが漏れる状況の再現もできたことで、ホンダ・アクティではかかる機序によってガソリン漏れが起こることがあることも立証された(4)。

写真6-2　火災直後の給油キャップの状態
写真提供：東住吉事件弁護団.

そして、その後さらに、火災直後の給油口の写真において、内蓋のつまみの位置が完全に締まっている時の水平ではなくて斜めの状態になっていたことが明らかにされて(写真6-2)、給油口からガソリンが漏れた可能性はますます否定できないところとなっていったのである。

2　再審請求・再審確定、釈放へ

(1) 再審請求（宋さん二〇〇九年七月七日／青木さん同八月七日）

前節で述べた再現実験等とは時間が少し前後することになるが、以下では再審請求から再審無罪までの裁判の経緯について紹介していきたい。

宋さんが大阪地方裁判所に再審請求をしたのは先の判決の確定から二年半あまりが過ぎた二〇〇九年七月七日のことで、それから一カ月後の八月七日には青木さんも再審請求をしている。この段階ではまだ弁護団による再現実験（小山町新実験）は行われていない。再審請求では、確定判決の事実認定に合理的な疑いを抱かせるだけの明白な証拠の提出が求められることになるが、申立段階で弁護側が提出した新証拠の主要なものは、弘前大学の伊藤昭彦教授および工藤祐嗣助手（当時）による鑑定結果であった。伊藤教授らは、燃料漏れからの発火を否定する警察の実験には科学的に誤りがあること、煤の付着がないことを理由に風呂釜種火からの着火は否定できるという主張は間違いであること、煙突効果によってガソリン蒸気と空気の可燃混合気が風呂釜のガスバーナー内に吸い込まれ、その種火から引火した可能性のあること、ガソリンを抜き取らなくても火災後に車両の燃料計の針が四分の三を示すことがあり得ること[5]、そして、宋さんの自白に基づいてガソリンを撒布して放火すれば、宋さんの身体に二度以上の熱傷を負う可能性が極めて高いことなどを実験や解析を通じて明らかにし、「本件火災は、本件車両の燃料タンク付近から漏洩した少量のガソリンに風呂釜の種火が引火し、火災に至った可能性が極めて高い」と結論していた。

そして、その後前述した小山町新実験が行われて、その様子を撮影したDVDが証拠として提出されるとともに、実験を監修した伊藤教授の尋問も行われた。なお弁護側は、これら火災原因に関する新証拠や宋さんの自白の信用性を否定する新証拠を提出するだけでなく、放火以外の火災原因を否定していることに対する弾劾、再現実験の結果と目撃供述の矛盾、自白獲得過程における違法性などの主張もしている。また宋さんの弁護団は、意見書の中で浜田および脇中による供述の心理学的鑑定の結果についても言及し、その鑑定要旨も添付した。

(2) 再審決定(二〇一二年三月七日)

宋さんと青木さんの再審請求は、犯罪事実が共通しているところから、その後併合して審理されることになった。そして、再審請求から三年目の二〇一二年三月七日に、大阪地方裁判所は二人に対する再審決定を出した。その要点は以下の通りである。

①小山町新実験について

決定は、請求人と検察官双方の主張の骨子についてまとめた後、まず小山町新実験について述べている。その中で決定は、小山町新実験を「本件火災当時風呂釜が種火状態であった点を再現したのは小山町新実験が初めてであり、これは確定審の証拠となった二回の前記燃焼再現実験との大きな相違点といえる」と評価していた。実験の結果のまとめでは、ガソリン撒布開始後約二〇秒で風呂釜種火に引火したこと、引火時にはガソリン液体は風呂釜まで到達していなかったこと、引火後数秒で火災はポリタンク口に達し、数秒ないし二〇数秒のうちに実験小屋全体に行き渡ったこと、両棟とも黒煙が発生したこと、床面に置いた給油ポンプはその赤い手押し部分、ホース部分と明確に判別できる程度に残存していたこと等を述べている。

②宋さんと青木さんの自白の信用性

前述の実験結果を踏まえ、決定は宋さんの自白について、「小山町新実験の結果に照らして検討すると、放火方法に関する請求人宋一勲の自白には科学的見地からして不自然不合理なところがあり、実験時の燃焼状況は請求人宋一勲の自白と矛盾し、本件火災の客観的状況ともそぐわない」と述べている。そして、実験は本件火災当時の状況を忠実に再現したとは認め難い等とする検察官の意見に対しては、「検察官主張の諸点を検討しても、小山町新実験の再現忠実性に特段問題は見当たらず、異なった条件設定で実験が実施されていたとしても実験結果の重要部分は揺らがないと認められるのであって……請求人宋一勲の自白に対して生じた疑問点は払拭されない」と述べて、それを斥けている。そして、宋さんと青木さんの自白の信用性については次のように結論している。

小山町新実験や本件車両燃料計、ポリタンク残渣等に関する新証拠を踏まえて請求人宋一勲の自白を検討すると、その核心部分である放火方法に関して科学的見地から不自然不合理といわざるを得ない内容である上、本件火災の客観的状況等ともそぐわないものであって、その信用性に疑問を差し挟む余地が生じた。その上で請求人宋一勲の自白を再検討すると、請求人青木惠子との共謀や本件犯行の動機、殺害方法の選択といった重要部分について不自然不合理な供述が多く含まれ、変遷しているなど、その信用性に疑問を生じさせる問題点が認められる。……請求人宋一勲の自白の信用性に疑問が生じた以上、同人の自白と符合していることを主な理由として請求人青木惠子の自白に信用性を認めた同人の確定判決の判断も当然のことながら揺らぐ。その他、請求人青木惠子の自白についてのみ、その信用性を肯定するに足りる事情は存在しない。

右に引用した部分では、犯行の動機や殺害方法の選択についての宋さんの自白の信用性にも疑問があるとしているが、決定はその理由として、マンションの契約手数料として支払いを迫られていたのが一七〇万円に過ぎず、当時の青木さんらの家計状況等にも照らすと、我が子であるめぐみさんを殺して保険金を手に入れるという重大犯罪に及ぶ動機としては不自然の感が否めないこと、住居にガソリンを撒いて火を付けるという殺害方法は、めぐみさんが風呂に入っていたとしても、めぐみさんが火災に気付く可能性や、洵君がめぐみさんに火災を知らせて、めぐみさんが逃げる可能性等もあるから、殺害方法としては確実性が低いということをあげていた。

③火災原因

火災の原因については、「新証拠によって自然発火の可能性を否定する確定審の論拠は揺らいだ一方、ガソリン蒸気が風呂釜種火に引火して燃焼が開始するという自然発火の可能性に整合的な事情が明らかになった」と述べ、火災原因をそれと特定するには至らないまでも、自然発火の可能性を排斥はできないとしている。

④火災時の宋さんと青木さんの行動

宋さんが、河内さん宅に消火器を借りに行きながら借りないままに外に出ていったことや、火災時にめぐみさんの居場所を尋ねられて「奥におるんや」などと言うのみであったこと、また、青木さんが、洵君が「めぐ」と叫んでいるにもかかわらず、風呂場に向かわず、めぐみさんを家屋内に残したまま裏路地でしゃがんでじっとしていたということについては、突然の火災発生による動揺や狼狽等によるものとしても説明可能であるとし、それらの事実関係は、宋さんや青木さんが「犯人であることと矛盾しないという程度の証明力を持つにとどまり、同人らが犯人でなければ合理的に説明することができない（あるいは、少なくとも説明が極めて困難である）事実関係とは到底いえない」と判示していた。そして、これらが保険金目的でめぐみさんを殺害したとする自白内容と整合するものであると評価し得るとしても、前述した宋さんの自白に対する疑問点を解消し、その全体の信用性を回復するには到底足りないとしている。

(3) 検察側による即時抗告、釈放もかなわず

大阪地裁による再審開始決定に対して、大阪地検はそれを不服とし、三月一二日に大阪高裁に即時抗告をした。一方弁護団は、同日、青木さんと宋さんの刑の執行停止を大阪地裁に申し立てた。申し立てを受けて、大阪地裁は三月二九日に刑の執行停止を決定したが、検察側はそれを不服として抗告し、大阪高裁は四月二日、「再現実験の証明力が高裁でさらに審査されるべきで、釈放しなければ正義に反するとはいえない」として、その決定を取り消した。それに対して、弁護側は四月六日に最高裁に特別抗告したが、九月一八日、最高裁も「特別抗告を認める場合にはあたらない」としてそれを退けたために、この時点での二人の釈放はかなわなかった。

(4) 再審の確定と釈放(即時抗告棄却二〇一五年一〇月二三日/釈放一〇月二六日)

即時抗告から約三年半後の二〇一五年の一〇月二三日、大阪高裁は、先の大阪地裁による再審開始の決定を支持し、検察側の即時抗告を棄却する決定を出した。以下、その要点を紹介するが、即時抗告審では、一九九五年八月一五日の浅尾刑事による宋さんの事情聴取(強姦に関する供述書の作成経過)についての報告書、検察官による洵君の取調状況報告書、岡本刑事による青木さんの取調状況報告書、逮捕後の青木さんの取調べ状況を記した取調日誌、同じく逮捕後の宋さんの取調べ状況を記した取調日誌などが開示されて、それらに基づいて、宋さんや青木さんの自白供述についても評価しているのが特徴である。

①火災原因

即時抗告審においては、自然発火の可能性、特に本件車両からのガソリン漏れの可能性に関して詳細に検討しているが、その上で次のように結論している。

本件車両について、少なくとも一〇〇mlから三〇〇ml程度に近い量の液体ガソリンが給油口から漏出した可能性は、相当の根拠があるものとして認めることができ、風呂釜の種火から液体ガソリン及び気化したガソリン蒸気に引火し、少しずつの漏出であるため当初は大きく炎上しないものの、燃焼を続けて燃料タンクが加熱されること等により大規模火災に発展することが十分考えられる。このような想定は、本件火災について認められる客観的な燃焼状況・焼損状況に整合しており、また、給油キャップが完全に締まっていなかった可能性や、火災前に給油口から液体ガソリンが漏出したことをうかがわせる痕跡があることなどの車両状況も存在する。そうすると、本件火災の原因として、自然発火の可能性は具体的で現実性があると考えられる。

②宋さんの自白の信用性

宋さんの自白の信用性については、「自然発火の具体的可能性が認められる結果、本件火災原因に関する事実関係は、宋一勲の自白を裏付け又は支えるものとはいえなくなっている。加えて、宋一勲の自白による放火は実現可能性が乏しく、本件火災の客観的状況とも整合しないことが明らかになった上、それ自体の裏付けも乏しいというべきであるから、宋一勲の自白に高い信用性を認める根拠は失われている」と述べている。

③犯行動機

犯行動機については、「マンション購入の手数料として支払う必要に迫られた金額が一七〇〇万円程度であることや当時の家計状況等に照らすと、放火殺人という重大犯罪に及ぶ動機としては飛躍があり、不自然な感が否めないという原決定の説示は相当といってよい」と述べ、「青木恵子が被害者を嫌っていたという宋一勲の供述についても、裏付けは乏しく、……容易に信用できない」としている。

④火災時の宋さんと青木さんの行動

火災時の宋さんと青木さんの行動についても、先の決定と同様、「突然の火災による動揺や狼狽等があって、消火や被害者救出に向けた適切ないし合理的な行動をとることができなかったと説明することも可能と思われる」と述べ、「保険金目的の殺人を遂行する意図的なものか、それとも突然の火災による動揺や狼狽によるものか、一義的に判定することが困難というべきである」としている。

⑤自白の採取過程についての問題の指摘

以上は、自白の信用性に関する判断であるが、決定は、自白の採取過程についての問題点も指摘している。[6]まず、宋さんの自白については、開示された捜査官作成の報告書をもとに、「平成七年八月一四日に宋一勲が大阪府東住吉警察署の浅尾刑事を訪問した経緯として、同警察官が任意提出書作成のため任意出頭を求めたことが認められ、また、同年九月一五日に起訴される前の段階で、浅尾刑事が宋一勲に父親の手紙を見せて自白を促していたことがうかがえ、これらを否定する確定審の浅尾刑事の供述については、信用性に疑問を入れる余地が生じている」と述べ、確定判決が浅尾刑事の供述等の信用性を肯定して、宋さんの自白の任意性を認めていたことについて、その判断に影響を生じる可能性があるとしている。

次に、青木さんの自白については、やはり開示された捜査官作成の報告書及び取調日誌等をもとに、「取調官は、度々大声を出し、宋一勲と被害者との性的関係を告げ、被害者を救出しなかったことを責め、接見禁止中に宋一勲が書いた「恵ちゃんへ」と題するメモを示し、相当の体調悪化がうかがえる中で自供書を作成させるなどの取調べを行っていたことが明らかになっている」と述べ、青木さんの自供書等の証拠能力についての確定判決における判断に影響があるとしている。

⑥刑の執行停止による釈放

大阪高裁の決定は同時に青木さんと宋さんの刑の執行停止も認めていた。検察側はただちに異議を申し立てたが、一〇月二六日、大阪高裁は、再審を認めた先の高裁決定の判断過程に不合理な点は特に見当たらないとし、釈放を認めた判断についても、合理的な裁量の範囲内だと追認したため、二人の釈放が決定した（検察側が特別抗告したとしても、釈放を阻止するのには間に合わない）。そして同日、青木さんは和歌山刑務所から、宋さんは大分刑務所から、逮捕されてから二〇年ぶりに釈放された。また、再審決定についても、その後検察側が憲法違反や判例違反は見当たらないとして特別抗告を断念したため、その期限の一〇月二八日を待たずして最終的に決定した。

3　再審と無罪判決

(1) 再審の経緯

①再審公判に向けての双方の方針

再審が決まったことで、それのための進行協議が検察側と弁護側とで行われることになったが、弁護側はその中で、捜査段階の青木さんと宋さんの自白を証拠から排除することを強く求めていくという方針を打ち出している。青木さんと宋さんの自白している供述書ならびに供述調書は、一審から上告審に至るまでのいずれにおいても検察側の有罪立証の大きな柱になっていた。それらが排除されれば有罪立証はほぼ不可能になるとともに、自白の任意性が否定されることこそは、青木さんや宋さんが裁判にもっとも強く求めていたことであった。検察側は、当初は再審でも有罪を主張するという方針を示したが、後に「証拠を見直した結果」としてそれを撤回している。ただし、有罪主張ならびにその立証はしないが、弁護側の明白な事実誤認と思われる点に対しては反論していくとした。

再審の初公判は、宋さんが二〇一六年四月二八日、青木さんが同五月二日と決まり、ともに審理は一回で終わって、八月初めに判決が言い渡されることになった。

②宋さんの再審初公判

四月二八日の宋さんの再審初公判では、検察側は有罪主張を取り下げることを表明している。一方弁護側は、有罪の有力な証拠とされてきた自白調書等について、それらは違法な取調べによるもので任意性がなく、証拠とはしないことを求めた。また、再審開始の決め手ともなった燃焼実験の概要について説明をして、撒いたガソリンは風呂釜の種火から引火すると一気に燃え上がるので、宋さんの自白通りの犯行を大きな火傷を負うこともなく実行することは不可能である等と主張した。火災原因についても、同型車でガソリン漏れが認められた複数の事例を挙げるなどして、車両からガソリンが漏れた可能性を否定できないとし、漏れたガソリンに風呂釜の種火から引火した可能性があると主張した。

検察側は、有罪主張は取り下げるとはしたものの、論告では、出火原因と宋さんが自白した経緯に関して持論を展開した。自然発火の可能性については、給油タンク付近のゴムホースに欠陥があった場合にのみガソリンが漏れるとし、ホースは火災で焼失しているため、出火原因が客観的に確認できないとした上で、弁護側の主張する自然発火の可能性については、抽象的な可能性に過ぎないと述べた。また、宋さんの取調べについては、取調官による暴行や脅迫は認められず、自白は自発的で、任意性に何らの疑義もないと主張した。しかしながら、証拠を検討した結果、自白内容はその支えを失っているとして、信用性がないことについてはこれを認めた。このような検察側の論告に弁護側は強く反発し、論告の内容は、捜査側の間違った事実認定に基づくものだ、自白の信用性が否定されれば無罪とすべきなのに警察の違法な捜査をかばおうとしているといって、急遽反論を展開した。

③青木さんの再審初公判

五月二日に行われた青木さんの再審初公判でも、検察側は有罪主張を行わないと表明している。弁護側は、刑事が取調室で何度も大声を上げたり、青木さんがしゃがみ込んだりする様子を記録した青木さんの取調日誌を新証拠として提出し、違法な取調べが行われたと主張した。

一方、検察側はその論告で、求刑は放棄したものの、青木さんが自白した経緯について、違法な取調べはなかったと改めて主張し、車からガソリンが漏れたことによる自然発火の可能性についても、客観的に確認できないとする見解を示した。それに対して弁護側は、論告は何一つ根拠がない、出火原因や自白の任意性を真剣に検討しなかったために誤判が生まれたと述べて、警察、検察、裁判所の猛省を求めた。

(2) 無罪判決(二〇一六年八月一〇日)

青木さんと宋さんに対する無罪判決は、八月一〇日に言い渡された。同日の午前中に青木さんに対して、午後に宋さんに対して判決が言い渡されている。判決内容はほぼ共通で、青木さんの判決についてのみ、青木さんの自白の任意性についての判断が加わっている。その要点は以下の通りである。

①火災原因

火災の原因については、本件車両の給油キャップのシール性に不備があり、二〇〇―三〇〇ミリリットル程度のガソリンが給油口から漏出し、それに風呂釜の種火で引火した可能性があるとしていた。そして、そのようにして引火した場合には、給油口下のコンクリート床面でガソリンが燃焼し、その炎によって燃料タンクが熱せられてタンク内圧が上昇し、さらに液体ガソリンが給油口から漏出し続けるものと考えられる。それによって火勢が強まり、燃料タンクと接続する配管が焼損してその部分からもガソリンが漏出するなどし、火炎はよりいっそう勢いを増していき、そのようにして、満タンほどにまで入っていた燃料タンク内のガソリンは三・二リットルを残してすべて燃焼し、本件家屋を全焼させたということは十分にあり得る。そして、それは本件火災の目撃者が、当初火の勢いはそれほど強いものではなく消火器を使えば消せる程度であると思ったが、消火液をかけてもいったんは炎が弱まるものの消えることはなく、消火液が途切れると再び炎が強まり、そのような状態がしばらく続いていた旨を述べていることとも合致するとしていた。

②宋さんの自白の任意性

宋さんの自白の任意性に関しては、まず先の判決ではその任意性を肯定する根拠とされた浅尾警察官の供述の信用性について、次のような点をあげてそれを否定している。

八月一四日の取調べについては、八月一五日付の浅尾警察官作成の報告書に、八月一四日に宋さんに電話をかけて任意出頭を求めたところ、宋さんが直ちに出頭する旨回答したことが記載されている。そうすると、宋さんのほうから話があると言って東住吉警察署にやってきたという浅尾警察官の供述は、自ら作成した報告書の記載と矛盾しており、虚偽の供述をしていると認めざるを得ない。宋さんが長女との関係について自発的に話し出したという浅尾警察官の供述も、前記報告書において、当時すでに浅尾警察官らは宋さんが長女に対して性的行為に及んでいることは認知していて捜査も開始していたことが認められるから、不自然な感を免れない。

九月一〇日の自供書の作成過程については、浅尾警察官は、当初は取調べの際に宋さんに対して長男の話はしていないと供述していたのに、確定控訴審における証人尋問の際には、その旨の記載のある宋さんの自白調書を示されて追及されてその供述を覆しており、当初は虚偽の供述をしていたと言わざるを得ない。取調べにおいて何ら問題のない追及をしていたのであれば、虚偽の供述をする必要性もないと考えられるから、このような虚偽の供述をしていたのは、宋さんが火を付けるところを長男が目撃していたという虚偽の事実関係を前提にした追及をしていたことを隠そうとしたためという疑いがある。

浅尾警察官は、九月一〇日の取調べにおいても長女との性的関係を自分から言い出したことはない旨を供述しているが、浅尾警察官が、本件の動機ともなり得る事情について追及しなかったというのは不自然である。青木さんの取調べを担当した岡本警察官作成の取調状況報告書では、同日、青木さんに対しては宋さんと長女との関係を明らかにして取調べをしていることが認められるから、宋さんに対してのみそれには触れないで取調べを行うという理由も考えにくい。

浅尾警察官は、八月一四日の取調べの時点では宋さんと長女との関係に特に着目していなかったかのような不自然な供述をしているが、これは九月一〇日の取調べにおいて長女との関係を材料にした追及をしなかったという供述との整合性を付けるためであった疑いがある。そうであれば、否認すれば長女との性的関係をマスコミにばらすと告げられ、それが虚偽の自白をする理由の一つになった旨の宋さんの供述の信用性も否定し難い。

秋月弁護士作成の接見メモ等によれば、宋さんは、九月一〇日の取調べ終了後の同弁護士との接見において、浅尾警察官から首を絞められて壁に押し付けられたこと、調書で頭を叩かれたこと、長男も宋さんがおかしいと言っていると伝えられたこと、本件を否認すれば長女との性的関係についても事件にすると言われ、自白すればそのことを伏せておくと言われたこと、そして、青木さんが先に自白したと聞かされ、自分も自白したことなどを述べていたことが認められ、その後も主要な部分において一貫した内容の取調べの問題点を訴え続けていると言える。

九月一二日または一三日の取調べで、宋さんにその父親の手紙を見せたか否かについては浅尾警察官と宋さんとの間で供述に食い違いがあるが、九月一五日の浅尾警察官を取調担当者とする取調日誌には「お父さんの手紙又見せて下さい」という記載があり、この記載はすでに見せた父親の手紙をもう一度見せて欲しいという意味に解するのが自然である。そうすると、その日よりも前に浅尾警察官が宋さんに父親の手紙を見せていたということになるから、この点についても浅尾警察官は虚偽の供述をしていたことになる。

それから、磯野警察官の供述については、先の判決では浅尾警察官の供述の信頼性を裏付けるものとされていたのだが、浅尾警察官が虚偽の供述をしていると認められる事項についても符合する供述をしていることから、双方で口裏合わせをしていた疑いが濃厚であるとしている。

そして、以上のような検討を踏まえて、取調べ過程については基本的に宋さんの供述しているところに沿ってその事実を認定し、そのような取調べによって獲得された自白には任意性は認められないとしていた。

③青木さんの自白の任意性

青木さんの自白の任意性については、再審請求の即時抗告審で開示されていた岡本警察官作成の取調状況報告書や九月一一日以降の被告人に対する取調べ状況が記載された取調日報の記載をもとに、それを検討している。判決は、岡本警察官作成の取調状況報告書からは、次のような事実が認められるとしている。

九月一〇日の午前中の取調べにおいては、本件車両の鑑定等の結果や出火状況等から火災は車両からの出火ではなく放火であると断言をした上で、取調官の抱く嫌疑を示した。長男の目撃状況を説明し、長男の供述を実の母親が争うのか人間として心を失ったらあかんのと違うかと終始訴えた。さらに、反抗してきた青木さんに対して、なぜ火が出たか説明できるか、周囲の人に本件車両のガソリンが漏れて風呂の種火に燃え移ったとなぜ言ったのか説明ができるかなどと追及した。同日午後の取調べでも、出火の原因や長男の供述内容を伝えた上で、真実を語っている我が子と争うのかと厳しく追及した。長女を助ける時間は十分にあったはずであり、長男も避難する際に長女の名前を呼んだと言っているのに、なぜ長女を助けなかったのかと追及した。宋と長女との間に性的な関係があったことを知っていたはずなのに、どうしてそのような宋と手を組むのか、長女があまりにも可哀想ではないかなどと告げた。〔知らなかったという青木さんに〕宋は真実を話していると言うと、青木さんはこれまで以上に体を震わせて、空えずきをしていた。さらに、母親の心を失ってはいけない、真実を話して長女を成仏させてやれなどと告げた。そうしたところ、青木さんはごめんなさいと言って自供を始めた。

判決は、このような取調状況報告書の記載内容だけでも、青木さんに対して相当な精神的圧迫を加える取調べが躊躇なく行われていたということができるとしている。そして、九月一一日以降の取調日報では、複数の箇所で青木さんに対して大声で追及した旨の記載が認められるとし、そうであれば、青木さんの「九月一〇日の取調べの際に、長女が死んでから食事もとれず、健康状態はあまり良くなかった中、怒鳴られ続け、午後になってからも、認めろと怒鳴られ、宋と長女との関係を何度もしつこく言われ、そのうち、宋が自白をしたというファクシミリが流れてきたと言われ、それをちらちら見せられ、また怒鳴られ、机を叩いたり、自分の目の前に顔を近づけたりして、認めろと迫られた」という供述も、それを虚偽であるとして排斥することはできないとしている。また、秋月弁護士が、九月一〇日の接見後には青木さんが一人では歩けない状態で、女性の警察官に支えられるようにして留置所に連れて行かれたと述べていることからも、青木さんが相当衰弱していたことが窺われ、過度の精神的圧迫を加える取調べが行われていた疑いは強いとしていた。

さらに判決は、取調日報には、長女や長男の話題に言及した旨の記載が複数箇所に認められ、宋さんが作成した青木さん宛の書面を示して取調べを行った旨の記載もあることから、岡本警察官らが、九月一一日から一四日までの間においても、九月一〇日の取調べと同様の——あるいは一度は否認ないし黙秘に転じていた青木さんが再度自白に陥っていることから推察するならばより強烈な——取調べを行って自白を迫っていたものと考えられるとしていた。

判決は、以上のような説示の上で、青木さんに対しては、九月一〇日の当初から過度の精神的圧迫を加える取調べが行われ、虚偽の自白をせざるを得ない状況に陥ったものと考えられるから、自白に任意性を認めることはできないと結論している。

④犯行動機と火災時の宋さんと青木さんの行動

以上で判決の主旨はほぼ尽くされているものと考えられるが、その他に判決が触れている点についても若干補足しておきたい。犯行動機については、宋さんの自白以外には、青木さんが長女との関係が本件当時悪かったことを窺わせるような証拠は見当たらず、当時の青木さんらの家計状況等も踏まえれば、家財を燃やし長女を殺害してまで一七〇〇万円を手に入れたかったというのはやや無理があるとしている。また、火災時の宋さんや青木さんの行動については、突然の火災による動揺や狼狽等によって合理的な行動ができなかったと見ることが可能であると述べ、さらに、火災に気付いた直後に一一九番通報をしているのは、長女を焼死させて保険金を得ようと企てた者の行動としてはそぐわないものであるとしている。

第Ⅲ部　東住吉事件の心理学的検討

第7章　心理学はどこに注目するのか——要点と分析手法

1　無実の者が虚偽自白に陥る可能性

(1) 虚偽自白の心理

東住吉事件の再審判決では、宋さんと青木さんの捜査段階での自白調書や供述書には任意性がないとして証拠から排除された。その判断はきわめて妥当なものと考えられるが、心理学的な立場からすると、これで問題は終わりということにはならない。宋さんや青木さんが無実でありながら、少なくとも一時期、虚偽の自白に陥っていたという事実はあるからである。

青木さんの一審判決は、青木さんの取調べに問題があった可能性を認めながらも、最終的には、「実の娘を保険金目的で殺害するとの重大犯罪につき虚偽の自白を誘引するだけの問題があったとは考えにくい」と判断していたのであった。そして、ここでそのように判断された理由づけの一つは、警察官から暴行ないし脅迫があったというものではないということであった。この判断の背景には、保険金目的の殺人のような重大犯罪においては、警察官からの暴行や脅迫でもない限りは無実の人が自白することはないという考えがあると言える。

しかしながら、これまでの虚偽自白についての研究成果を踏まえれば、それは明らかに誤りである。そして、その誤りこそが、東住吉事件で冤罪を生む大きな要因になったと言うことができる。もちろん、被疑者が真犯人であるのか無実の人であるのかは裁判での審理を通じて明らかにされていくものと考えられるから、最初からそれが分かっているわけではない。けれども、殺人のような重大事件においても、暴行などはなくても無実の人が自白することがあり得るというその心理についてよく理解しておかないと、判断を誤る可能性がある。

そこで、以下ではまず、虚偽自白の心理についてこれまでの研究から明らかにされているところについて概説しておきたい(1)。それから、心理学的な供述分析の考え方についてもポイントとなる点をまとめておくことにする。その上で、次章以降において、宋さんと青木さんの実際の供述について心理学的な分析を行うとともに、二人が虚偽自白に陥った心理について明らかにしていきたい。

なお、筆者らが東住吉事件における宋さんや青木さんの供述についての心理学的鑑定書を作成したのは控訴審段階のことで、再審請求の即時抗告審段階になって開示された捜査報告書等はまだ開示されていなかった。そのため、宋さんや青木さんの供述から取調べ方法に問題があった可能性について考えることはできても、そうした後になって開示された資料に基づいて宋さんや青木さんが自白に陥った過程について検討するといったことはまだできなかった。控訴審の段階で筆者らが行った心理学的な供述の分析は、取調べの違法性ひいては任意性についての判断はさしあたって措いた上で、そのことにかかわらず、虚偽の自白に陥った可能性もありうるということを前提に、供述の信用性について検討したものになる。実際には違法な取調べのあったことが明らかとなり、青木さんや宋さんについては虚偽自白に陥るそれ以上の要因があったことになるが、そうであっても以下に述べるような虚偽自白に陥る要因は無関係であったということにはならないし、また先の鑑定書の内容の妥当性がそれで失われてしまうわけでもない。

⑵ なぜ虚偽自白に陥るのか——取調べの構図

なぜ虚偽の自白をしてしまうのかを考えるためには、まず取調べの構図を理解する必要がある。無実の人が虚偽自白に陥る大きな理由は、いくら自分はやっていないと言っても取調官にはそれを聞いてもらえないことである。日常の生活の中では、こちらが言うことを相手が全く受け入れてくれないということはあまりないし、どうやっても全く聞き入れてもらえないようであれば関係を終わりにしてそこから立ち去るなどすればよい。ところが、警察での取調べではそのようにはいかないことが普通である。いくら自分の無実を訴えても聞き入れてはもらえず、取調官はおまえが犯人に違いないという断固とした態度で繰り返し追及してくる。それが何十分、何時間、自白しなければさらに何日と続くのである。そのうちに、被疑者にされた者はそれから逃れるためのすべや見通しを全く失ってしまい、その場の辛さにもはや耐えきれなくなり、ともかくその場からは逃れたいと考えてやったと認めてしまう心境に陥るのである。

このように拷問などがなくても虚偽自白に陥ることがあり得ること、虚偽の自白をすることになるのは必ずしも暴行や脅迫に対する怖さによるわけではないということは、よく理解しておく必要がある。いくら言っても取調官に聞き入れてもらえないことが虚偽自白につながるほどの圧力となり得ることについては、体験をしてみないとなかなか想像できないかもしれない。しかし、足利事件の菅家利和さんなど冤罪で自白をした人の多くが、聞き入れてもらえないことこそが自白をする一番の理由であったと述べている。(2)

それから、その際には次のような心理もはたらいている。まずは、認めさえすれば今の辛い取調べからは解放されるものと考えていることである。時にはそれで家に帰れると思っていることすらもある。実際には、重大事件で自白して逮捕さらに起訴となれば、引き続き勾留されることになって、家に帰ることなどますます望めなくなるのだが、そのように思い込んでいることもあるのである。また、重大事件で有罪となれば実刑、事によっては死刑ということすらあり得るかもしれないのであるが、自白したら直ちにそうなるというわけではなく、なったとしてもそれは遠い先のことでしかない。そして、無実の被疑者であれば、自分は無実であるということを確実に知っているから、その遠い先の悲劇は遠いと同時に全く実感が持てない――自分がやってもいないことで刑罰を受けることになるはずがない――ものなのである。それゆえ、仮にこの場では認めたとしても、裁判になれば必ずや真実が明らかになるはずだと考えていることも多い。

どのような心境になるかは、取調べ状況やその被疑者の状態によっても変わってくるだろうが、虚偽自白には、無実の人のほうが刑罰に対する実感が湧かないが故に、今の辛さを逃れるために虚偽の自白をしてしまいやすいという逆説があるのである。

(3) 虚偽自白に陥りやすくなる要因

右に述べた取調べの構図以外で、虚偽自白にと陥りやすくなる要因についても触れておきたい。

虚偽自白に陥りやすくなる被疑者側の要因としては、迎合的であるなどの性格的特徴も挙げられる。また知的障がいを有する場合や若年者の場合は、一般に迎合的である傾向が強いために、虚偽自白に対する抵抗力が低くなる。ただし、それについては迎合的といった性格特徴だけではなく、法的知識や社会経験が乏しいためにその場の状況の理解が難しく、適切に対処ができないといったことも関係していると考えられる。

またそうでなくても、一般の多くの人は取調べを受けた経験などはないであろうから、いきなり犯人であると疑われて取調べを受けることになった時に、どうしたらよいのか分からなくなったとしても不思議はない。

その他に、虚偽自白に陥りやすくなる要因として挙げられるものに罪悪感がある。その犯罪には加担していないが、被害者に対してあるいはその他のことで何らかの負い目などがあるとか、被害者が事件や事故に巻き込まれたことについて何らかの責任を感じている場合などである。そのような感情を抱えている時には、その事件に関して法的には全く責任はなくても、道義的な責任や罪悪感を感じるために、追及に対して抵抗を続けることが心理的に難しくなることがある。もっとも、罪悪感を強く感じさせられるかどうかは取調官の追及のしかたにもよっているから、これについては取調べの構図の問題としてとらえるべきところもある。

2　虚偽自白、自白の維持、否認

(1) 虚偽自白の展開過程――虚偽自白に陥った者の心理

さて、虚偽自白に陥ったとした場合に、そこで出てくる疑問に、どうしてやってもいない者に犯行の筋書きが語れるのかということがある。被疑者が自白へと転落した場合、それで取調べが終わりになることはなく、むしろそこから、「ではどうやったのか?」と犯行についての詳しい説明を求められることになる。それを聞きながら、捜査当局としてはその供述が正しいかどうかの裏付けを取っていくことになる。疑問は、実際には犯行をしていない無実の人であれば、犯行について具体的に語ることはできないのではないか、犯行について具体的に語っているとすれば、それは真犯人であるからではないかというものである。

しかし実際は、そうだからと言って真犯人であるとは限らないのである。真犯人でなくても、報道等を通じて事件の概略については知っていることがあるし、被疑者の身近で起きた事件であれば、その周辺の状況などを実際に知っているということもある。それらのことが、被疑者が犯行の筋書きを組み立てていく際の材料となるのである。また、被疑者自身にはそうした材料が不足していた場合でも、取調官が、意識的ではないとしても、取調べの中での被疑者とのやりとりを通じて、捜査側の考えている筋書きにかかわる情報や示唆を与えてくれる。被疑者としては、そうした取調官の示唆や態度を敏感に読み取りながら、それに沿うように犯行の筋書きを作り上げていくのである。その際に被疑者は、取調官から指示あるいは強要された通りただ供述しているわけではなく、よく分からないところは想像で埋めるなどして供述していることもある。

そのようにして被疑者が語った内容が、それまでに捜査によって得られている情報などとも矛盾がなく、取調官に受け入れられれば、それで筋書きが固まっていくことになる。ただし、それがいつもうまくいくとは限らない。その時点では捜査側にも分かっていないこともあるからである。そして、裏付け捜査等の結果、被疑者の語った内容が事実とは合わないものであることが明らかになれば、その供述の変更を迫られることになる。そのために、虚偽の自白では自白内容にしばしば変遷が認められるということになる。

すなわち、無実の者でも、事件の報道等を通じて知っていたこと、犯人ではないが実際の体験を通して知っていたこと、取調官とのやりとりを通して漏れてくる情報、それでも分からないところは自ら犯人になったつもりで想像したことなどをもとに、犯行の筋書きを構成して語ることができるのである。また、それが事実とは食い違っていることが分かった場合には、取調官も納得するようなものへと供述が修正されていく――その場合も、必ずしも取調官がそれを押し付けているという訳ではなくて、被疑者自身も事実と矛盾しないように新たな筋書きを考えていく――ために、最終的には実際の犯行状況と矛盾しない犯行供述ができあがるのである。

(2) 自白を維持する心理

虚偽自白を生む大きな要因は前述した取調べの構図から生まれる圧力にある。そうだとすれば、その圧力さえなくなれば自白を撤回できるのではないかと思われる。実際そのようにして自白を撤回している例も認められる。しかし、その圧力とは取調べの場で今起こっているものとは限らず、被疑者が予期するものであることはよく理解しておく必要がある。自白に転落することによって取調べの圧力は緩むが、それは自白的関係(3)があればこそであって、自白を撤回すれば元の厳しい追及にさらされることは必定である。したがって、取調べの圧力が緩んだからと言って自白を撤回することはできず、自白的関係の下に被疑者は犯行の筋書きを自ら語らなければならない。また、被疑者には警察と検察の役割の違いがよく分かっていないことも多い。検察官の取調べでいくら警察と同じことを話す必要はないと言われても、検察で話したことは警察にも伝わり、違うことを言えば警察に戻った時にそれについて厳しい追及を受けることになると思い込んでいる――単に被疑者の思い込みではなく、実際にそのような追及を受けることもある――ために、検察官の前でも自白を続けるのである。被疑者の関心は、ともかく取調べの場をできるだけ早くやり過ごして、取調べから解放されることにある。

虚偽自白は、被疑者は自分が無実だということはよく分かっていながら、もう誰にも信じてもらえないという無力感に陥って、それより他になすすべはないと断念して自白したものである。そのため、その場の圧力から逃れるためにはもはや取調官の言うところに従うしかないという心境に陥っている。また、被疑者がそうした態度を見せている限り、取調官側も温情にあふれた優しい態度で接してくる。そして、そうした関係から逃れられないままに、自白を維持し続けるということが起こり得る。そのような状況で、被疑者が被害者に対する詫びの言葉を述べたりすることもある。被疑者は犯人になったつもりで犯行の筋書きを想像して語ることがあると述べたが、ここでも被疑者は自白的関係を損なわないように犯人を演じ続けることになるのである。

また、この段階では被疑者が次のような心理に陥ることも考えられる。被疑者は自分では無実と分かっていながらも、実際には逮捕されて長期にわたって勾留され厳しい取調べを受け続けている。すなわち、いくら正しくあろうともそれはかなわず、実際には取調官の言う通りに事が運ぶということを身をもって体験している。そこでにわかに、何が真実であるかには関係なく、被疑者には取調官の言うことに圧倒的な現実味が感じられるようになるのである。そうなると、有罪か無罪かの判断はこれから裁判を通じて明らかにされるはずのものであっても、被疑者はそこでも取調官の言う通りのことになるのではないかと考えてしまう。先に述べたように、無実の被疑者には刑罰の実感がないことのほうが多いが、このような心理にまで陥った被疑者の場合には、取調官の話す刑罰が強い現実味を帯びて感じられるようになる。そして、その刑罰を避けるために、被疑者はますます取調官の力にすがるところとなって、そのために自白を維持し続けることになるのである。

(3) 否認に転じる過程

いったん自白的関係に陥ってしまうとその関係からなかなか逃れられなくなることについて述べたが、では、それから脱することができるのはどのような時であろうか。一つの条件は、事件が起訴されて取調べが終了するなどして、もはや取調べを受けなくてよくなり、その圧力から解放されることである。しかし、長期にわたる取調べで、時間的にも圧倒的にその関係に支配され続けていた場合、取調べから解放されただけでは、できあがってしまった心理的構えやその無力感から抜け出せないことがある。そうした場合、そこから脱するきっかけとなるのは、被疑者の言うことを親身になって聞いてくれて、被疑者の言うことを信じてくれる存在であることが多い。それは被疑者のことをもっぱら犯人として扱ってきた取調官とは別の人であり、時には同房となった人であったりする。それはまさに、誰にも自分の言うことを信じてもらえず、もはや他になすすべはないとして自白した心情の裏返しであると言える。そうした人に出会って、それをきっかけとして被疑者の心的な構えが変わった時に、否認へと転じることができるのである。そうした時に、被疑者はそれまでの自白的関係から忽然と脱することもある。それまでの警察にすがるしかないという思い込みや諦めが、そのように自分を追い込んだ警察に対する怒りへと反転して一気に吹き出し、その怒りが被疑者ノート等の中に書き記されたりする。

以上、無実の人が虚偽自白に陥る時の心理について、これまでの研究から明らかになっていることを概観してきた。自白供述の信用性を検討していく場合には、こうした虚偽自白の心理についてもよく理解しておく必要がある。

3 供述を心理学的に分析する

(1) 供述の心理学的起源を検討するということ

前節では虚偽自白の心理について紹介し、取調べの構図による圧力が虚偽自白につながりうることを述べてきた。しかし、違法な取調べは論外としても、全く圧力のない取調べというものもまた考えにくく、その圧力によって真犯人が自白に追い込まれることもあれば、無実の人が虚偽の自白に陥ることもあると言える。とすれば、取調べの圧力が強まるほど虚偽自白のリスクも高まるとは言えても、取調べの圧力の有無やその程度だけで、得られた自白が真犯人の自白であるのか無実の人の虚偽の自白であるのかを判断することは難しい。取調べの圧力がどうであったのかについては十分に留意しなければならないが、真の自白か虚偽の自白かを判断するためにはそれとは別の判断材料、根拠が必要である。(4)

裁判では、自白の真偽は供述の信用性の問題として扱われる。そして、その際は違法な取調べ等がなかったかどうか(任意性の有無)が検討されるとともに、犯行について証拠により明らかになっている事実(物証だけでなく、他者による証言を含む)と比較し、それらとの一致の程度を根拠として、それが判断されることが多い。往々にして、任意性が認められることがそのまま信用性も認められるという判断になり、供述内容の証拠との不一致やその変遷についても、人間の記憶の問題として理解できる範囲にある等として、信用性にかかわる問題は不問とされてしまうことが少なくない。

供述の心理学的な分析では、その供述がなされた状況や供述内容と客観的事実との一致ということについてももちろん考慮はするが、最終的には一連の供述を真犯人あるいは無実の者の供述として心理学的に理解しうるかどうかを問う。被疑者は常に体験記憶(5)を語っているとは限らず、真犯人の否認あるいは無実の人の虚偽自白というように嘘であることもあり得る。しかし、そのような供述も、被疑者であれ、人によって語られたものであるからには(6)、その供述内容を心理学的に――嘘ならば嘘として――理解することができるはずだと考える。ちなみに、この場合の体験記憶とか嘘とかというように、その供述が心理学的にはどこから生まれてきたと考えられるのかを供述の心理学的起源と呼んでいる。供述の心理学的起源には、体験記憶や意図的な嘘の他に、記憶の錯誤、あるいは誘導、またそれらから生まれた思い込みなどが考えられるが、心理学的な供述分析の課題とは、被疑者等の一連の供述について、その心理学的起源を明らかにすることであると言える。

(2) 二つの仮設の下での検討

供述の心理学的起源が心理学的に理解できるものかどうかについて検討する際には、さらに次のような方法論を採る。裁判で事実が争われているような事案では、差し当たっては被告人が真犯人であるか無実であるのかは分からないことが前提である。客観的な証拠によって明らかな点は別として、犯行内容についても確かなことは分からないことが普通である。事実がはっきりしていないそのような状況で、その供述の起源を心理学的に理解しようとする際に、その前提となる、それが体験記憶であるとか嘘であるとかということをどのようにして判断したらよいのか。

そこで心理学的な供述分析では、仮設を立てて[7]、その仮設の下で一連の供述の起源を推定し、それが心理学的に理解できるものかどうかを検討するという手法を採る。例えば、被告人は真犯人であるとの仮設の下では、否認供述の心理学的な起源は意図的な嘘であると判断され、被告人は無実であるとの仮設の下では、自白供述の心理学的起源は嘘であると判断されることになる。もっとも、その供述の起源が嘘といっても、その供述のすべてが嘘であるとは限らない。嘘は実際に体験された事実も折り込みながら語られるものであるからである。そこで、真犯人であるとの仮設(以下、仮設一とする)の下では、主として自白に基づいて構成されたストーリー(仮設一の下での事実構成)が事実であるものと仮定されて[8]、それとは異なる供述の部分は嘘であると解して、それが嘘として心理学的に理解できるものであるかが検討されることになる[9]。また、無実であるとの仮設(以下、仮設二とする)の下では、主として否認供述に基づいて構成されたストーリー(仮設二の下での事実構成)が事実であるものと仮定されて[10]、同様に検討されることになる。仮設一の下での自白、仮設二の下での否認は体験記憶に基づくものと考えられるから、特に改めて検討の対象とはならないこともあるが、その供述に変遷があるような場合には、それが記憶の錯誤等で理解可能であるかが検討されなければならない。

表7-1　2つの仮設の下での考えられる供述の起源

	仮設1：被告人は真犯人である	仮設2：被告人は無実である
自白	体験記憶	嘘
否認	嘘	体験記憶

そのようにして検討された結果は、最終的には次のように整理される。その仮設の下で供述の心理学的起源を検討した結果、それが心理学的には理解しがたいものであれば、もとの仮設が誤っているのではないかと考えるのである(背理法)[11]。すなわち、理解できるということではなくて、理解できない点のあることを論証にすることによって、その反対こそが正しいことを明らかにするのである[12]。

ただし、その際の検討は考えられるあらゆる可能性を検討した上で、理解できないものと判断されるものでなければならない。そうでなければ、その判断は恣意的になる可能性がある。このような判断手法は、必ずしも心理学的な供述分析だけに限られたものではないが[13]、心理学的な供述分析ではかかる手法を厳格に用いる点に一つの特徴がある。

また、心理学的な供述分析を行う際は、先の仮設一(被告人は真犯人である)と仮設二(被告人は無実である)のように二つの仮設を立てて、それぞれの仮設の下で、一連の供述についてその心理学的起源を理解できるかどうかを検討することが多い。取調べ段階において自白のある否認事件では、検察側はもっぱら被告人が真犯人であると考えて自白の信用性について立証しようとし、弁護側はもっぱら無実であると考えて自白には信用性がない(否認供述は信用できる)ことを立証しようとする。しかし、それでは往々にして、信用できるか否かの判断基準が恣意的なものになりやすい。また、その場合には、先に述べたような、その供述の心理学的起源について「理解できない」点があるか否かという検討はなされない。

それに対して、供述の心理学的分析においては、表7－1に示した四つの場合のすべてについて、考えられる供述の心理学的起源が理解可能なものであるかどうかを検討する。(14)

(3) 判断の基準

さて、ここまで特に説明することなく、供述の心理学的起源(体験事実や嘘)について理解可能かどうかというように述べてきたが、それはどのようにして判断すべきものであろうか。

裁判ではしばしばその供述が「詳細で具体的かつ迫真的である」と述べて、その供述の信用性を認定する根拠とされているが、心理学的な供述分析では、それだけでは、その供述が体験記憶に基づくものであると積極的には判断しない。また、犯行状況など他の客観的証拠から明らかな事実等との一致についても、先に虚偽自白の心理のところで述べたように、それだけで体験記憶に基づく供述であるとは考えない。

供述分析の方法論では、表7－1に示したところの体験的事実よりもむしろ嘘のほうにより注目する。仮設一の下で被疑者が否認している場合について言えば、被疑者が嘘をついているのは、犯行について何とかして言い逃れて、自分の責任ひいては刑罰を回避しようとしているものと考えるのは推論としては合理的であると考えられる(15)。そこで被告人の否認供述にはそうした動機とは相容れない内容が認められた場合は、その供述は仮設一の下での真犯人の嘘としては心理学的に見て理解が困難ということになる。具体的には、被告人にとって不利となることを認めているような場合や、有利になるはずのことを覚えていないと述べているような場合である(16)。また、仮設一の下では、被告人の否認供述は、被告人が嘘として語れる範囲になければならない。もしもそれが被告人の捏造能力を越えていると判断できる場合は(17)、やはり心理学的には理解できないということになる。

他方、仮設二の下で被疑者が自白している場合について言えば、自白内容は被疑者が想像で語れる範囲になければならないことになるが、秘密の暴露がある場合は、その範囲を超えているので、無実の人の嘘としては理解できないということになる。

それから、いったん自白した後にそれを撤回した被疑者が、なぜ自白したのかの説明を求められて、それについて供述していることがある。その場合、仮設一の下では、真犯人がいったん自白した後にやはり刑罰を逃れたいと考えて否認に転じたとするならば、被疑者は先の自白は虚偽の自白に陥っていたものであるとの嘘をつかなければならないことになる。真犯人はその心理を想像で語らなければならないが、虚偽自白の心理に精通した者でなければ、そのときの心理を具体的に語ることは難しいと考えられる。それゆえ、被疑者が虚偽自白に転落した理由、転落後に犯行ストーリーについて供述できた理由、さらに否認に転じた体験などについて、先に紹介したような心理を語り得ているような場合は、それは一般に想像できる範囲を超えていると考えられる。すなわち、それらの供述は、仮設一の下での真犯人の嘘としては理解が困難であると考えてよいだろう。それに対して、仮設二の下では、それらの供述は体験記憶に基づくものとして心理学的に理解できるものということになる。

心理学的な供述分析における主要な判断基準は、その供述が嘘であると考えられる場合に、その内容が捏造能力を超えていることはないか、またその内容がその仮設の下で考えられる捏造動機に反してはいないかという点にある。(18) 捏造能力を越えているかどうかについては、被告人の供述能力だけでなく、それまでの生活状況や得ている知識がどうかなども含めて、慎重に検討されなければならないが、それらの基準をできる限り厳密に適用しながら、一連の供述についてその起源を心理学的に理解できるものかどうかを判断していくところに、心理学的な供述分析の特徴があると言えよう。

(4) 東住吉事件における心理学的な供述分析の課題

東住吉事件では、最終的には再現実験などの結果から、宋さんが自白したような方法で実際に放火することは不可能であることなどが明らかにされて、宋さんや青木さんの自白供述の信用性は否定される結果になっている。したがって、このような客観的事実と自白内容の不整合が最初から明らかになっていれば、その供述の信用性について改めて心理学的に検討するといったことも必要なかったかもしれない。しかしながら、東住吉事件において筆者らが供述分析を行った控訴審の段階では、まだ弁護側による再現実験はなされておらず、弁護側が十分な証拠に基づいて、宋さんの自白内容と客観的事実との不整合を主張するということはできていなかった。

また、東住吉事件の再審無罪判決では、宋さんや青木さんの自白についてはその任意性も否定されたのだが、先にも述べた通り、控訴審の段階では、無罪判決で根拠とされた取調べ状況を明らかにする証拠は開示されていなかった。そのため、供述の任意性の問題についても、取調警察官の証言と宋さんや青木さんの公判における供述という検察側と弁護側の双方の主張があるばかりで[19]、それ以外の証拠による裏付けのある主張はできなかった。

そうした証拠上の制約の中で、宋さんや青木さんの供述について心理的な視点からはいかなることが言えるかを検討したのが筆者らの行った供述分析であった。つまり、筆者らの行った分析は自白の任意性の検討をしたものではなく、また客観的事実と自白内容の整合・不整合ということではなくて、主にここで述べてきたような心理学的な視点から、宋さんや青木さんの供述の信用性について検討したものになっている。再現実験等によって宋さんの自白の信用性が否定され、さらには宋さんや青木さんの自白供述の任意性も否定された今となっては、そうした検討にはもはや意味がないと考えられるかもしれない。しかしながら、青木さんと宋さんの一審ならびに控訴審判決は、二人の自白の信用性について判断を誤り、その結果として誤った判決を下していたのである。今回のような冤罪を繰り返さないためにも、その誤りについて改めて検証しておくことは必要なことであると思われる。

(5) 東住吉事件における二つの仮設

宋さんと青木さんの供述について行った心理学的な供述分析の方法に話を戻したい。供述分析に必要な手順である仮設の設定に際して、被疑者が一人だけの場合は、その被疑者が真犯人であるか無実であるかのどちらかしかあり得ないから[20]、二つの仮設は、真犯人であるという仮設と無実であるという仮設の二つに定まる。それ以外の場合というのはあり得ないから、背理法的な推論により、もし仮設一の下では供述の心理学的起源の理解が難しければ、仮設一には心理学的には無理があるということになり、仮設二のほうが合理的であると考えられることになる(逆も同じ)。

ところで、東住吉事件の場合は被疑者が青木さんと宋さんの二人であるため、可能性としては二人ともが真犯人である場合、二人とも無実である場合の他に、一人は真犯人であるがもう一人は無実であるという場合も考えることができる。しかしながら、そういう可能性もあり得ないとは言いきれないとしても、本件では検察側においても弁護側においてもそうした可能性は主張されていない。したがって、ここでは次の二つの仮設を考えておけばよいものと考えられる。[21]

- 仮設一：青木さん、宋さんとも真犯人である
- 仮設二：青木さん、宋さんとも無実である

それから、青木さんや宋さんの供述の心理学的起源について検討していくためには、それぞれの仮設の下での事実を構成(仮定)しておくことが必要であるが、本書ではそれについてはすでに述べてきている。すなわち、仮設一の下での事実構成については、先に検察側の描いた犯行ストーリーとしてまとめた第4章1節が、取調べ状況については第4章2節(2)が、仮設二の下での事実構成については、第1章、第2章と、取調べ状況についてまとめた第3章の内容がそれに該当するので、ここでは繰り返さない。

第8章　宋さんの供述はどのようにして生まれたのか

1　宋さんの供述の変遷

(1) 宋さんの供述経過の整理

宋さんの供述経過については第2章、第3章で紹介した通りであるが、その供述経過を見ると、否認や黙秘と自白が何度も変転していることが分かる。それを整理すると、次の七つの時期に分けることができる。

- 自白する以前(七月二二日―九月一〇日昼過ぎ)
- 最初の自白(九月一〇日昼過ぎ―夜)
- 黙秘に転じた時期(九月一〇日夜―一二日途中)
- 再度自白する時期(九月一二日途中―一三日夕方)
- 再度黙秘に転じた時期(九月一三日夕方―一四日昼過ぎ)
- 再々度自白する時期(九月一四日昼過ぎ―一〇月末頃)
- 完全に否認に転じた時期(一一月頃―)

ただし、供述の内容という点から見た場合には、途中一時的に否認や黙秘に転じた時期についてはまとまった供述はないため、否認供述については自白前と完全に否認に転じた後の二つに分けられ、その間に一連の自白供述が挟まれている形になる。ここでは宋さんの供述の変遷について整理をした上で検討をしていきたいが、宋さんの供述には火災に至るまでの生活状況や火災後のことなども含めて多くの供述がある中で、以下では、火災があった日の行動(当日の朝からめぐみさんが救急搬送されるまで)についてと、自白時の供述に限られるが謀議の内容(六月の謀議、七月初めの謀議、三回目の謀議、火災当日の電話)、同じく宋さん自身が犯行について考えた経緯等の三点について検討していくことにする。

(2) 宋さんの供述の変遷の整理とその検討① ―― 火災があった日の行動

まず、火災があった日の行動についての供述は大きくは右に述べた三つの時期に分けて考えられる。自白時の一連の供述の中には細かく見るといろいろと変遷が認められるが、行動の流れが全く変わってしまうほどの大きな変遷はない。そこで、自白する前の時期、自白していた時期、完全に否認に転じた後と三つの時期に分けて、火災があった日の行動の流れについての宋さんの供述を整理してみたのが表8－1である。

表8－1では、供述の時期にかかわらず、外形的に見た場合には行動としては全くもしくはほぼ共通しているところには網掛けをした。電話で何を話したかというように細部については違いが認められるものの、大きく行動として見た時には共通しているところが多い。「仕事に行くために七時一〇分頃に家を出た」という点についてては、自白時の供述にはそのように述べているものはないが、そのように考

自白する前の時期	自白していた時期	完全に否認に転じた後
宋さんは靴を履いて下に降り，車の下を覗いた．青木さんに水を持ってくるように言った．青木さんが水を持ってきてかけた．外に出る時に，青木さんに119してと言った．	（同左）	（同左）
消火器を借りようと思って外に出て，河内さんのところへ行った．	河内さんの家に飛び込んで，消火器貸してくださいと言った．	（自白する前に同じ）
消火器を持って戻り，消火器を使って火を消そうとしたが，消えなかった．	消火器を借りることなくそのまま河内さんの家を飛び出した．	（自白する前に同じ）
	三上さん宅に飛び込み，裏の路地に回らせてもらい，家の裏木戸まで行ってみたが，鍵がかかっていて戸を開けることができず，路地を北に行き左に曲がって表に出て，家の前に戻った．	（同左）
電柱に登って，三上さん宅の屋根伝いに裏に回った．	（左の内容に加えて）*屋根の上から青木さんを呼んだが返事がなかった．*	（同左）
裏庭に下りようと考えたが物干し台などが邪魔して飛び降りることができなかった．屋根伝いに表に戻って，近所の人からロープを借り，再び裏に戻った．	（同左）	（同左）
必死に青木さんを呼ぶと，青木さんの声が路地から聞こえ，洵君の声も聞こえた．そして，屋根から下りた．	（同左）	（同左）
	消防士から中に人はいないかと聞かれて，一人奥にいてると答えた．*興奮したふりをしていた．*	消防士から中に人はいないかと聞かれて，めぐちゃんがまだ中にいる，奥にいるというふうに伝えた．
貸してもらったタオルをぬらして，それを口に当てて中に入ろうとしたが，止められた．		*誰かが台所の窓を割り，宋さんはそこからめぐちゃんを呼んで，台所の窓の格子を消防士と外した．ここからめぐちゃんを助けてと言ったが，消防士に無視された．*
台所の格子をはずし，窓ガラスを割った．		貸してもらったタオルをぬらして，それを口に当てて中に入ろうとしたが，止められた．
青木さんが洵君を連れて表に来た．	（同左）	（同左）
	近所の家で電話を借りて，大西さんの家に電話をかけた．	
消防の人がめぐみさんを助け出してくれた．	（同左）	（同左）
めぐみさんは，救急車で病院に搬送されたが亡くなった．	（同左）	（同左）

　　　は外形的に見た場合，行動としては全くもしくはほぼ共通していることを示す．その時期にそれに関する供述が認められない場合も，そのように解して問題ないと考えられるところは，同様に網掛けしている（詳しくは本文を参照のこと）．*斜体*は，行動としてはほぼ同じであるが，細部では異なる事柄を示している．----→は，行動に共通点が認められるが，時系列的には違いがあることを示す．

表8-1　火災があった日の行動についての宋さんの供述内容

自白する前の時期	自白していた時期	完全に否認に転じた後
仕事に行くために7時10分頃に家を出た．	*現場に着くまでの間に，今日やることを決意した．*	（自白する前に同じ）
午前中に，*子どもたちの様子が気になって*，2度家に電話をした．青木さんが帰ったら電話するように伝言した．	午前中に，2度家に電話をした．青木さんが帰ったら電話するように伝言した．	（自白する前に同じ）
午後1時前に青木さんから電話があった．*夏休みのめぐみさんの工作のことなどの話をした．*	昼過ぎに青木さんから宋さんの携帯に電話があり，*その電話で決行することを伝えた．*	（自白する前に同じ）
4時5分に現場を出た．途中2回家に電話をしたが，留守だった．	（同左）	（同左）
帰り道，ガソリンスタンドでガソリンを30リットル入れた．	（同左）	（同左）
	近鉄高架沿いの店で給油ポンプを購入した．家に着く前にもう一度電話したが，留守電だった．	家に着く前にもう一度電話した．
家に帰った(車庫に車を入れるまで)のは4時40分ぐらい．	（同左）	（同左）
車を入れて戸を閉めた．*エンジンを切って，車の下のラケットを取った．*	3枚の戸の鍵をかけた．	（自白する前の内容に加えて）*いつも出入りするところの鍵だけは開けておいて，後は鍵を閉めた．*
	車のエンジンはかけっぱなしにしていた．	車が後ろに下がりすぎていたので，エンジンをかけて車を前に出した．
	給油口の蓋を開け，手押しポンプを使って，ガソリンを水色のポリタンクに入れた．ポンプは車の真下に放り込んだ．その時，車の下にラケットがあった．ポリタンクは車の中か後ろに隠した．	
車の中で荷物の片付けをしていると，青木さんたちが帰ってきた．青木さんが入口の鍵を閉めた．	*戸の鍵を一箇所開けた．*（あとは同左）	（自白する前に同じ）
3人の後から部屋に上がって，戸を閉めた．	3人が部屋に入り，宋さんも車の*エンジンを切って*部屋に上がって，戸を閉めた．	（同左）
青木さんがめぐみさんに風呂に入るようにと言い，めぐみさんは準備をして風呂に入った．宋さんはパンツ1枚になって，青木さんと話をしていた．	（同左）	（同左）
	ガレージに下りて，戸を閉めた．ポリタンクのガソリンを車の左後ろの方から撒き，ポリタンクを元の場所に戻した．車の右手にはみ出た部分に，ターボライターで火を付けた．すぐに部屋に戻って戸を閉めた．	間違って服と一緒に持って上ったドライバーを車に戻しにガレージに下り，戻した後，部屋に戻って戸を閉めた．
戸を背にして，青木さんと話していた．	青木さんが話しかけてきた．	（自白する前に同じ）
ガレージの方を見たところ，すりガラスがオレンジ色に光っていた．戸を開けて見ると，*車の右側の横で火が燃えていた．*	後ろを見て「何やあれ」といった．青木さんも「燃えている」と言った．戸を開けて見ると，*車の左後ろは高く火が上がっていた．*	（自白する前に同じ）

えて差し支えないと思われるところから同様に網掛けをしている。また、「近所の家で電話を借りて、大西さんの家〔青木さんの実家〕に電話をかけた」という自白時の供述については、自白する前、完全に否認に転じた後にはそのような供述はないが、それを裏付ける関係者の供述があることから、供述を欠いてはいるがそのような行動があったことは事実として認められると考えて網掛けをしている。

「貸してもらったタオルをぬらして、それを口に当てて中に入ろうとしたが、止められた」や「台所の格子をはずし、窓ガラスを割った」という自白前の供述については、完全に否認に転じた後になると、その時間的な前後関係、さらに後者についてはそれを誰がしたのか等について供述に食い違いが認められる。そして、自白時にはそれらに関する供述がない。しかしそれらに関する供述がないと言っても、自白時にはそうしたことはしていないとも供述していないため、自白前、完全否認後と自白時とでは食い違っているとも断定できない。

そうすると、自白前と自白時とで供述がはっきりと異なるところについては以下のように整理できる。自白時の供述では次の点が加わっている。すなわち、帰宅途上、近鉄高架沿いの店で給油ポンプを購入したこと、帰宅後、車のエンジンをかけっぱなしにしていたこと、給油口の蓋を開け、手押しポンプを使って、ガソリンを水色のポリタンクに入れ、ポンプは車の真下に放り込んだこと、そして、ガレージに下りて、戸を閉め、ポリタンクのガソリンを車の左後ろの方から撒き、ポリタンクを元の場所に戻し、車の右手にはみ出た部分に、ターボライターで火を付けたことである。他方、消火器を借りて火を消そうとしたことは自白時の供述ではなくなっている。

また、完全否認後の供述では、自白前にはなかった「車が後ろに下がりすぎていたので、エンジンをかけて車を前に出した」や、「間違って服と一緒に持って上ったドライバーを車に戻しにガレージに下り、戻した後、部屋に戻って戸を閉めた」という供述が加わっている。これらは、自白時の供述と比べると、「車のエンジンはかけっぱなしにしていた」という供述や、ガレージに下りて、ガソリンを撒き、火を付けたという内容の供述と置き換わった形になっている。

仮設一（真犯人であると仮定）の下では、このような変遷は次のように解される。実際には犯行をしていたにもかかわらず、自白前には、犯行の主要な部分を隠蔽するとともに、一部の行動についてはその意図をごまかしていた。自白した後に完全に否認に転じてからは、犯行の主要な部分は再度否認しつつ、目撃供述等があって否認が難しいところについては別の嘘を作って供述した。さらに、弁護側が主張する車両からの自然発火が起こりやすい条件に合致させるために、「車が後ろに下がりすぎていたので、エンジンをかけて車を前に出した」という嘘も加えた。

他方、仮設二（無実であると仮定）の下では次のように解されることになる。実際には犯行をしていなかったにもかかわらず、自白に追いこまれ、犯行の筋書きにとって不可欠な要素（ポンプの購入、ガソリンを抜いてポリタンクに入れる、ガソリンを撒いて火を付ける）を組み込んで、嘘の供述をした。実際の行動で犯行動機とは矛盾すると考えられるところについては、それも一部歪曲した。また消火器の件のように、自分の記憶とは異なるが、目撃証言と整合させるために供述を歪曲したところもあった[1]。完全に否認に転じることができてからは、基本的には自白前と同じ供述をしつつも、一部については、取調べの中で明らかにされた目撃供述等を手がかりにして後に想起された記憶に基づいて、自白前にはなかった供述も付け加えた。

右で整理したように、自白供述は否認供述の行動の流れの上に犯行の要素を組み込んだものになっている。ガソリンスタンドでガソリンを入れた時間、消防に通報した時間等はほぼ特定されているので、その間にポンプの購入、ガソリンの抜き取り、それを撒いて火を付けるといったことをする時間的な余裕が果たしてあるかどうかが問題となるところであり、実際争点になっているが、ここでは心理学的な検討ということでそのことは措いておく。

心理学的な供述分析においては、それぞれの仮設の下では嘘と考えられる供述が捏造可能なものであるかどうかの検討が大事なポイントとなる。仮設一の下では、宋さんが河内さんのところから消火器を借りて火を消そうとしたという自白前の供述は嘘ということになるが、その部分に関する宋さんの供述内容をそのまま紹介すると次の通りである。

私は、確か北隣りの家から消火器を借り、自宅に戻って見ると、運転席側の前輪タイヤが燃え、その上のボディをつたう様に炎が一メートル位上っており、車庫内は黒い煙で充満しておりました。私は、とにかく火を消そうと、消火器で火を消そうとしたのですが消えませんでした(七月二二日警察官調書)。

家の出入口のかぎをあけて、表にでて、消火器を借りに行くため、となりのとなりの河内さんの家にとびこんだ。河内さんの家で消火器を借りて、すぐ、自宅の前にもどった。家をとびだしてから消火器をかりて、自宅の前にくるまでは、一分もかからなかったと思います。家の前にもどってきて、中を見ると、車の向って左の方しか見えなかった。車の右がわは、このとき、火がそうようにして上にあがっていた。火は車の天井ぐらいまで上っていました。又、運転席ドアすぐうしろの車の右側のガソリンの給油口の外ブタがあいているのをこの時見ました。私は◎〔供述書中の図に記された印のこと〕の所にすわり、消火器で火を消そうと液を車の下の方に向ってかけた。火はちょっとだけ小さくなったけど、一本の消火器ではどうにもなりませんでした（七月三〇日宋さん供述書）。

これらの供述を見ると、宋さんは消火器で火を消そうとした時の状況について、具体的に詳しく述べているが、仮設一の下では捏造であるということになる。(2)

仮設二の下では、実際には犯行体験がないにもかかわらず、犯行ストーリーを構成できるかどうかが問題となる。犯行の筋書きにとって不可欠な要素（ポンプの購入、ガソリンを抜いてポリタンクに入れる、ガソリンを撒いて火を付ける）について供述した経緯について、宋さんは次のように供述している。

……刑事の調べのときにお前ガソリンを抜いてまいたしかないか、そんなことを言うたんです、浅尾刑事が。で、抜くんやったらポンプなり何なり要るやろうと、どこで買ったんやというふうな話になったんやけど、ほんなら刑事はそういうふうに話をしたいんやなと思って、適当に刑事の話に合わしただけです。〈ポンプでガソリンを抜くということはあなたが言わないとなかなか分からないことだと思うんだけれども、あなた自身が先に言ったことじゃないんですか。〉そのポンプ云々よりも前に、まず火事の原因はお前がガソリンタンク、ガソリンを抜いてまいて火付けたしかないと刑事がはっきり言うたから、あ、そんならガソリン抜くんやったら、抜くいうたらポンプでしか抜けんでしょう、たまたまそう言うただけですわ（青木さんの一審第一一回公判）。

宋さんのこの供述からすれば、犯行の主立った筋書きは刑事のほうから提供されていたことになる。燃えた車両からガソリンを抜かれていたということは、燃料計が四分の三くらいの位置を指していたことなど、それまでの警察による捜査から推認されていたことであった。(3) すでに自白に転落していた宋さんにとって、取調べの中で取調官から与えられた情報や示唆をもとに犯行ストーリーを組み立てて述べるということは、虚偽自白者の心理としては十分考えられるところである。ガソリンを抜いたはず→ポンプで抜いた→ポンプを購入したとなるのは、言わば必然の流れである。とすれば、仮設二の下でもこのような犯行ストーリーができることは十分にあり得ると考えられる。

ところで、犯行にとって不可欠な要素についての宋さんの自白時の供述には次のような変遷が認められる。

【購入したポンプの値段についての供述の変遷】

①九月二三日警察官調書：一〇〇〇円に満たないくらいのお金を払って買った。

②九月二七日検察官調書：一〇〇〇円札を渡しておつりに五〇〇円玉一枚と一〇〇円玉二―三枚、一〇〇円玉数枚があり、それを財布に入れたから二〇〇円前後の金額だったと思う。

【ガソリンを入れたポリタンクを置いた場所についての供述の変遷】

①九月一〇日供述書：車中か車の後ろか、興奮の余り覚えていない。／ポリタンクは車の中か後ろに隠した。

②九月一二日検察官調書：ポリタンクにガソリンを汲み出し、ガレージの奥に置いた。

③九月一五日供述書：ポリタンクを車の後ろか車の中に入れて隠した。

④九月二四日警察官調書：ポリタンクはキャップを締めて水槽横に戻した。

【給油口の外蓋を閉めたかどうかについての供述の変遷】

①九月一五日供述書：ガソリンタンクとポリタンクの蓋をしっかり締めた。

②九月二四日警察官調書：ガソリンタンクのキャップをしっかり締め、給油口の〔外〕蓋も閉めた。

③九月二七日検察官調書：それから車のガソリンタンクについては回すキャップについては締めた。そのキャップを開けっぱなしにしておくと、いくら車のエンジンをかけて排気ガスを出していても、めぐみさんらが帰ってきた時にガソリンの臭いを感づかれる恐れがあったのでキャップは締めておいた。……給油口〔の外蓋〕については、ガソリンタンクそのものではないので、後で給油口が開いたままになっていればガソリンタンクのキャップもきつく締めてなかったのだろうと推測されるだろうと思い、給油口については完全に閉めずに少し開いたままにしておいた。

④九月三〇日検察官調書：〔給油口の外蓋は〕完全に閉めずに少し開いたままにしておいた。そこが少し開いたままになっていれば、ガソリンタンクのキャップ、すなわち内蓋をきつく締めていなかったと推測されるだろうと思ったからである。

仮設一の下では、これらの供述の変遷が生まれた理由はどのように考えられるだろうか。宋さんが真犯人であり、犯行を全面的に認めているのであれば、購入したポンプの値段、ガソリンを入れたポリタンクを置いた場所、給油口の外蓋を閉めたかどうかについて、特に嘘をつく理由は考えにくい。それによって犯情が変わるとは思われないからである。供述が変遷した理由が考えられるとすれば、記憶の錯誤(4)や勘違いということになろう。しかし、購入したポンプの値段について言えば、一〇〇〇円に満たないくらいのお金から二〇〇円前後にと変わっているが、「一〇〇〇円札を渡しておつりに五〇〇円玉一枚と一〇〇円玉二—三枚、一〇円玉数枚があり、それを財布に入れた」という体験をしていた時に、

「一〇〇〇円に満たないくらいのお金を払った」というような記憶の錯誤が生じるものであろうか。似た体験があれば、その時の記憶との混同による勘違いといったことも考えられるが、そういうことも考えにくい場面である。それよりも考え得ることとしては、その場面について記憶は失っていたが、取調べで追及されて想像して答えた、しかし、警察が裏を取ってみると、ポンプの実際の価格とはあまりにもかけ離れていたために、その点を質されてそれに合うように供述を修正したということであろう。そもそも、一カ月以上も前の買い物をした際の支払いについて、「一〇〇〇円札を渡しておつりに五〇〇円玉一枚と一〇〇円玉二―三枚、一〇円玉数枚があり、それを財布に入れた」というように詳しく覚えているものであろうか。それは、実際の体験記憶によるというよりも、おおよその支払い金額が分かっていて、そうであれば、そのような際にはどのようにして支払いをしたと考えられるか、日常的に体験している行動のパターン(スクリプト)をもとに語り出されたものと考えたほうがよいであろう。

他方、仮設二の下では、そもそもそういうことは全くなかったことになるから、想像で語っていたことになる。供述の変遷のいきさつについては、右に述べたその場面についての確かな記憶がなかった場合と同様にして理解できる。

次にガソリンを入れたポリタンクを置いた場所についての供述の変遷について考えてみる。仮設一の下で、記憶の錯誤として考えた場合、その前後の場面についてはその時のことを覚えていて供述しているのに、ここだけ思い出せないというのは不可解である。一連の流れのある行動で、ガソリンを抜く時の状況、その後青木さんらが帰って来た時のことというようにその前後のことをよく覚えているのであれば、その時にポリタンクをどこに置いたかについても記憶が残っていてもおかしくないと思われる。

そのところについてのみ、「車中か車の後ろか、興奮の余り覚えていない」というのは不可解であると言わざるを得ない。また、いったん②ポリタンクにガソリンを汲み出しガレージの奥に置くというように記憶が想起されたのであれば、その後にまた、③ポリタンクを車の後ろか車の中に入れて隠したというように記憶が曖昧になるのも不可解である。

他方、仮設二の下では、これらはいずれも想像で語られたことになる。「車中か車の後ろか、興奮の余り覚えていない」というのは、犯行の流れを想像で語ろうとしたが、うまく状況にあわせたストーリーが決まらないままに、最初は覚えていないという供述になったものと考えられる。「興奮のあまり」というのは、それをもっともらしくするための架空の理由づけである。そしてその後、犯行のストーリーの主要な要素に当たるだけに、取調べの中で車の後ろというようにストーリーが固められていったものと考えられる。そちらに固まっていったのは、九月一二日の検察官の取調べの際に「ガレージの奥に置く」というように聴き取られて調書化されたことが影響した可能性がある。

次に、給油口の外蓋を閉めたかどうかについてであるが、当初はガソリンタンクの蓋をしっかり締めたとのみ、それから給油口の〔外〕蓋も閉めたと供述していたのが、後に外蓋は少し開いたままにしておいたというように変遷している。仮設一の下では、これは記憶の錯誤であると考えられることになる。しかし、③を見ると、内蓋は締め、外蓋は少し開いたままにしておいたというのは、意識的に行った行為であったことになる。また、七月二二日警察官調書では、「私が、消火器で火を消そうとしている時、車の給油口の外ブタが、二センチ位開いているのを見ています。その外ブタがなぜ開いていたのか私には判りません」と供述していることからすれば、外蓋が開いていたことは十分認識していたことになる。

したがって、①②で、わざと外蓋だけを開けておいたことを忘れてしまっていたというのは考えにくいことである。

一方、仮設二の下では次のように考えられる。「私が、消火器で火を消そうとしている時、車の給油口の外ブタが、二センチ位開いているのを見ています」というのは宋さんが体験した事実であり、「その外ブタがなぜ開いていたのか私には判りません」というのは、火事の直後の認識をそのまま述べたものであると考えられる。虚偽の自白に転落した後も、外蓋が少し開いていたことについてはなぜか分からないという認識のままに、そのことは犯行ストーリーの中には組み入れられず、むしろ内蓋は締まっていたという事実のほうをもとにして、「ガソリンの臭いを感づかれる恐れがあったのでキャップは締めておいた」といったストーリーが組み立てられた。それが後には、外蓋が少し開いていたという事実も犯行ストーリーの中に組み入れられることになって、それに合わせてもっともらしく犯行ストーリーが変えられたものと考えられる。

以上、犯行に不可欠な要素で供述の変遷が認められた三つの点について、仮設一と仮設二のそれぞれの下では、その変遷の理由がどのように考えられるかについて検討してきた。それによれば、仮設一の下で、それらの変遷を記憶の錯誤によるものとして理解するには不可解に思われるところがあったのに対して、仮設二の下では、もともと想像で（曖昧に）語られていたものが、他の事実なども組み込んだ形にするために、供述が変わっていったものとして理解できると考えられた。もっとも、人間の記憶にかかわる事柄について、こうした推論だけで、仮設一は成り立たないとするのには慎重であるべきだろう。ただし、その場合でも、これらの変遷が仮設二の下でも心理学的には十分に理解できることは確認しておきたい。

ところで、これまでにも触れたガソリンを抜き取った量についての供述の変遷についてはどのように考えられるだろうか。まずその供述の変遷は次の通りである。

【抜いたガソリンの量についての供述の変遷】

①九月一〇日供述書：一八リットル入りのポリタンクに二〇センチ分。
②九月一三日供述書：ポリタンクの底から二〇センチ位。
③九月一五日供述書：それまでの手応えからして二〇センチくらい。
④九月二四日警察官調書：手応えからして二〇センチくらい。
⑤九月二七日検察官調書：このポリタンクに入れたガソリンはだいたいの感じで二〇センチ位と言ったが、先日実際に実験してみて同じように重さを確認したところ一三センチ位の深さだった。

初期の自白供述では、ポリタンクに二〇センチ位、それがその後の供述では、手応えからして二〇センチ位となり、さらにその後、実験(再現見分)での確認を経て一三センチ位と変遷している。仮設一の下で、これらの供述に沿って理解しようとすれば、初期の供述で二〇センチ位と言っていた時も、実際にそれを見たわけではなく、重さから推定していたことになる。しかし、手応えでしか確かめていないのに、二〇センチ分とかいうことが分かるものだろうか。あるいは、実際に見てもいないのにそのような表現のしかたをするものだろうか。(5) ポリタンクで二〇センチとか一三センチというのは目で見て初めて分かるものである。実況見分の際も、ガソリンの量は重さではなくポリタンクの目で見た液面の高さから判断されていたと考えられ、宋さんの供述とは矛盾していることになる。

一方、仮設二の下では、これらはもともと想像で語られたものであるから、最初の二〇センチ位という供述からして想像に過ぎない。それが、実況見分での確認を経て、それに合わせて供述が変えられたというように理解できる。ちなみに、宋さん自身は一三センチ位になった経緯を次のように説明している。どれくらいガソリンを移したのかと聞かれても実際していないから分からないので、調書ではポンプで移した時間を適当に一分位と言っておいた。それで実況見分でも、適当にこんなもんにしたれということで最初これですと言ったのだが、こんなに少ないはずはない、もっと多いはずだと言われたので、それならもうちょっとしてやれということでその量が決まった(青木さんの一審第一二回公判)。

(3) 宋さんの供述の変遷の整理とその検討②――謀議

次に、宋さんと青木さんの謀議内容について、自白時の宋さんの供述の変遷について検討していきたい。本件で謀議として考えられているのは、六月の謀議、七月初めの謀議、三回目の謀議の三回であるが、ここでは、火災当日の宋さんと青木さんとの電話も含めて検討することにする。以下、各謀議についての宋さんの供述の骨子とその変遷についてまとめた上で、それが二つの仮設の下ではどのように理解できるかを述べていきたい。なお、謀議に関する宋さんの供述と青木さんの供述の異同の問題については、次章で青木さんの供述について検討する際に触れることにする。

【六月の謀議についての供述の骨子と変遷】

骨子：青木さんが「保険金があるやん」と言った。それに対して宋さんが「何いうてんのん」と言うと、青木さんは黙っていた。

①九月一〇日供述書：惠子は気を取り乱して泣きながら、「生命保険で何とかしたらいいやん」と言った。
②九月二一日警察官調書：惠子は横になって上を向いたまま、生命保険があるやんと吐き捨てるように言った。
③九月二二日警察官調書：冷たく小さい声で生命保険があるやんと言った。
④九月二七日検察官調書：きつい口調ながらも小さな声で「生命保険があるやん」と言った。

最初の供述にあった、青木さんが気を取り乱して泣きながら言ったというのが、それ以降の供述では消え、吐き捨てるように、冷たく、小さな声でというように変遷している。仮設一の下では、このような変遷は記憶の錯誤によるものとは考えにくく不可解である。他方、仮設二の下では、謀議についての供述はもともと全くの想像によるものであるから、何か不都合と思われる点があればその供述も変わることがあり得ると考えられる。それについて宋さんは、二階で子どもが寝ている同じ部屋で話してたら、気を取り乱して泣きながらでは子どもが起きてしまうんじゃないかというふうなことを浅尾刑事が言ってきたので、小さい声でとか冷たいとかそういう感じを宋さんが並べて答えていったと説明している（宋さんの控訴審第二六回公判）。

ところで、仮設二の下では、自白時の供述内容は、実際の体験と重なるところは別として、その犯行ストーリーなど想像で語れるものでなければならない。そこで、その一例として、宋さんの九月一〇日の一通目の供述書の内容を示しておくと次の通りである。

めぐみにかけた保険金をとるために家の中でほう火して、ころした。

はじめに、いいだしたのは、妻けいこです。

けいこは、めぐみが死ぬ一ヶ月ぐらい前の夜一二時をまわったころ、お金のことでもめていた。その中で、けいこは、気をとりみだしてなきながら「生命保険で何とかしたらいいやん」といった。

はじめぼくは、じょうだんにしても、こわいことをいうやつやと思って「何ゆうてんのん」と言って相手にしなかった。

でも、一五〇〇万円の保険金に目がくらみ、一日一日気持が変わっていった。毎日毎日しゃっ金の事を考え、けいこと、お金の話をするたびに、めぐみをころして保険金をとる方に気持がかわった。

けいこは、洵はかわいがっていたけど、めぐみは、愛じょうがうすかった。だから洵をたすけてめぐみをころした。

七／二二の半月ぐらい前から、「私が仕事が早く終った日に、めぐみをお風呂に入れて、そのあいだに車に火をつけるからな」とけいこに言ってました。

七／二二にけいこがかえってきた時に車の中から、今からつけるぞと目で合図した。けいこは、めぐみに風呂に入れと言った。

私は、めぐみが風呂に入り、シャワーの音がきこえたので、先にガソリンをぬいてポリタンクに入れておき、それを車の左後の方から流して火をつけた(九月一〇日供述書)。

保険金目当てに放火してめぐみさんを殺した容疑をかけられていたことは宋さん自身知っていたこと

である。それに実際の火事の状況、また保険金の受取人が青木さんになっていたことなどを前提にすれば、前記のような事柄を想像で語ることは難しくない。それに七月三〇日の事情聴取では、火事のことばかりでなく青木さんとめぐみさんや洵君との関係(6)、さらに家計の状況やマンションの購入計画についてもすでに聞かれていた。

さらに、宋さんの公判での供述によれば、右のような犯行ストーリーができあがる時には、取調官との間で次のようなやりとりがあったということである。

　一番初め、供述が始まりまして、結局、浅尾刑事のほうから、僕一人でやったんじゃなくて、恵子にそそのかされてやったんやろうっていうとこから始まったんです。で、結局、そういう形で始まって、恵子とも共犯という形になってしまって。で、いつくらいにそういう話をしたんやって言われたんです。でも、私、そんな話ししたような覚えはないですから、話ししたこともないですから、黙っとったんです。そしたら、浅尾刑事のほうから、二か月前なんか、一か月前なんか、それとも、もっと、つい最近なんか、二、三日前なんかとか、そういうふうな言い方したんですね。ですから、たまたま、その聞いた中で、一か月っていうのんが頭に残ったから、もう、一か月前って言うただけで、それで、一か月前っていうのんが決まってしまったんです。……

　まず、何か言葉言えへんかったか、言うたやろうっていうような話になったんです。浅尾刑事がそういうふうに言うてきたんです。それで、言われても、どない答えていいか分からないですからね、僕自身。ですから、黙ってたら、生命保険のこととか話、しだしてきたんです。そういうふうな話あったやろうとか、そういうふうなこと言うたんですね。ですから、それやったら、生命保険で何とかなるやんというような言葉をそこで付け足したんです。そこで、浅尾刑事が生命保険の話を付けてきて、それで、その言葉を思い浮かべたっていう感じになります。……

〈これは、後の供述には全然出てこないとこなんだけど、なぜ、ここだけ、泣きながらになってるんですか。〉その部分は、たしか、これ、そのこととは関係なしに、あれは七月の一〇日か一一日ごろの話を、何か刑事が持ち出してきたんです。そのころ、何か、だれかが○○の家〔火事になった家〕に訪ねてきて、惠子が何か泣いとったというふうな話を、刑事がしだしてきたんです。で、その話と関連性があるやろ、ないやろと。今回の事件で関連性があるやろっていうような話もしだしてきたんです。そして、そういうふうな話ししたときやったら、ほんなら、普通の状態じゃ聞かれへんやろうと、何かそういう感じを表せへんのかって言われたから、そのときたまたま、そういうふうな、泣きながらというような言葉が出たと思うんです（青木さんの一審第一五回公判）。

宋さんの供述には、虚偽自白ができあがる過程がよく表れている。仮設二の下では、そのようにしていったん供述ができあがった後、浅尾刑事から前述の「……子どもが起きてしまうんじゃないか」との指摘をされて、供述が変遷していったものと考えられる。宋さんは、右に引用した供述に続く部分で、「いや、もう全然、その都度その都度で、刑事に言われたことをそのまんま追従していったような感じになってますんで」と述べている。ただし、そのまんま追従したと言っても、「生命保険で何とかなるやんというような言葉をそこで付け足した」というように、宋さん自身が取調官の意図を忖度して、実際の供述内容を作り上げていっている面もあることには注意しておく必要がある。なお、仮設一の下では、こうした供述の生成過程についての宋さんの説明はその全体が嘘であることになる。しかしながら、このような嘘を構成することは容易ではないだろう。

【七月初めの謀議についての供述の骨子と変遷】

骨子：宋さんからめぐみさんをお風呂に入れて、その間に車に火を付けるという殺害方法について話し、青木さんは了解した。

変遷については少し詳しく紹介する。

①九月一〇日供述書：「仕事が早く終わった日にめぐみをお風呂に入れて、その間に車に火を付けるからな」と言った。「雨天の日に早く帰宅し、火を付ける」と言うと、惠子はうなずいていた。

②九月一二日検察官調書：事件の少し前に、惠子と雨が降っている日は早く帰れるから車に火を付けたらいい、雨に濡れたということで風呂に入らせてその隙にやればいいということを話し合った。具体的にどういう会話をしたかについてはもう少しよく思い出してから話す。

③九月一四日供述書：「この前の保険金の話やけどな、めぐちゃんが風呂に入ってシャワーをあびている時に車に火を付けたら煙がいっぱいになるまで気がつけへんのとちゃうか」「僕が雨降ってる日に早く帰ってくるから、その時電話するからな」と言うと、惠子は「うん、分かった」と同意した。その後、惠子はぶつぶつ言わずに黙って寝ていた。

④九月一七日検察官調書：「この前の保険金の話やけど、めぐみが入浴中に車に放火すれば気がつかない、雨降っている日なら早く帰れるから電話する」などと言うと、惠子も「うん分かった、先に風呂入れとくから」などと答えた。

⑤九月二二日警察官調書：自供書では私が一方的に話し掛けたように説明しているが、よく思い出し

てみると惠子は相槌を打ったりしているので、その様子をありのままに以下話す。「この前の保険金の話やけど覚えてるか」「この前の保険金の話しやけど本気やのん」といって尋ねると、惠子は「当たり前やんお金ないのにこれ以上どうすんの」と答えた。「ほんまにええんやな」と念押しすると、惠子は「当たり前やん、ほかにどうすんの」と答えた。それで、「めぐちゃん風呂入ったらシャワー使うやろ、そん時に車に火つけたらええんちゃうかな、車はすぐ燃えるし、煙で絶対逃げられへんわ」と言うと、惠子は「ほんまにそんなんできんの」と聞いてきたので、「大丈夫や、できる」と自信満々に言った。それから、惠子は「どうしたらいいの」と自分の役割について聞いたと思う。私は「車に火を付けるのやけどな、事故に見せかけなあかんねん。だから帰ってきたらすぐに火つけなあかんねん。その時に惠ちゃんはめぐちゃんをすぐ風呂に入れてもらわなあかんねん。だから雨の日やったら早く風呂入ってもおかしないから、僕火つけるから、僕が帰ったらすぐ風呂に入れてや」と言った。惠子は真剣な顔をして、首を小さくうんうんと振りながら聞いていた。そして最後に惠子の方から「うん分かった、いつすんのん」と聞いてきたので、私は「雨の日にやろな。雨の日に「雨降ってるから早よ帰れるわ」と連絡を入れるから、その日にやろな。それが合図やで、ええな」と惠子に言った。惠子は「うん分かった」と答えていた。その後、惠子は寝息を立てていた。

⑥九月二三日警察官調書：私の方から「この前の保険金の話本気やのん」と口火を切ると……（青木さんが「当たり前やん、お金ないのにこれ以上どうすんの」と答えたところから、宋さんが「……それが合図やで、ええな」と伝えたところまでは、⑤にほぼ同じ。ただし、宋さんが「ほんまにえ

えんやな」と念押ししたところ、宋さんが「大丈夫や、できる」と自信満々に言ったところ、および、青木さんが、真剣な顔をして首を小さくうんうんと振りながら聞いていたというところは、その供述を欠いている。)

⑦九月二五日警察官調書：七月五日ごろの寝る前の恵子との会話について、じっくり考えて少しずつ思い出したので、もう一度話すとしている。(宋さんから「この前の保険金の話やけど本気やのん」と話しかけたところから、宋さんが「……それが合図やで、ええな」と言って、青木さんが「うん分かった」と答えたところまでは、⑤⑥にほぼ同じ。ただし、宋さんが「ほんまにええんやな」と念押ししたところ、宋さんが「大丈夫や、できる」と自信満々に言ったところの供述を含み、青木さんが、真剣な顔をして首を小さくうんうんと振りながら聞いていたというところは、その供述を欠いている。)

⑧九月二七日検察官調書：(七月五日頃、宋さんから「この前の保険金の話やけど本気やの」と言って話を切り出したところから、宋さんが「……それが合図やで、ええな」と言って、青木さんが「うん分かった、風呂入れるわ」と言ったところまで、⑦にほぼ同じ。) 洵君の注意を引き付けることについては、洵君はいつも恵子にまとわりついているし、何かあったらいつも恵子の手を握ったりしてひっつくので、火事が起こってもそんな状態で恵子が連れて逃げてくれることは分かっているし、恵子も当然分かっていると思ったので、特に話す必要はなかった。

⑨九月二八日供述書：計画には恵子の大きな協力が必要で、めぐみが火事で死ぬには、逃げ遅れるように風呂に入れなければいけないので、めぐみを風呂に入れさせるのが恵子の役割であった。それ

に、洵君の動きを見ておくのも惠子の役割だった。

⑩九月二九日検察官調書：七月五日頃、惠子とめぐちゃんを殺すために放火してめぐみを殺そうと決める……。

⑪九月三〇日検察官調書：七月五日頃、惠子とめぐみを本当に殺して生命保険の死亡保険金を取る気なのか、すなわち、本気かどうかを確認したところ、惠子は本気だと言った。〔これまで話してきたよりももっと細かな打ち合わせをしたことを思い出したので、付け加えてほしいことであるとして〕まず放火の方法については、私から惠子に、「車の下にガソリンを撒いて、火を付けたらええんとちがうか。車が燃えたら、原因なんて分からんようになるから、それがええんとちがうか。原因は車のガソリン漏れにしたらええから」などと言って、火のつけ方や原因をガソリン漏れとうそを言ってごまかすつもりであることを言った。それから、「風呂に入ってシャワー使ってたら、何も聞こえへんの惠ちゃんも知ってるやろ。惠ちゃんはめぐちゃんを先に風呂に入れてほしいんやけど、当然先に風呂を沸かしとかなあかんで。めぐちゃんが風呂に入ってシャワーを使ってる時にぼくは手押しポンプでガソリンを抜いてポリタンクに詰めておいてそのガソリンを車の下に撒いて火を付けるから」などと言った。……惠子はその時、「どうやって逃げるの、洵ちゃんに見つかれへんの」などと言って、火を付けてめぐみを殺すにしても、惠子、洵君、私がどのようにして逃げることにするのかということと、火を付けたところを洵君に見つからないのかということを心配していた。それで私は、「逃げる時は洵君を連れて裏口から逃げたらええとちがうか。僕は何とか逃げれるから、洵君たのむで」などと言って、洵君を連れて裏口から逃げたらいいこと、そして私は自分の判断で適当

に逃げるということを惠子に言って安心させてやった。洵君に私が火を付けるところを見つからないのかという点については、「洵君はテレビを見していたら分からへんし、気がつけへんよ」と言って、洵君の注意を引くためにテレビをつける役割を惠子に頼むとともに、安心させようと思ってそのように言った。……また惠子は、「警察に見つかったらどうするの」と言って……放火だとばれないか心配している様子だった。それで私は、「他のところにガソリンを撒いて火を付けても後で絶対分かるから。車やったら車が原因ということになるから見つからへんで」と言って安心させてやったが、その前に「原因は車のガソリン漏れにしたらいいから」とも言っていたので、惠子も納得したようだった。

初期の供述では、宋さんが犯行計画について話すと、青木さんはそれを聞いて頷き、その後は寝ていた等となっている。それが⑤九月二二日には、宋さんが犯行の意思について確認すると、青木さんは「当たり前やん、他にどうすんの」等と答え、それで宋さんが犯行計画の説明をすると、青木さんは「ほんまにそんなんできんの」と言い、それから自分の役割についても聞いてきたので、風呂に入れてほしいといったことを説明し、最後に青木さんがいつするのかと聞いてきたので、決行の合図について話したということになっている。⑥九月二三日、⑦二五日、⑧二七日はほぼ同様の内容になっているが、九月二七日には、洵君の注意を引きつけることや洵君を連れて逃げることなどは特に話す必要はなかったということが加わっている。ところが、⑨九月二八日には、洵君の動きを見ておくのも惠子の役割でしたということが述べられて、⑪九月三〇日には、車の下にガソリンを撒いて火を付けるといった放火方法についての説明も加わる。さらに、青木さんが、青木さんと洵君がどのようにして逃げるのか、火を付けたところを洵君に見つからないのかという心配をしていたので、逃げる時は洵君を連れて裏口から逃げればいいこと、洵君の注意を引くためにテレビをつける役割を頼むことなどを話したことになっている。すなわち以上の供述の変遷を見ると、九月二二日以降、供述内容が詳しくなっていっていることと、また単に供述が詳しくなったというだけではなく、供述内容にはっきりとした食い違いのあることが分かる。

さて、仮設一の下では、記憶の想起によって供述が詳しくなっていったことはあり得るとしても、そこまで話す必要がなかったとされていた洵君に関する事柄が、青木さんが心配していたのでそのことについても話したというように変わっているという、そのような食い違いがなぜ生じたのか説明が困難である。勘違いが生じるような事柄とも思えない。また、それによって犯情が大きく変わるとも思えず、当初は嘘を言っていたとか、後にはあえて嘘を言うようになったとかとも考えにくい。他方、仮設二の下では、取調官とのやりとりを介して、供述が変遷していったのではないかと考えられる。実際、宋さんは次のように供述している。

〔九月二二日は〕浅尾刑事が、六月二二日に恵子が殺害を持ちかけてきたんだから、七月五日のときはおまえが一方的に話したんではなく、恵子ももっと何か話していたんではないのかと言われました。それで、僕はその調書にあるような話を作っていきました(宋さんの控訴審第二六回公判)。

〔九月三〇日には〕水谷検事が、七月五日の謀議の調書では抽象的すぎる、もっと七月五日のときに何か話したんではないのかというようなことを言われました……水谷検事さんは、六月二二日から七月五日までの間にあれだけ殺害方法を考えていたんやから、七月五日のときに恵子にもっとそのことについて話してないか、何か思い出さないかと言われました。そして、水谷検事さんは、白い紙を僕に渡して、それに書けと言ってきたんです。ですから、僕は、思い付く限りの空想の話をその白い紙に書いていきました。そして、水谷検事さんにそれを渡したら、水谷検事さんはその白い紙のものを参考にして調書を作っていきました(同右)。

仮設二の下では、二回目の謀議の供述がこのように変遷することになった理由は宋さんのこの説明によってよく了解できる。

【三回目の謀議についての供述の骨子と変遷】

骨子：七月中旬頃だったと思うが、青木さんが「めぐちゃん死んだら一五〇〇万円入るなあ」と宋さんに言った。

変遷：九月一七日検察官調書までは、この話は出てきていない。同調書で、先ほどいろいろ考えて思い出したことだと述べている。

仮設一の下では、宋さんの供述にある通り、それまでは忘れていたことを思い出したことによると考えられる。他方、仮設二の下では、もともとそのようなことはなかったのであるから、変遷の理由がそれとは異なる。二回目の謀議の日付が決まった経緯も含めて、この点についても、宋さん自身の供述があるので引いておきたい。

最初の自供書の段階では、まず〔六月〕二二日の日が決まりましたわね。それから、次に、一か月くらい何も話せいへんのかというふうに、浅尾刑事が問うてきたんですね、……そんなことないやろうと、もうちょっと話ししたはずやと言うてきたんです。ほんで、話するんやったらお金の話するときやから、七月一〇日がＪＣＢの支払日やから、その前ぐらいにまた話ぐらいするやろというふうに刑事が言うてきたんです。それで、それやったら、ほな七月五日くらいかなっていうような感じで言うて、それで七月五日で決まったんです、そのときは。で、ほかにはもっとないんかと言ってきたんやけど、そのときは、いや、もう、これ以上話はしてないって言うたんです。何回か浅尾刑事にもそのようなこと言われたけど、そのときはないで通したんです。それから、しばらくして、検事調べ行って、水谷検事ですか、から、それ言われまして、あんまりにも抽象的すぎると、実際にやるんやったら、もっともっと話を詰めなおかしいやないかって言われたんです。そういうふうに言われてみたら、そうなんかなとか言うて、いうような感じにもなったりしてね。そしたら、ほんなら、その後にももうちょっと話したかなというふうな感じで答えたら、結局、そういうふうな言葉がもう出来上がってきたんですね、調書書くときには（青木さんの一審第一五回公判）。

【火災当日の電話についての供述の骨子と変遷】

骨子：昼過ぎに青木さんから宋さんの携帯に電話があり、その電話で決行することを伝えた。

変遷については先にまとめている通りであるが（本書六一―六二頁）、最初は決行を切り出したのは宋さんであったものが、九月二三日以降ではそれが青木さんになっていた。

仮設一の下では、どちらが事実に近いと考えるかによって理解が変わってくる。初期の供述のほうが事実に近いとすれば、当初は体験記憶に基づいて供述していたが、その後自らの責任を軽くするために、青木さんが主導したというように歪曲したのではないかと考えられる。後のほうの供述のほうが事実に近いとすれば、最初は青木さんをかばっていたが、その後それだけの余裕がなくなって正直に話すようになっていったと考えられる[7]。

では、仮設二の下ではどのように考えられるだろうか。なおその際には、九月二三日の調書にある電話のやりとりを話す前に、宋さんが約一七分間沈思黙考して、それから話し出したということも念頭に置いて考えるべきである[8]。宋さん自身は九月二三日以降供述を変えた理由について次のように話している。九月二一日か二二日くらいに、浅尾刑事がやっとNTTからの照会が来たと言ったので、宋さんが電話の会話内容も分かったんですかと聞いたら、浅尾刑事はおう全部分かったと言ったので、それ以降は、警察が宋さんの電話での会話内容をすべて知っていると思い込み、それを無理やり合わすのにはどうしたらよいか分からなくなってしまった(宋さんの控訴審第二六回公判)。宋さんの言うところは、もともと虚偽の話であるとはいえ、それ以降は、実際の会話内容と大きく食い違うようなことは言えなくなってしまったということである。しかし、それで理解できるところもあるとしても、それだけでこの変遷を十分に了解することは難しい。九月二二日以降になって変化しているという点で、それが前述した二回目の謀議についての供述の変遷と似ているところからは、この火災当日の電話の場面の供述についても、二回目の謀議について述べたのと同様のこと――取調官から示唆されたことによる影響――がはたらいていた可能性がある。またその変遷の傾向からは、虚偽の自白をしているとはいえ、その場合でも自分のほうの犯情をよりよくしたいという心理が宋さんにはたらいていた可能性も考えられる。

(4) 宋さんの供述の変遷の整理とその検討③――犯行を考えた経緯等

ここでの検討の最後として、宋さん自身が犯行について考えた経緯等、すなわち犯行方法を思いついたきっかけ等と、いつ決行を決めたかに関する供述の変遷について取り上げる。

まず、犯行方法を思いついたきっかけ等に関しては、次のような点で供述の変遷が認められた。一点目は、本件の殺害方法を思いついたきっかけが、最初は西名阪自動車道で見た車両火災を思い出したことであったのが、九月二九日の供述では阪神大震災の時に起こった火事で人が中にとじこめられて逃げ遅れて死んだ人がいたことに変わっていたことである。二点目は、当初はそれを思いついたのは車を家の車庫に入れている時ふと考えたものであったのに対し、九月二九日の供述では地下鉄の帰りの時に変わっていたことである。三点目は、当初は西名阪自動車道での車両火災を思い出して車に火を付けることを思いついたのであったのに対して、九月二二日や二九日の供述ではまず火事という殺し方を考えて、それについて考えている内に西名阪自動車道での車両火災のことも思い出して車に火を付けるという方法を思いついたとなっていたことである。

仮設一の下では、それらのことでさして犯情が変わるとも思われないことからすると、これらの変遷は記憶の錯誤、あるいは供述調書を取った際の問題等によるものではないかと考えられる。しかし、仕事用の車をガレージに入れている時から地下鉄での帰りというように供述が変遷しているのは、記憶の錯誤というにはやや不可解である。「車を家の車庫に入れている時、いま車が爆発でもして燃えあがったら、一気に家の中は煙に巻き込まれ、あっという間に全員が死んでしまうとふと考えた」といった供述を見ると、決して記憶が曖昧であったわけではなく、かなり印象的な記憶として残っていたように思われるからである。

仮設二の下では、そもそも宋さんがそのようなことを考えたことはなくて、全く架空の話である。そこで、西名阪自動車道となったのは、宋さんが仕事で実際に西名阪自動車道を使っていたことがあったからだと思われる。供述が変遷した理由については、宋さん自身が次のように供述している。

そもそも僕は西名阪自動車道で車の火災を見たことがありませんでした。ですから、それ以前、浅尾刑事が、車の火事をどの場所で見たのかということを聞いて、特定しろと言われたんですが、僕は全く特定することはできなかったんです。そのような状態で水谷検事の調べのときまできまして、水谷検事に答えるときに、僕は、場所を特定できない空想の話は余りにも無理があると思ったので、それなら、阪神大震災で火事をテレビで見たというような感じで話していけばいいんじゃないかと、自分から話を変えていきました(宋さんの控訴審第二六回公判)。

宋さんによれば、水谷検事は、阪神大震災に話が変わっていることに気づいたが、すでにそのときは調書を作ってしまっていたので、その調書はそのままになったということである。

当初、車を家の車庫に入れている時ふと考えたとなっていたのが、九月二九日の供述では地下鉄の帰りの時に変わった点については、宋さんが、当時は地下鉄で仕事場に通っていたという事実も関係していたと思われる。宋さんは七月一五日までは梅田の地下街の現場に仕事に行っており、そこが休みの日に助っ人で一時的に他の現場に行く際に車で行った可能性はあったとしても、何日も続けて車で仕事に行くことはなかった。当初はそうした事情まで供述に組み入れられていなかったが、後になって当時の状況も思い出したことによって、それに合うように供述を変えたものと考えられる。

ところで、この火災のことではないかと特定された西名阪自動車道であった車両火災というのは、普通自動車ではなく二トン半トラックの火災であった。また、火災があった場所も、柏原から藤井寺方面に向かう際の反対車線ではなく、柏原インターの外になる接続道であった。

仮設一の下では、もしそうだとすれば、九月二二日の警察官調書の「その時の昼間に、西名阪自動車道の反対車線だと覚えているが、普通自動車が炎を高く上げ、天まで真っ黒い煙を上げて燃えていたのを目撃した」という供述は、宋さんの記憶違いということになる。しかし、普通自動車というのは記憶違いであったとしても、高速道路の外で見た車両火災を、反対車線とはいえ、間近に見た車両火災というように間違うことがあるだろうか。宋さんは、その火災について「その時まっ黒な太い煙が天まで届くような感じで上がっており、すごい迫力があったことが強く印象に残っている」とも供述しており、それが事実であれば、そのような記憶違いが生じるというのは考えにくいことである。

一方仮設二の下では、そのような火災を見たことそのものが架空の話である。宋さんはそのような供述ができた経緯について、次のように供述している。

西名阪自動車道について、浅尾刑事は、走行車線で見たんか、反対車線で見たんか、どっちやという質問をしてきました。そして、僕は、反対車線のほうで見たという空想の話を選びました。そのほかにも、浅尾刑事が、見た車種はトラックか普通車か、どっちやというように言われてきましたので、反対車線のときと同様に、普通車を見たと空想の話を選んで答えていきました(宋さんの控訴審第二六回公判)。

宋さんによれば、その後水谷検事が持って来た西名阪自動車道で起きた事故の報告書には、車が全焼している火事の記録は一件しかなかった。その記録では、燃えた車両は普通車ではなく、燃えた場所も反対車線ではなかったが、その事故が宋さんの目撃した火災であるとされたのであった。

次に、いつ決行を決めたかについての供述の変遷については次の通りである。九月一〇日の供述では、仕事場に行ってから(雨でびしょびしょに濡れてから)ふと思ったと述べていたのに対して、九月一四日からの供述では、仕事場に車で行く途中となり、さらに九月二三日には、前の日に天気予報を見てやろうかなと思ったことをはっきり覚えているとなっていた。

このような変遷は、ここでも犯情には違いがないとすれば、仮設一の下では記憶の錯誤や思い違いによるものと考えられる。しかし、前の日にやろうと思ったことをはっきり覚えていたのだとすれば、当日仕事に行ってからふと思ったというように記憶違いをするというのは考えにくいことである。他方、仮設二の下ではいずれも想像しての架空の話である。自白しているとはいえ、当初は前の日から決行を決めていたとまでは供述できず、しかし、計画的な犯行であるはずにもかかわらず当日になってふと思ったというのではあまりに不自然であるため、取調べの中でそのように供述が変わっていったのではないか等と推察される。

犯行方法をどのように思いついたのかとか、いつ決行を決めたのかといったことは、それを誰かに話したりでもしていない限り、その当人の供述以外にはその裏付けとなるものがない。したがって、取調官側が推論してそれを誘導するということが難しいものである。そのために冤罪の場合には、それについて何らかの客観的な証拠が残っている犯行形態以上に、そうした本人の心理的な事柄については供述が定まりにくいところがあるように思われる。仮設二の下では、ここでの供述の変遷については、そうした事情もはたらいていたのではないかと考えられる。なお、仮設二の下では、その犯行計画等は実際に起こった火災の状況から逆行的に構成されたものとして理解されるが、それについては後述する。

2　宋さんの供述で注目される点

(1) 隠蔽と考えるには不可解な自白前の供述

次に、供述の変遷ではないが、宋さんの供述に認められるところを取り上げて、二つの仮設の下で検討してみたい。まず取り上げたいのは宋さんの自白前の次のような供述である。

私は、この状態を見た瞬間、車のガソリンがもれた、満タンにしてきたから給油口からもれたのでは、と思ったのです。……この車は、三年半前位に新車で買ったもので、今年二月に最初の車検を受けたばかりです。この車は、今まで故障等したことがありません。私が、消火器で火を消そうとしている時、車の給油口の外ブタが、二センチ位開いているのを見ています。その外ブタがなぜ開いていたのか私には判りません(七月二二日警察官調書)。

もえた日に、ガソリンはE〔empty 空〕に近ったので、帰り道に、昭和シェルで満タンにした所三〇ℓ入りメーターもF〔full 満タン〕になっていましたので故障はありません。バトミントンのラケットを取るため、下をのぞきましたがガソリンはもれていませんんでした。オーバーヒートもした事がありません。火事の当日も、べつにとばしておらず、流れにそって走っていたので、当ぜんオーバーヒートもしていません。……車から火がでることなど考えられません。……戸閉りは、かぎをかけていましたので、外から放火されるという事は考えられません(七月三〇日供述書)。

仮設一の下では、自白する前の供述には犯行を隠蔽しようという動機が強くはたらいていたはずである。宋さんが自らの放火による犯行を隠蔽しようとするならば、本件火災を外部の者による放火か車両からの自然発火等に見せかけなければならない。実際宋さんは、九月二七日の検察官調書では「車を燃やせば、車のガソリンもれの欠陥事故が原因だと主張すれば、車は燃えて証拠も残らないのでその主張が通って事故ですませることができると考えました」と供述している。(9) しかし宋さんは、青木さんが戻ってきて玄関の鍵を掛けたことについては自白前より一貫して供述していた。すなわち外部の者がガレージに侵入して放火した可能性については最初から否定していた。そして右に引用した通り、車両からの発火につながるような車両の不調等についてももっぱら否定していた。心理学的に見ると、そのような供述は真犯人が犯行を隠蔽しようとしている際の供述としては不可解であると言わざるを得ない。それに対して仮設二の下では、燃えた車両について特に不具合などはなかったこと、また出火原因についても心あたりがないということで、当時の宋さんの認識をそのまま述べたものとして理解できるものである。

(2) 洵君に対する口止めについての供述

次にいささか細かな点になるが、宋さんの洵君に対する口止めに関する供述を取り上げたい。まず洵君自身は、宋さんからされた口止めについて八月二日作成の警察官調書で次のように供述している。青木さんと宋さんが警察に呼ばれて事情聴取を受けた日——青木さんと宋さんの供述調書等の日付からすると七月三〇日のことになる——に洵君も火事の現場に連れて行かれて警察官にいろいろ聞かれたが、その時は宋さんが車のところから部屋に入ってすぐ車が燃えたことは話さなかった、それは宋さんがめぐみさんのお通夜の前に、今住んでるおばあちゃんの家でいらんこと言わんでいいぞと言ったからである。その後の洵君の検察官調書には、怒られると思ったからというだけで口止めをされたことは出てきていない(10)。実際に口止めされたことがあったかどうかは分からないが、今問題にしようとしているのはそのことではない。

一方、宋さんは、自白時の供述で洵君に対して口止めをしたことを認めている。

私と恵子が一緒になって、洵君に対して口止めをしたことについてお話しします。洵君に対して口止めをしたのは、七月三〇日に、私と恵子が警察で事情聴取を受け、勝蔵さん〔青木さんの父親〕の家に帰ってきた後のことでした。その日の事情聴取で、私たちが疑われているということがはっきりと分かり、これはヤバイことになった。捕まるのではないか、という不安な気持ちになって勝蔵さんの家に帰ると、その日に私たちだけでなく、洵君までもが警察で事情を聞かれていることが分かりました。……私は洵君がどのようなことを話しているのか不安だったので、洵君を私たちのいる仏間に呼んで、その話を聞くことにしました。……洵君に対しては口止めをしておかなければならないと思いました。……その後、恵子が洵君に対して、今日、警察の人と前の家に行ってんなあ。火事になったとき、みんな部屋の中におったて言ったんやな。などと聞きました。……恵子はその後、洵君に対して、洵君いらんこと言うたらどうなるか分かってんなあ。パパもママも警察に捕まったら、洵君一人になるから嫌やもんなあ。と言いました。……洵君は恵子の言葉に対して、うん、分かってるよ。と答えました。それで、私も洵君に、パパとママがいてへんようになったら、淋しいもんなあ。いらんこと言うたらあかんで。と言いました。また、恵子も私の言葉に合わせるように、洵君に、いらんこと言うたらあかんで。と言いました(一〇月一〇日検察官調書)。しかし、ここで不可解な点がある。洵君が出火前に宋さんがガレージに下りたということを話さなかったのは七月三〇日、宋さんらが警察で事情聴取を受けている時のことであり、宋さんが洵君に口止めしたのはその後ということになるからである。

これはどう考えたらよいのであろうか。仮設一の下では、宋さんあるいは洵君の記憶違い等として考えるより他にないのであるが、その供述内容すなわち語られている一連の行為の流れからすると、洵君の供述内容も宋さんの供述内容も記憶違いとしては考えにくいものであると言わざるを得ない。他方、仮設二の下では、それは虚偽自白者の悲しい嘘[11]として分かりやすいものである。洵君の口止めに関する件についてはたまたまそれに合致する事実があり、宋さんは嘘を捏造する苦労をせずともせいぜいごく一部を歪曲するだけで取調官の期待に応える供述ができたのである。実際はそこには宋さんの勘違いがあり、宋さんの供述内容は細かく見れば取調官の期待に反するものであったが、ともかくも口止めについて自発的に供述している限りは取調官としてもその真偽を質すようなことは行いにくいものと考えられる。その点では、この例は一種の無知の暴露[12]と見なすこともできるだろう。

取調官としては、洵君の供述を前提に七月三〇日以前の口止めの有無について宋さんに問い質したものと考えられるのであるが、宋さんは七月三〇日の事情聴取後に行った口止めについて滔々と供述したのであった。宋さんの供述内容は、宋さんがガレージに下りたことを洵君が話さなかった時点ではまだ口止めはしておらず、一方宋さんらが口止めをした三日後の八月二日にはそれを話したことを意味する。宋さんは知らなかったことかもしれないが、洵君の供述の裏づけを求めていた取調官にとって、宋さんの供述内容はその期待に反するものであったと言える。またここには、宋さんが取調官の期待を先読みしてどんどん供述している様が窺える。たまたまこの場合は宋さんのその読みが間違っていたがために、そして実際宋さんが七月三〇日に洵君に対して口止め(らしき)ことをしていたこともあって、取調官の期待とは異なる供述になったものと考えられる。

3　宋さんが語る自白した理由

(1) 自白時の供述

次に、最初に自白した理由、また途中否認に転じた理由についての自白時の宋さんの供述を取り上げたい。最初に自白した理由について、初期の供述書で宋さんは次のように述べている。

今日私は、けいさつにつれてこられて、先生に教えてもらっていたので、言わなければ、だいじょうぶだという気持でけいさつにきました。午前中は、つっこまれても、これはまずいなと思っても(ホンダの話)とぼけていました。しかし、これからの私の人生や、めぐみに対するうしろめたい気持ちから、すべて正じきに話す事に決めました。……今は、めぐみが安心して天国に行けるように願い、一生かけてもつぐなうつもりです(九月一〇日供述書)。

九月一六日、一七日も、後悔の気持ちから正直に話そうとした旨を供述している。九月一七日検察官調書の内容は次の通りである。

私は、九月一〇日に警察に呼ばれ事情を聴かれましたが、最初放火したことを否認していました。

しかし、刑事さんから、車の欠陥による事故ではないことや、出入口の鍵を閉めていたのだから外部の者がガレージの中に入って放火したことは考えられないことなどを追及され、それ以上嘘をつき通しても無駄だと観念したことや、殺しためぐみちゃんに対して申し訳ない、自分のやってしまった大きな罪に対する後悔から、……本当のことを話して罪をつぐなうしかないと思って正直に本当のことを話すとともに自分の気持とやったことを白紙に自分で書きました。ところが、逮捕された夜、弁護士さんと会ったことから、翌日の九月一一日、検事さんに弁解を聞いてもらった時は、気持の整理がつかないので黙秘させて下さいと言い、また裁判官の前でも同様に言いました。しかし、警察に帰ってから色々考え、仮の仏壇に置いていためぐみちゃんの生前のかわいいドレス姿の写真を想い出すにつけて、どうして、こんなことをしてしまったのだろうかといくら悔んでも悔みきれず自分でやってしまったことで取りかえしはつかないものの本当に申し訳ないことをしたという気持から、正直に話をしようと決心しました。その後、弁護士さんと会ったことから、その決心も揺らぎかけましたが、やはり自分が惠子と相談したうえ、めぐみちゃんの死亡保険金を手に入れる為に放火してめぐみちゃんを殺してしまったという真実は動かしがたいものであり、当時は私の心は修羅と言ってもいいほどでしたが現在はもうそのような状態でなく、冷静に物事を判断できる状態になりましたので、なぜこのような大それた事件を犯す気になったのかなど全てを明らかにして、その上で私の罪を判断していただきその刑に服する覚悟ができました(九月一七日検察官調書)。

さらに、九月二八日の警察官調書ならびに供述書でも同様に述べている。これらの供述内容を見ると、自白においてはすべて正直に話をしてきたということであり、自白したのはめぐみさんを殺したことに対する後悔の念からで、しっかりとその罪をつぐなう覚悟で自白したということになる。また最初に自白したのは、事実を突きつけられて、それ以上嘘をつき通しても無駄だと観念したからであった。

仮設一の下では、宋さんのこれらの供述は基本的に真であると考えられる。最初から正直に話をしてきたと言うにしては、宋さんの自白内容には種々の変遷が認められることについては先述の通りであるが、その点についてはここでは措いておく。ここで取り上げたいのは、そのように述べているにもかかわらず、宋さんはその後の取調べ期間中にも二度に渡って否認(黙秘)に転じているし、右に引用した九月一七日、さらに二八日の供述をした後も、結局最終的に否認に転じていることである。そうだとすれば、この自白時の供述の信用性ははなはだ疑問であると言わざるを得ない。嘘を突き通すことはもはやできないと観念して自白したにもかかわらず、それをまた覆そうとするものだろうか。元裁判官で法学者の渡部保夫は、真に悔悟しての自白であればそれを翻すことは経験的に少ないとしている。

ちっぽけな悪事をいろいろと重ねても、なかなか人は心から反省することはできないものです。しかし、殺人のような大罪を犯し、翻然と悔悟し、深刻な良心の苛責に責められて、どっと堰を切ったような、もしくは単刀直入に核心に触れるような自白をした場合、もはや我が人生は終われり、ああ申しわけないことをしてしまったと一種の悟りの境地に達することが多いようです。……そういう良質の自白をした場合、普通の人間ならそう無闇やたらと自白を翻すものではありません。道徳的悔悟によって一種の心の浄化が行われるからです。また、自発的に供述したという感情が随伴し、それが供述の変更に対する心理的拘束感として働くからです。したがって、自白は安定します。(13)

いったん自白した後に否認に転じた理由について、宋さんが九月一六日警察官調書の中で述べているところをまとめれば次の通りである。宋さんが二度に渡って否認に転じたのは、接見に来た秋月弁護士から死刑になると言われて、その恐ろしさにそれまでの悔悟の気持ちも吹っ飛んでしまったからであり、その後刑事に説得されて再び正直に話すことにしたものの、また一三日に秋月弁護士から共同記者会見の話を聞いて、否認している青木さん一人だけが無実になると思って、反省の気持ちが吹っ飛んでしまったからであった。真犯人が真に悔悟して自白したのであれば、そのように自白と否認が二転三転することは考えにくい。しかしながら、そのようなことが心理学的に考えてあり得ないとまで言えるかどうかをにわかに判断することも難しい。宋さんは同調書の中で、「でも私のフラフラした気持は、ちょっと弁護士に風を吹かされると風の方向に流されていったのです」とも述べている。その点について慎重に判断をしていくとなれば、さらに宋さんの供述やその他の実際の行動に認められる特徴を全体的に吟味した上で、宋さんのパーソナリティについてそのように言えるのかどうかを検討することも必要となるだろう。

他方、仮設二の下では、宋さんが取調べ期間中二度にわたって否認に転じ、さらに最終的にも否認に転じたのは、実際にやっていなかったからであると言える。取調べの圧力に抗しきれずに自白してしまったものの、接見した弁護士による心理的な支え等を得て否認もしくは黙秘をしたものと考えられる。また、すべて正直に話したとか心から反省しての自白とかいう供述は、虚偽の自白に陥っていたが故のまた虚偽の供述ということになる。自白している以上、嘘で自白しましたとは言えないのは明らかである。真犯人が自白したとすればどういう気持ちになってのことかとなれば、真に悔悟して等ということになるのは、言わば必然で特に難しい話ではない(14)。

それから、虚偽の自白をしている場合には、否認した理由についてもまた虚偽の供述をしなければならないことも必然である。宋さんの場合、一度目に否認した理由については、弁護士から死刑になると言われて怖くなったからだと述べている。しかし、秋月弁護士はその証言で、接見の際にそのようなことを言ったことを否定しているし、秋月弁護士の九月一二日の接見メモによれば、宋さんが弁護人に死刑と言われたので否認したと言ったのは、自白を翻したことを説明する文脈で説明上そう言わざるを得なかったからであると宋さん自身が話していた。二回目の否認の理由、否認している青木さん一人だけが無実になると思ってということについても同様であり、さらには自白と否認の変転の理由を「私のフラフラした気持」にかこつけなければならなかったことも、嘘であれ自白している以上はかかる変転すらももっともらしく説明する必要があったからだと考えられる。(15)

(2) やったというような錯覚

もう一つ、自白した理由について否認時に宋さんが述べている供述についても取り上げておきたい。宋さんは自白していた時の心理について公判で次のように供述している。

もう……その調べ自体が、やっぱりできるだけ思い出してるんですが、まず本当のことを言ってるわけじゃないですからね、ぼやっとしか覚えてないですね、正直なところ。そしてもう調べずっと受けてる間に何か、ほんまはやってないんですけど、やったいうような錯覚さえ起こすようになってきたんですね。やってないのに、やったような感じもするし何かそういう感じというのもあったんですね。ですからそういうのがあって、そういうふうに言われたから、ほんならそうなんかなと。今考えたら、ごっつう変な話ですけど、そういうようなこともあったと思うんです(青木さんの一審第一五回公判)。

仮設一の下では、宋さんは実際に犯行しているのであるから、犯行をやったような錯覚というのはあり得ないことである。とすれば、これは宋さんの意図的な嘘であると考えられるのであるが、虚偽自白者がそのような錯覚に陥るということは、その心理によほど精通していない限りは知らないものと思われ、そのような嘘を捏造することは一般に困難であろう。もっとも公判に入ってからの証言であるから、宋さんがそのような知識を得てかかる供述をした可能性も否定はできないかもしれない。しかしながらそうした可能性もほぼないとすれば、宋さんのこれらの供述の起源についてはその説明が困難である。他方、仮設二の下では、無実の場合でも、長期にわたる取調べの中では、このように実際にはやっていないことでも自分がやったかのような錯覚に陥ることがあることは認められているところであり、宋さんも実際にそのような錯覚に陥って、その体験記憶をもとに供述したものとして理解ができる。

4　逆行的構成

(1) 逆行的構成と順行的構成

本節では、先に少し触れた供述の逆行的構成について検討していきたい。逆行的構成とは、「事後の情報がそれ以前の行動を動かし、その行動の流れ全体を潤色しているような供述」[16]について、浜田寿美男が名付けたものである。逆行的構成では、その供述の中で、後に起こった出来事によってそれ以前の行動が規定されているという時間的な逆転——もちろん、実際にはそのようなことは起こり得ない——が生じていることから逆行的と言われる。それに対して、時間の流れの中で未知の未来に向かってその時を生きているという人のあり方、あるいはその体験記憶が実際の体験の流れに即して語られていることを順行的と言う。

浜田は、逆行的構成が認められたものとして、甲山《かぶとやま》事件(17)における園児の目撃供述の例を挙げている(18)。事件で亡くなった園児を保育士が寮の建物から連れ出すところを見たという園児は、それを見て恐怖を感じて女子トイレに身を隠してその様子を見ていたと供述していた。さらに、その二人が建物を出て行った後には、女子棟内の洗面台の上に上がって、建物の裏を見たけれど見えなかったと述べていたが、その場所の裏手はちょうど浄化槽の付近にあたっていた。しかし、園児からすればこの保育士は普段から一緒に生活している先生で、特に恐怖を感じるような存在ではないはずである。連れ出す際にこの保育士が刃物等で園児を脅していたというわけでもなく、目撃したその園児の証言では、保育士がその園児の肩を押すようにして歩いているのを見ただけである。とすれば、連れ出すのを見て恐怖を感じたという供述は、園児が後になってはじめて知ることになった、浄化槽で二人の園児の死体が見つかったという情報によって潤色されているものと考えられる。そしてさらに、恐怖でトイレに隠れたということになれば、それは虚偽であると考えざるを得ない。

建物の裏手を見ようとしたという供述についてはどうであろうか。保育士と園児が寮から外に出るのを見ていたとして、その時点では二人がその後どこへ行くのかは分からない。それにもかかわらず、目撃したという園児は、二人が寮を出ていった後、洗面台に上って建物の裏手の浄化槽のある付近を見ようとしたと述べていた。まるで二人が浄化槽のほうに行くことがあらかじめ分かっていたかのごとくである。これもまた浄化槽での二人の園児の死体発見という事後の情報によって影響された供述ではないかと思われる。

人には往々にして、後からの出来事を持ち込んでそれより以前の体験を歪曲して語ってしまうことが確かにあり得る。しかし、事後の情報によって、それ以前の行動が動機づけられているということは実際にはあり得ないことである。したがって、かかる逆行的構成は、供述の虚偽性を示す端的な指標となる。

浜田はその後、虚偽自白の特徴としてもこの逆行的構成を論じている(19)。「虚偽自白に逆行的構成はいわば付きものである。実際、非体験者がうそで犯行の物語を組み立てようとすれば、その時点で与えられた諸証拠から、自らを体験者に擬して過去の出来事のありようを想像によって逆行的に構成する以外にない。」すなわち、虚偽自白では後に起こった事件を前提として、そこに至るまでの出来事が想像によって構成されて語られることになるのである。逆行的に構成された犯行ストーリーというものは、そもそもが後に実際に起こった出来事をもとに作られているから事実と大きく矛盾することはない。しかし心理学的に見た場合には、そのストーリーは不自然なものになることがある。すなわち、前述したように予知能力があるかのごとく先の出来事を見通したストーリーになっていたり、そこで犯人がとるだろう行動としてはどう考えても不自然なものになっていたりするということが生じやすいのである。

ところで、先の甲山事件の園児の供述に認められた逆行的構成については、その園児が嘘と知りながらそのように述べていたとは必ずしも言えないかもしれない。それに対して、虚偽の自白の場合は、明らかに本人は嘘と分かってそのように供述しているという違いがある。しかしながら、自白供述においても、そこに逆行的構成の特徴が認められるとすれば、それは同様に供述の虚偽性を示していると考えられる。

以下では、そうした視点から、宋さんが供述しているところの犯行計画について考えてみたい。一点目はガレージに火を放って、風呂に入っているめぐみさんを殺すという殺害方法についてであり、もう一点は、雨の日に実行するという実行計画についてである。いずれも先に犯行計画や謀議内容の荒唐無稽さということで、本件の争点の一つとして取り上げたものであるが、ここでは逆行的構成という視点から改めて検討してみることにする。

⑵ 確実に殺すことのできない殺害方法である不可解

宋さんの自白時の供述を見ると、めぐみさんの殺害方法を考えた時には、死亡保険金を受け取るためであるから確実に死ぬ方法を考えたということが繰り返し述べられている。そこまでは了解できるところである。

さて、そこで宋さんが考えついたとされるのが、めぐみさんを風呂に入れておいて、ガレージの車に火を付けるという方法であった。先に仮設二の下で考えてみると、そのような宋さんが供述している犯行計画なるものは、車両火災がおきて、風呂に入っていためぐみさんが亡くなったという事実をもとにした逆行的構成であると考えられる。

では、仮設一の下ではどうであろうか。宋さんの供述する犯行計画は一見本当であるかようにも思われる。実際にガレージからの出火によって風呂場にいためぐみさんが亡くなっているからである。しかし、今その殺害方法を考えている真犯人の視点に立って順行的に考えてみると、そのように簡単には言えなくなる。争点のところでも述べたことだが、火災が起こったガレージと風呂場は壁によって隔てられていた。だから、ガレージで火災が発生してもガレージから風呂場にすぐに火や煙が回るわけではない。まず居間になっていた六畳間に煙が回り、そこから風呂場にと流れていくことになると考えられる[20]。めぐみさんは自力で移動もできたわけだし、早めに火事に気付きさえすれば十分逃げられるだろう。確かに宋さんの自白では、シャワーの音で火事に気が付くのが遅れるとか、裸のまま逃げるのは躊躇するだろうとか[21]、そのためにめぐみさんは逃げ遅れることになると考えたというようにも述べられているが、後者については脱衣場にはバスタオルも置いてあったことである。そのようなこともよく知っていながら、真犯人がめぐみさんを確実に殺す方法として、風呂に入れておいてガレージの車に火を付けるという方法を実際に考えるだろうか。常識的に言ってそのようなことは考えられないとなれば、かかる犯行計画というのは逆行的構成によるものであると言うしかないことになる。

(3) 雨の日に実行するという計画の不可解

もう一つ、宋さんの供述によれば、殺害計画には殺害は雨の日に実行するということがあった。仮設二の下では、これも火災のあった七月二二日は雨が降っていたことによる逆行的構成であると考えられる。他方、仮設一の下では、宋さんの自白するところによれば、雨の日に実行するというのは、雨の日であれば宋さんが仕事から早く帰ることができるし、雨で濡れたからということでめぐみさんを早く風呂に入れる口実にもなるからであった。しかし、犯行計画を伝えたとされる二回目の謀議がなされた七月五日頃は、宋さんは梅田の地下街の現場に仕事に行っており、雨かどうかは仕事には関係がなく、雨だからといって仕事が早く終わるとは限らなかった。確かに、地下街での仕事は七月一五日で終わっているが、まだ地下街に仕事に行っていた最中に、早くてもまだ一〇日以上先のことになるようなそうした犯行計画を考えるものだろうか。また、雨が降っていたからといって、すぐに風呂に入るようにと言えるほどにめぐみさんが雨に濡れるとも限らない。真犯人がそのような犯行計画を考えるということは、はなはだ考えにくいことであると言うべきではないだろうか。

⑷ 謀議の際の宋さんと青木さんの会話の不可解

犯行計画ではないが、本件で逆行的構成ではないかと思われる点をもう一つ挙げておきたい。宋さんの九月一〇日供述書によれば、一回目の謀議において、めぐみさんを殺害して保険金を騙し取るという青木さんの考えを宋さんが初めて知ったのは、青木さんが発した「生命保険で何とかしたらいいやん」という言葉だった。

しかし、そのように聞いただけで、めぐみさんを殺すことを意図しているということを直ちに了解することなどできるだろうか。生命保険で何とかするといっても、生命保険を解約するとか生命保険を担保にお金を借りるとかということも考えられることである。実際にはそれでは必要としていたお金が都合できない状況であったとしても、何を言おうとしているのか聞き返すなどするであろう。確かに、青木さんと宋さんの間ではそれまでにも、誰が死んだら死亡保険金がいくら入るということが話題になることはあったかもしれない。しかし、病気や事故で死ぬということと殺すということには大きな違いがある。しかも、その対象がめぐみさんであることを、それを確かめることもなく了解できたというのは実際には考えられないことではなかろうか。にもかかわらず、宋さんは、すぐに青木さんがめぐみさんを殺そうと考えているのが分かったように、「こわいことをいうやつやと思って「何ゆうてんのん」と言って相手にしなかった」と言うのである。

仮設一の下では、このような宋さんの言動は、実際にはほぼあり得ないことであるとしか考えられないのに対して、仮設二の下では、めぐみさんが実際に亡くなっていて、それが警察によって保険金殺人であるとみなされているという事実を前提として逆行的に構成されたものと考えれば、その供述としてよく理解ができる。

(5) 逆行的構成と供述の信用性判断

逆行的構成は、仮設二の下、すなわちそれが虚偽自白と考えられる場合は、心理学的にそれはよく了解できるものになる。他方、仮設一の下、すなわち真犯人の自白と考えられる場合に、そういうことは実際の体験としてあり得ないと言い切れるかどうかについては、それは専門的というよりも常識的な判断に委ねざるを得ないところがある。浜田の挙げている甲山事件の例のような場合であれば、連れ出すところを見ただけで先回りして殺害現場とされるところを窓越しに窺うなどということは、予知能力でもない限り不可能であるから、それは実際の体験としてはあり得ないということに特に異論はないだろう。

しかし、先の謀議についての青木さんの「保険金で何とかしたらいいやん」という発言から、青木さんがめぐみさんの殺害を考えていることを宋さんが了解しうるかどうかについては、それ以前にあった二人のやりとりによっては絶対にあり得ないとまでは言えないと言われれば、それを即座に否定することもできない。それについては、それ以前に二人の間にどのようなやりとりがあったのかも詳しく検討して、その上で判断する必要があるということになる。実際、宋さんの自白供述の中には、なぜそのように言われただけで、青木さんがめぐみさんの殺害を意図しているのが分かったのかについての説明がある。

なぜそうわかったかというと、惠子は生命保険を解約するのはきらいだと日ごろから言っており、私達家族四人にそれぞれ生命保険をかけていますが、いずれも解約してもたいした解約金が入るはずがないとわかっており、生命保険を解約するという意味ではないことはまずわかりました。また、生命保険の貸付金についてはめぐみちゃんの分については目一杯の一六万円位借りており、それ以上借りることはできませんし、洵君の保険についても新しくて借りることはできないと思っていました。また、私や惠子の生命保険について貸付が受けられるかどうかもわからず、貸付が受けられたとしても月々の借金の返済額また仮契約している新築マンションの不動産取得税や登記料などの契約手数料約一七〇万円の支払もあり、多額のお金を作らなければならない状況で惠子が、生命保険があるやん、と言ったことから、これは死亡保険金のことを言っているので、それ以外のことを指して言っているとは考えられませんでした。……また惠子は、洵君のことは日頃から非常にかわいがっており、洵君が死んだら気が狂ってしまうような可愛いがりようでしたから、洵君の生命保険のことをさしているのでないことも明らかでした(九月一七日検察官調書)。

しかし、確かにそのように説明されてはいるが、その説明が常識的に考えて納得できるものかどうかということは別に判断されなければならないだろう。そのような背景の中で「保険金があるやん」とだけ言われた時に、改めて確かめもせずにめぐみさんを殺すということだとすぐに納得できるものかどうかである。一方、仮設二の下では、そのような説明自体がまた、犯行計画についての説明をもっともらしくするために付加された逆行的構成であるとして理解される。

さらに言えば、その人が風呂に入っている時に壁を挟んだガレージで火を付けるという殺害方法を考えるかということや[22]、雨の降った日に決行するといった天まかせの実行計画を立てるか、それも雨とは関係のない仕事をしている時期に考えるかといったことも、その判断根拠は常識的なところということになる。ある局面で人がどう考えてどう行動するかについて、そんなことはあり得ないと簡単に判断できるものではないし、人はしばしば不合理と思われる行動を取ったりもする。ただし、確実に殺害しようとしていたというように、ある意図がはたらいていたことが明白であると考えられる場面であれば、その意図と照らし合わせて、そのように考えたり行動したりすることが合理的と言えるかどうかの判断はできるものと思われる[23]。

ところで、ここまで逆行的構成であると判断すべき不可解さについて、常識的には考えにくいとか、はなはだ考えにくいことであるというように述べてきた。しかし、改めてそのように考える根拠は何かと問われた時、それに対してはどのように説明できるだろうか。山本登志哉は、「供述の心理学的評価は、DNA鑑定のような物理現象の客観的な評価とは性質が異なる。それは物理的合理性ではなく、当事者が供述する主観的な体験と当時の環境との関係や、供述の語り方、そして供述の展開過程に心理学的な合理性があるかどうかによって行われる」と述べている。[24]それでは、その心理学的な合理性は何によって認められることになるのかとなると、同じく山本によれば、それは共同主観的な一致によると考えられる。[25]それによって、「誰が見てもそのように見えるだろう」と思えるような、(物理的、自然科学的な客観性とは異なる)共同主観的な客観性が成り立っていると考えられることになる。[26]この点に関するさらなる議論については今後の課題とせざるを得ない。逆行的構成については、そのことを指摘された場合には、誰もがその不自然さに気付き、それは不自然だと誰にも思われるであろうことであるとして、[27]ここでは先に進みたい。

真犯人であるとの仮設の下で、体験記憶に起源があると考えられる供述であるにもかかわらず、その中に逆行的構成が認められたとすれば、その供述の信用性判断に際して重要な手がかりが得られたことになる。[28]宋さんの供述についてここに取り上げた三つの点は、いずれも逆行的構成によるものであると考えてよいのではないかと思われる。またそうであれば、それらを含む宋さんの自白供述の全体についても、その信用性は疑わしいものと考えられることになろう。

5 宋さんの供述が意味すること

以上、二つの仮設の下での、宋さんの供述の変遷等の起源について検討してきたが、その主な結果をまとめれば次の通りである。

(1) 仮設一の下での理解

- 火災当日の行動についての否認時の供述は、犯行の主要な部分を隠蔽するとともに、一部の行動についてはその意図をごまかすなどしていたと考えられる。
- 火災当日の行動で犯行に不可欠な要素に関して認められる自白時の供述の変遷は、意図的に嘘によるとも考えられず、記憶の錯誤としても不可解な点がある。
- 一連の謀議に関する自白時の供述の変遷は、記憶の喚起によるものとして理解できるところもあるが、はっきりと食い違っていて、記憶の錯誤というには不自然な点がある。
- 犯行について考えた経緯等に関する自白時の供述の変遷にも記憶違いとしては理解し難い点がある。
- 右に挙げたものを含めて、自白供述が変遷していった経緯については、それぞれに否認後の宋さんによる虚偽自白であったことを前提とした詳しい説明がある。それらは全体が嘘であると考えられるが、その説明は詳細で具体的であるのみならず、宋さん自身も自白内容の形成に関与しているなど、虚偽自白の心理をよく知らなければ捏造することが難しいと思われるものである。
- 車の欠陥等に見せかければ逃れられる等と話していたにもかかわらず、自白前の供述には車の故障等による発火をにおわせるような供述を全くしていないのは不可解である。
- 洵君に対する口止めについての宋さんの自白時の説明には矛盾があるが、宋さんや洵君が記憶違いをしていたものとは考えにくい。
- やったような錯覚に陥ったという否認後の供述は嘘と考えられるが、虚偽自白の心理に精通していない限りはそのような嘘を捏造することは難しいと思われる。
・蓋然性の低いめぐみさんの殺害方法、雨の日に実行するという計画、「生命保険で何とかしたらいいやん」と言われただけで了解できたとする謀議、これらの供述内容はいずれも常識的に考えて実際にはあり得ないことではないかと思われる。

(2) 仮設二の下での理解

・火災当日の行動についての自白時の供述は、虚偽の自白に追いこまれたために、犯行の筋書きにとって不可欠な要素を組み込み、実際の行動で犯行動機と矛盾しかねないところは一部それも歪曲して、嘘のストーリーを捏造したものと考えられる。
・自白時の犯行に不可欠な要素に関する供述の変遷、一連の謀議に関する供述の変遷、さらには犯行について考えた経緯等に関する供述の変遷等は、もともと想像で語られていたものが、取調官による示唆などを手がかりにして変わっていったものとして理解できる。その内容は取調官等から与えられる手がかりや想像によって語れる範囲のものである。
・それらの供述の変遷は虚偽自白の生成過程として概ね理解ができる。それらの生成や変遷の経緯については、否認に転じた後に宋さんから詳しく説明されていて、その説明に特に不自然なところはない。
・洵君に対する口止めについての宋さんの自白時の供述は、実際の事柄も取り込みながら捏造された虚偽自白者による嘘として理解できる。

・やったような錯覚に陥ったという否認後の供述は、宋さんが体験記憶を述べているものとして理解できる。

・蓋然性の低いめぐみさんの殺害方法、雨の日にするという計画、そして「生命保険で何とかしたらいいやん」と言われただけで了解できたとする謀議、これらの供述はいずれも逆行的構成によるものとして理解できる。

(3) 帰納的結論

仮設一の下では、宋さんの供述の変遷等について理解しようとすると、記憶の錯誤としては不可解であるところや、嘘であるはずの供述に宋さんの捏造能力を超えていると考えられるところがあって、心理学的には理解の困難な点がいくつも存在する。他方、仮設二の下では、宋さんの供述の変遷等は虚偽の自白であると考えれば概ね了解できるだけでなく、宋さん自身が説明しているところによって、それらの供述が生成また変遷することになった経緯の詳細も理解できると言える。

第9章　青木さんの供述はどのようにして生まれたのか

1　青木さんの供述の変遷

(1) 青木さんの供述経過の整理

青木さんについても、その供述経過は第2章、第3章で紹介した通りであるが、その供述経過は次の五つの時期に分けて考えることができる。

- 自白する以前(一九九五年七月二二日―九月一〇日午後途中)
- 最初の自白(九月一〇日午後途中―夜)
- 否認黙秘に転じた時期(九月一〇日夜―一四日途中)
- 再度自白する時期(九月一四日途中―夜)
- 完全に否認に転じた時期(九月一四日夜以降)

青木さんの供述経過を見ると、否認と自白が変転しているが、最初の自白と再度の自白の間は黙秘しているので、その間の供述はない。また、完全に否認に転じてからも取調べではほぼ黙秘しているので、それ以後の供述は公判になってからのものになる。したがって、供述内容の変遷については、自白前の供述と自白時の供述、そして完全に否認に転じてからの(公判での)供述の三つの時期に分けられる。

(2) 青木さんの供述の変遷の整理とその検討①――火災があった日の行動

さて、右で述べた三つの時期に分けて、火災があった日の行動について青木さんの供述を整理したのが表9-1である。宋さんの供述について検討した時と同様、表9-1では外形的に見た場合には行動としては全くもしくはほぼ共通しているところに網掛けをした。自白時の供述は否認の供述に比べると少ないため表中で空欄になっているところが多いが、一一九番通報したことなどは他の証拠からも裏付けられているので、自白供述でもそれは共通していたものとみなして網掛けをしている。自白供述においても青木さん自身は実行行為には関与していないことになっており、自白では決行の連絡であったとされる電話内容[1]、宋さんが火を付けた場面、それから逃げる場面を除けば、自白前、自白時、完全否認後の三つの供述はほぼ共通している。自白前にはなくて否認後の供述に加わっているのは、宋さんがいったん六畳間に上がった後ガレージに下りたというところだけである。青木さんの供述には朝何時頃に起きたかといった時間に関する事項でいくつか変遷があるが、特別な事情がない限りそうした時間を細かく記憶していることはないと考えられることから、それらの変遷についてはここでは取り上げないことにする。それ以外で自白前と完全否認後で供述に変遷が認められるのは、青木さんらが竹野内さんを送って帰って来た時に、宋さんと青木さんのどちらが六畳間に先に上がったか、一一九番通報をした後、逃げる前にめぐみさんを呼んだかどうかという点に限られている[2]。

仮設一(真犯人であると仮定)の下では、これらの供述の変遷は概ね次のように解される。実際には宋さ

自白する前の時期	自白していた時期	完全に否認に転じた後
宋さんに言われて，台所の流し台に置いていた水の入った食器洗い桶をもって来た．その途中でめぐみさんに声をかけた．火をめがけて桶の水をかけた．		（自白する前に同じ）
宋さんに 119 番するように言われて，部屋の階段近くにある電話から 119 番した．		（自白する前の内容に加えて）*電話をしている最中に2回くらい爆発音がした．*
台所の方に行こうとしたが，黒煙が台所側から流れてきて，行けなかった．*めぐみさんに早く出て来るようにと叫んだ．*		（自白する前に同じ）*その時にめぐみさんに声をかけたかどうかはもう覚えていない．パニクっていたので，声も出さなかったと思う．*
逃げ道を確保するために，裏の戸の鍵を開けた．		（自白する前に同じ）ただし，いつ裏の戸の鍵を開けたのかははっきりしないとも．
めぐみさんが出てくるのを待ったが，黒煙の勢いが大きくなったので，洵君を連れて裏の路地に逃げた．	宋さんと青木さんと洵君はすぐに逃げた．	（自白する前に同じ）
路地にしゃがみ込んでいたら，隣の家の屋根に，宋さんがいるのが分かった．宋さんが大丈夫かと聞いてきたので，青木さんと洵君は大丈夫だが，めぐみさんがまだ中にいると伝えた．		（自白する前に同じ）
消防の人からそこにいると危ないと言われて，表に出た．洵君をおぶって，家の前まで行った．		（自白する前に同じ）
宋さんは，家の中に入ろうとしたところを，押さえられていた．消防の人に，娘は風呂場の中だから壁を壊して入ればいいということを伝えた．		（自白する前に同じ）
台所の窓の桟がはずされ，消防士によってその窓からめぐみさんが助け出された．		（自白する前に同じ）
めぐみさんは救急車に乗せられ，市大病院に運ばれたが，亡くなった．	*火の回りが早く，めぐみさんは死んだ．*	（自白する前に同じ）

　　　は外形的に見た場合，行動としては全くもしくはほぼ共通していることを示す．その時期にそれに関する供述が認められない場合も，そのように解して問題ないと考えられるところは，同様に網掛けしている(詳しくは本文を参照のこと)．*斜体*は，行動としてはほぼ同じであるが，細部では異なる事柄を示している．

----▶は，行動に共通点が認められるが，時系列的には違いがあることを示す．

表9-1　火災があった日の行動についての青木さんの供述内容

自白する前の時期	自白していた時期	完全に否認に転じた後
朝起きて，宋さんの弁当や子どもたちの昼御飯を用意した．7時過ぎに宋さんが仕事に出かけ，8時前には青木さんも仕事に出かけた．朝から雨が降っていた．	7月22日は朝から雨だった．	（自白する前に同じ）
配達の仕事を終えて12時50分頃に自宅に帰った．竹野内さんが来ていて一緒に遊んでいた．	パートから帰った時に，青木さんは雨で濡れていた．竹野内さんが遊びに来ていた．	（自白する前に同じ）
仕事から帰ると，パパから電話があってママから電話してと言っていたということだったので，宋さんの携帯に電話した．めぐみさんの*宿題の貯金箱を買いに行くことなどについて話した．*	*今日決行することが分かった．（どちらから電話をしたのかについては供述に変遷があり，電話で話したことへの言及がない供述もある．）*	（自白する前に同じ）
雨で髪が濡れていたということなどもあって，風呂を沸かして，1人で入った．	風呂を沸かして，青木さんが先に入った．	（自白する前に同じ）
岩國さんが来て話をした．子どもたちは自転車で，竹野内さんの貯金箱を返品にカナエという店に行った．		（自白する前に同じ）
竹野内さんが帰ることになったが，雨が降っていたので，青木さんが車で送っていった．	竹野内さんを送った．	
家に帰ると，宋さんが先に帰っていることが分かった．宋さんは運転席に座って片付けをしていた．	（宋さんが帰ってきた．）	（自白する前に同じ）
中に入り，表出入口の戸の鍵を中からかけた．子ども2人は先に部屋に上がった．青木さんと宋さんも部屋に上がった．宋さんはパンツ1枚の格好になった．（青木さんと宋さんのどちらが先に部屋に上がったかについて食い違いがある．）		（自白する前にほぼ同じ）
		青木さんが6畳間に上がった時に，宋さんが6畳間から車庫のほうへ下りて行った．宋さんは2分か3分して部屋に戻って来た．
先にお風呂に入るという話になって，青木さんがめぐみさんにお風呂に入るように言った．めぐみさんはお風呂に入る準備をした．	青木さんがめぐみさんに風呂に入るように言った．めぐみさんは風呂に入った．	（自白する前に同じ）
	宋さんが車の下付近に火を付けた．	
宋さんが何かが燃えていると言って，ガラス戸を開けた．青木さんも立ち上がってガレージの方向を見たところ，車の運転席側のタイヤのすぐ近くのコンクリート床面で火が燃えていた．煙はなかった．		（自白する前に同じ）

んと共謀して本件犯行に関与していたが、自白前や否認時の供述では、決行の伝達や宋さんの実行行動についてはそれを隠し、その一方で、実際にはなかっためぐみさんを助けようとしたという行動についての供述を付加した。他方、仮設二(無実であると仮定)の下では次のように解される。実際にはそのような犯行はしていなかったが、自白に追いこまれたために、決行の伝達や宋さんの実行行動についても嘘の供述をしたというものである。

否認後の供述で宋さんが再びガレージに下りたという供述が加わっていることについては、青木さんについても、その際に宋さんが火を付けているかどうかは別として、宋さんがガレージに下りたのを洵君が見ていたと取調官から聞かされたことによる可能性がある。すなわち、それによって、青木さんが忘れていた当時の記憶を喚起したか、あるいははっきりとした記憶はなかったものの、否認後も洵君の供述と合うように供述したのではないかと考えられる。

それから、逃げる前にめぐみさんを実際に呼んだかどうかについても、洵君の供述を突きつけられたことによって、その供述が変わった可能性がある。八月二日付警察官調書で、洵君は、一一九番通報した後に青木さんがめぐみさんを呼ぶことはなかった、さらに、水を取りに行く時にもめぐみさんに声はかけなかったと供述していた。洵君の供述の問題については後に詳しく論じるが、青木さんが洵君のこれらの供述について聞かされて、逃げる前にめぐみさんを呼んだかどうかについての供述を変えることになった可能性がある(3)。

仮設一の下では、この変遷は事実を突きつけられて、嘘を突き通すことが難しくなったため、自白供述では助けようとした行動についての供述が消え、その後の否認供述ではパニクって声も出さなかったかもしれないという供述になったものと考えられる。[4] 他方、仮設二の下では、洵君の供述を突きつけられて、自白時には自白しているが故に、めぐみさんを助けようとはせずにすぐに逃げたという供述になり、その後否認に転じた後も、実際記憶が曖昧であったために、パニクって声も出さなかったかもしれないという供述になったものと考えられる。逮捕されるよりも以前については、めぐみさんを助けられなかったということは青木さんにとっては辛いことであり、さらに周囲からもどうして助けられなかったのかと責められるようなこともあったと考えられるから、それで青木さんもできるだけのことをしたというように思い込むようになっていったとしても、それが不自然とは言えないだろう。そうした思いから、逃げる前にもめぐみさんを呼んだという供述や、お風呂場のほうに手を差し伸べたといった畑中さんへの話になっていった可能性がある。このときは青木さんも混乱していて記憶も曖昧であっただけに、そうした歪曲も起こりやすかったとも考えられる。それに、実際にめぐみさんを殺害したりしていない以上は、話す内容にその程度の不正確さがあったからといって、それが大きな問題になることもない。逮捕されて、その事実関係が厳しく問われるところとなって、改めて体験記憶により忠実な内容に供述が訂正されていったものと考えられる。[5]

(3) 青木さんの供述の変遷の整理とその検討②——謀議

それでは次に、宋さんと青木さんの謀議内容を自白した時の青木さんの供述の変遷について検討していきたい。宋さんのところで検討したのと同様、三回の謀議のほか、火災当日の宋さんと青木さんの電話の内容も含めることにする。また、宋さんの供述と青木さんの供述の異同の問題についても触れる。

以下、各謀議についての青木さんの供述の骨子とその変遷、宋さんの供述との異同、そして二つの仮設の下での理解について述べていく。

【六月の謀議についての供述の骨子と変遷等】

骨子：今年の六月の初め頃、サラリーマンのように決まった日にお金が入らないので、まとまったお金がほしくて、青木さんのほうから宋さんに、保険金が入るからめぐみを殺してと言った。すると宋さんはうなずいた。二人でいろいろ考えた。

①九月一〇日供述書：お金がほしかった理由については、税金とか支払いのことで、どうして払ったらいいか、お金の工面で宋さんといろいろ話した。誰が死んだらいくら入るという保険金の話をした。

②九月一〇日警察官調書：借金の返済でお金に困っていたということだけで、宋さんとお金の工面で話したということは述べられていない。

宋さんの供述との異同については先にまとめている通りである(本書六二頁)。

ここで、青木さんの供述については明確な変遷があるとまでは言い難いので、宋さんの供述との異同について検討したい。

まず仮設一の下では、六月初めと六月二二日という青木さんと宋さんの謀議の時期についての食い違いについては、真犯人が自白している以上特にここで嘘を言う必然性はないから、どちらかの記憶の錯誤と考えられる。このずれが記憶の錯誤として十分あり得る程度かそうでないかの断定は困難である。めぐみさんの殺害をもちかけたとされる青木さんの発言内容の食い違いについては、仮設一の下ではこれも記憶の錯誤と考えられるが、両者ではその体験内容が大幅に異なり、記憶の錯誤というのにはかなり不自然である。青木さん、宋さんの供述を見る限り謀議の機会は二回もしくは三回だけであり、それと取り違えられるような状況も他にはない。

他方、仮設二の下では、六月の謀議に関する供述内容は虚偽自白ということになる。とすれば、それぞれが想像で言っている事柄なのであるから、青木さんと宋さんの供述内容にずれが生じるのはむしろ当然である。そして両者の一致する部分こそは取調官を介してすり合わせが行われたことによる。青木さんの供述によれば、取調べの際刑事は宋さんの供述書のコピーを持っていたと考えられるから、かかるすり合わせの可能性は十分にあったと考えられる(6)。

七月初めの謀議と三回目の謀議についてはまとめて検討したい。

【七月初めの謀議についての供述の骨子と変遷等】

骨子：七月の初め頃に、宋さんが家に火を付けてめぐみを殺そうと言った。ガソリンに火を付けたらよく燃える、煙も出ると言った。車のガソリンが漏れて火事になったことにしようと言った。雨が降って宋さんが早く帰ってきた日に、めぐみさんをお風呂に入れておいて、車に火を付けると言った。めぐみさんを風呂に入れることが青木さんの役割だった。男の人だから車やガソリンのことはよく知っていると思ったので、火を付ける方法については宋さんに任せた。ガソリンなら火の回りが早く、めぐみさんは死ぬだろうと思った。雨の日は、宋さんが外の仕事が出来ないので、早く帰って来られる日だからそのように決めた。

変遷：供述内容に明確な変遷は認められない。

宋さんの供述との異同：七月初めの謀議に関しては、宋さんの供述にいろいろ変遷があるので青木さんの供述との異同については簡単にはまとめられないが、青木さんの供述では青木さんのほうから話した内容は出てきていないのに対し、宋さんの九月二二日以降の供述では、青木さんからも言葉を発して積極的に確認してきた様子が述べられていた。火を付ける方法の説明については、青木さんの供述では、男の人だから車やガソリンのことはよく知っていると思ったので火を付ける方法についてては宋さんに任せたということで、青木さんからはその点については特に聞かなかったことがうかがえ、九月二七日の宋さんの供述も「具体的にどのような方法で車に火を付けるかについては恵子の役割と直接関係なく、私が自分で考えて実行すればよいことだった」というふうにそれに対応している。ところが九月三〇日の宋さんの供述では、めぐみさんが風呂に入ってシャワーを使っている時に、手押しポンプでガソリンを抜いてポリタンクに詰めておいてそのガソリンを車の下に撒いて火を付ける、車が燃えたら原因なんて分からないようになる、原因は車のガソリン漏れにしたらいい等と放火方法について青木さんに対して説明したことになっていて、青木さんの先の供述との間で食い違いが生じているようにも思われる。

【三回目の謀議についての供述の骨子と変遷等】

骨子：三回目の謀議についての青木さんの供述はない。

宋さんの供述との異同：宋さんは九月一七日検察官調書になってから、七月中旬頃だったと思うが、青木さんが「めぐちゃん死んだら一五〇〇万円入るなあ」と宋さんに言ったとしている。

ここでも青木さんの供述に明確な変遷はないので、宋さんの供述の食い違いについて検討する。まず仮設一の下では、青木さんが三回目の謀議に触れていないのは、その点についての供述の欠落と考えられる。二回目の謀議の内容の食い違いについては、宋さんが供述している内容についての青木さんの供述の欠落か記憶違いによるものと考えられる。他方、仮設二の下では、七月初めの謀議についての供述の食い違いも、六月の謀議に関して先に述べたのと同様に考えられる。そして、三回目の謀議についての宋さんの供述は九月一七日に初めて出てきて、また二回目の謀議内容についての宋さんの供述は九月二二日以降になって詳細になったのだが、青木さんはその時点ではすでに明確な否認に転じていたので、それらの宋さんの供述に沿うような青木さんの供述内容はもはや得られなかったものと言えよう。

【火災当日の電話についての供述の骨子と変遷等】

骨子：今日決行することが分かった。

①九月一〇日供述書：宋さんから電話があった。

②九月一〇日警察官調書：確かめぐみさんが、パパから電話があったと言った。その時すぐに、雨が降っていたし、宋さんが早く帰ってくると分かった。その後はすぐに、あらかじめ計画した通りに風呂を沸かしたと続き、宋さんと電話で話したことが出てこない。

③九月一四日供述書：めぐみさんがパパから電話があったと言った。宋さんに電話すると、宋さんが「今日早く帰れる、雨が降っているから今日するわ」と言った。今日すると言ったことから、めぐみさんを風呂に入れて、火を付けて殺すということがすぐに分かった。青木さんは宋さんに、「分かった」と言った。

宋さんの供述との異同：七月二二日に青木さんと宋さんが電話で話す場面では、双方の供述とも変遷があるが、自白供述の最終的なもので見ると、青木さんの方は、「宋さんが今日早く帰れる、雨が降っているから今日するわ」と言ったので、めぐみさんを風呂に入れて火を付けて殺すということがすぐに分かり、「分かった」と言ったとしているのに対して、宋さんの方は、青木さんから「今日配達中に雨でびしょびしょになったから風呂沸かしとくわ」と切り出し、宋さんも覚悟を決め、「今日雨降ってるから早よ帰るわ、四時ころここを出るわ」という合図の言葉を言ったとなっていて、大きく食い違う。

仮設一の下では、青木さんの供述の変遷は記憶の錯誤等と考えられるが、犯行の重要な部分にあたることからすればやや不自然である。子どもから電話があったことを聞いたことから、計画通りに風呂を沸かしたという間に、宋さんとの電話のエピソードがないものがあるというのも不自然である。また、双方の供述とも変遷があるが、青木さんの供述内容と宋さんの供述内容がかなり食い違っていることも記憶の錯誤等として見るには不自然である。ただし、宋さんの最初期の供述では、決行について宋さんから切り出し、阿吽の呼吸で同意したとなっていたのが、後には、たまりかねた青木さんのほうから切り出して、宋さんが決行の合図を送ったというふうに変遷していることからすれば、宋さんが青木さんの首謀性を高めるために供述を歪曲していった結果、両者の供述の食い違いが広がった可能性も考えられる。

他方、仮設二の下では、めぐみさん殺害の決行を確認したという内容の部分は虚偽自白である。青木さんの供述の変遷は、体験記憶に基づかないために起きた嘘のほころび(7)と考えられる。青木さんの供述の変遷内容は、電話でのめぐみさん殺害の決行の確認という犯行の筋書きと、青木さんの実際の体験記憶が最初はうまく融合せず、それが徐々に融合していったものとして理解することができる。宋さんの供述との食い違いについては、先に述べてきたところと同様にして理解できる。その際、虚偽自白ではあるが、取調官に懐柔されて、宋さんには後になるほど青木さんの首謀性を高めようとする供述動機がはたらいていた可能性がある。

2　青木さんが語る自白した理由等

(1) 自白時の供述

青木さんの自白時の供述で、自白した理由等を述べているものはごくわずかで、九月一四日の供述書のものに限られる。それによれば、否認に転じたのは、弁護士にいろいろ言われて、やってないことにしようと思ったからであった。また、その後、再度自白した理由は、「心を大切にして失なったらいけない」「真実の上にうそをついても真実は一つや」等と言われ、その通りと思い、涙がこぼれて、やっぱり本当の事を話さなければいけないと思ったからであった。そして、七月一〇日に書いた文章は本当のことで、めぐみを殺すなんて、本当に自分はどうかしていたのであった。(8)

仮設一の下では、これらの供述内容は青木さんの体験を述べたものとして理解される。しかし、宋さんのところで論じたのと同様、「涙がこぼれて、やっぱり本当の事を話さなければいけないと思った」「めぐみを殺すなんて、本当に自分はどうかしていた」と心から悔悟して自白したのであれば、その後再度青木さんが否認に転じることは不可解である。

他方、仮設二の下では、これらの供述は虚偽の自白に陥っていたが故にその理由についても虚偽の自白をしたものと考えられる。取調官から言われた内容についてはその通りであったとしても、その他は嘘ということになるが、捏造の難しいものではない。

(2) 否認時の供述

次に、自白したあるいは否認に転じた理由に関する否認時の青木さんの供述について検討する。ただし、ここではそのすべてを取り上げるのではなく特徴的な供述を取り上げて、それに限って検討することにしたい(なお、それらの理由に関して青木さんが否認時に述べている供述内容については、先に青木さんの供述経過を述べたところ(第3章1節(2)および2節)で論じている通りである)。青木さんが、自白した理由として上げているのは、それまで警察は市民の味方で、正直なことを言えば信用してもらえるものと思っていたので、いきなり犯人だと言われ、こちらの言うことは聞いてもらえず、大きな声で怒鳴られて、恐怖をいだいたということであった。

仮設一の下では、青木さんのこれらの供述内容は嘘であると考えられる。もちろん、真犯人であっても、取調べにおける厳しい圧力が自白につながることはあり得ると考えられるが、その際の体験は明らかに違うはずである。真犯人であれば、厳しい追及を受けても当然という思いを持っているであろうし、信じてもらえないのは言わば当然のことなので、信じて聞いてもらえないことの辛さが自白につながるとは考えられないからである。したがって、これらは虚偽自白を装った嘘であると考えられるが、こちらの言うことは聞いてもらえないということが殺人のような大罪について虚偽の自白に陥ることにつながり得るということは、一般の人の想像力を超えていると思われ、そのような嘘を捏造することは困難であると思われる。虚偽自白の心理に精通しているというのであれば別であるが、そのようなことも考えられない場合には捏造できない内容であると考えられる。他方、仮設二の下では、これらの供述はいずれも実際に体験した事柄を述べているものと考えられる。これまでの虚偽自白者の心理についての研究によれば、怒鳴られる恐怖感やこちらの言うことを聞いてもらえないということは、虚偽自白に陥る主要な要因になりうるもので、その供述内容は不自然なものではない。

次に、否認に転じた理由についてであるが、青木さんは、初めて自分の言うことを聞いてくれる人が現れ、やっぱりやっていないんだったらやってないで頑張っていこうという考えに変わったと述べている。仮設一の下では、これも虚偽自白であったことを装った嘘であることになる。仮設二の下では、これも実際の体験を述べていることになるが、これは先の信じてもらえないという青木さんが虚偽自白に陥った理由として述べている事柄とも呼応する内容であると言える。

再び自白した理由については、青木さんが、二人の刑事のうち一方が怒鳴ったら一方はなだめ役というふうにうまく演じていたと述べていることが注目される。仮設一の下でも実際にそのような体験をした可能性があるが、それが否認供述で虚偽自白に陥った理由を述べている中での供述であることからすると、実際の体験を虚偽自白に置き換えて述べたことになる。虚偽自白に再度陥った理由としてそのような事柄を挙げるという思いつきも、虚偽自白の心理に精通していなければ難しいものと思われる。他方、仮設二の下では、これも実際の体験を述べているものとして理解される。

最後に再度否認した経緯についてであるが、青木さんの供述の要点は次の通りであった。夜遅くに留置場に帰ったら、同房の女の子が起きて待っていていろいろ話を聞いてくれた。青木さんがまた認めてしまったことを言うと、女の子から、「やってないのに認めたら子どもがかわいそうやろ」等と言われ、青木さんは我に返り、明日からは絶対認めない、めぐみさん、洵君のためにも頑張るという気持ちになった。仮設一の下では、仮に真犯人が同房の女の子を欺いてそのようにしてもらうことがあったとしても、その体験としては明らかに嘘であることになる。しかし、再度否認した理由についてこれだけの嘘を捏造することは、実際にそのような体験をしたことのない者が想像で語れる範囲を超えているのではなかろうか。他方、仮設二の下では、これもまた実際に体験したことを語っているものとしてよく理解できる。

(3) 自白内容の成立経緯

次に自白内容の成立経緯についての青木さんの否認時の供述を検討しておきたい。その成立経過について、青木さんが公判において述べているところを列挙すると次の通りである(傍線は筆者による)。

- ボールペンを持たされても、自分がやったことではないから、何を書いていいかわからないので、少し書いたらペンが止まった。
- 岡本刑事にこう書くようにと指示された通りに書いていった。
- 刑事から五月にレオマワールドに行った前か後かとの問いに、青木さんが当てずっぽうで後と答え、六月頃ということになり、次に六月のどのあたりかを聞かれて、同じく当てずっぽうで初めと言った。本当に初めかとしつこく聞かれたが[9]、一遍初めと言っているので初めで通した。

・火事になったのが七月二二日だから、そんなに何か月も相談したわけじゃないだろうから、七月の初め頃ではないかと推測した。
・実際お風呂を沸かしたのもめぐみさんに風呂に入るように言ったのも青木さんで、ストーリーでは火を付けたのは宋さん、宋さんがそれを認めたファックスが流れてきているという状況の中で、宋さんが火を付けたのなら風呂に入れるのは青木さんの役だろうというふうに話し合いになって書いた。
・お金にも困っていたというストーリーになっていて、青木さんが宋さんにめぐちゃんの保険があるやんとか言ったことになっているみたいで、それで青木さんがめぐみさんを殺してと言ったことになるだろうというような話になった。
・刑事が、宋さんはどうしたのか、うなずいたのか何かしゃべったのかと聞いたので、何も言わなかったと言ったら、そしたらうなずいたんやなということになった。
・(再度の自白場面では)雨が降ったら宋さんが早く帰ってくると刑事が思い込んでいるみたいだったので、ならばそのように書いてあげるという感じで書いた。

仮設一の下では、真犯人であれば謀議の内容、電話での打ち合わせの内容とも体験記憶としてあるはずで、その記憶をもとに書けるはずのものであるから、青木さんの右の説明はすべて嘘でなければならない。特に傍線を付したところは、体験記憶が実際にはありながらも虚偽自白を装った非常に巧妙な嘘であることになる。虚偽自白者も、自白した以上はその犯行内容についても嘘を構成して話さなければならず、その際は、実際には犯行内容を知らないがために、取調官の示唆する情報を最大限に手がかりとすることなどは、一般の人にはほとんど知られていないことと思われる。とすれば、青木さんがそうした虚偽自白の心理に精通していない限り、このような嘘の構成は困難であると考えられる。他方、仮設二の下では、これらの供述は、実際に虚偽自白に陥っていた青木さんの体験記憶に基づくものとして理解ができる。

ところで、ここで仮設二の下での理解について次の点も補足しておきたい。「岡本刑事にこう書くようにと指示された通りに書いていった」という青木さんの供述は、宋さんの自供内容と青木さんの自供内容に食い違いがあるという事実と矛盾するのではないかという点についてである――かかる食い違いのあることこそは、被告人の供述の任意性を裏付けているとして、裁判で検察側が主張することがある。[10]宋さんの自供内容を知っている刑事が、それと食い違うことを指示するとは考えられないからである。ただし、指示された通りに書いていったという青木さんの供述については、青木さんの主観的な思いであって、その具体的なありようについては、例えば最初の謀議の時期が六月初めになった経緯について青木さんが供述しているように、必ずしも書く内容をすべて逐語的に指示していたものではないと推測される。

宋さんの自供内容と青木さんの自供内容には、最初の謀議の時期において明らかに食い違いがあるが、先に検討した通り、両者のずれは決してそれだけには限らない。虚偽の自白であってみれば、最初はずれがあるのが普通で、それが徐々にすりあわせがなされていったものと考えられる。また取調官側も、その意識としては無実の人に虚偽の自白をさせようとしているのではなく、真犯人から自白を得ようとしているのであるから、犯行内容を相手はよく知っているという前提で取調べをしている。共犯者をかばうなどの何かの事情がない限りは、自白している者がその犯罪内容について嘘を言う動機はない。したがって、相手が答えている以上は、それは間違っているとあからさまに言うのはおかしいことになり、強引な誘導などはできない。実際、青木さんも、自白している限りは刑事は優しいと述べている。

すりあわせの過程は、青木さんが供述している例に見るように、刑事の思惑を汲み取りながら進む微妙な過程である。青木さんの供述書で最初の謀議が六月初めとなり、宋さんとのすりあわせがならなかった理由については青木さんが述べている。そこには青木さんのちょっとした反発心とともに、知っているはずの者がいったん言った以上、簡単にはそれを変更しにくいということがあったと考えられる。すなわち、すぐに最初の言を翻したとすれば、最初は知っていながら嘘をついていたということになりかねず、そうでないとするならば、真犯人でありながら間違えていた何らかの理由がまた必要となるからである。

(4) 秘密の暴露の有無

仮設二の下では、謀議に関する供述内容は虚偽自白であることになるが、だとすればそこには秘密の暴露があってはならず、その供述は被疑者の実際の体験、一般の生活体験、一般的に想像可能な範囲、取調官側からの示唆等にその起源がなければならない。すなわち、青木さんの自白供述の起源は、青木さんの体験記憶(ただし、犯行とは直接かかわりのない部分に関して)、それまでにマスコミなど外部から青木さんが得ていた情報、取調官からの示唆、青木さんの想像などにあることになり、取調官からの示唆と青木さんの想像の両者が相まって犯行について供述内容が成立したものと考えられる。(11)

青木さんらを任意同行した九月一〇日の段階で、警察はそれまでに把握していた情報をもとに、本件は保険金を目的とした放火殺人であるということをはじめ、放火の実行犯は宋さんであること、青木さんと宋さんの共犯であるからにはその前にそのための謀議をしているはずであることなどを、犯行の筋書きとして構成していたものと考えられる。さらに、七月二二日に宋さんが家に頻繁に電話をかけていたのは青木さんに決行を伝えるためで、午後一時頃の電話で話した際に決行の確認をしたのだろうと推定していたとしてもおかしくはない。

また、仮設二の下では、前述したように、青木さんは公判供述で九月一〇日の供述書を書く際には刑事からいろいろ誘導があったと述べているから、青木さんより先に宋さんが虚偽自白に陥っており、青木さんを取調べていた刑事も宋さんの自白内容を知っていたものと考えられる。したがって、宋さんの自白に沿って、(12) 六月二二日頃、青木さんのほうから宋さんに殺害についてもちかけたこと、七月五日頃、宋さんのほうから青木さんに、めぐみさんをお風呂に入れて、その間に車に火をつけて殺すというめぐみさんの殺害方法について話したこと、雨の日に宋さんが早く帰って決行するということになっていたことなども、捜査側の描く犯行の筋書きの中に取り込まれていたと考えられる。

以上を前提として、青木さんの九月一〇日の供述書「私と新見とで計画して、生命保険のためにめぐみを殺したこと」について、その供述の起源を検討してみたい。(13) 供述のうち、青木さんにとって体験記憶に起源があると考えられる部分、すなわち青木さんが実際に体験した事柄をそのまま述べたと考えられる部分については傍線を、上に述べた犯行筋書きに起源があると考えられる部分、すなわち取調官がすでに把握していることであり、青木さんが取調官から示唆等を汲み取って述べたと考えられる部分に

ついては二重傍線を引いた。(14)

「私と新見とで計画して、生命保険のためにめぐみを殺したこと」

今年の六月の初めに、新見に、めぐみを殺したら、一五〇〇万円入ると話しました。

お金がいりました。

この話を最初に言ったのは、私です。

二人で話をしました。

家に火をつけて、めぐみを殺そうと言ったのは、新見でした。

火を家につけて、めぐみを殺すと新見が言ったのは、今年の七月に入ったころでした。

新見がめぐみを殺すために、家に火をつける日は、雨がふって、ぼくが早く帰ってきた日にしよう、めぐみをお風呂に入れている時にしよう、

私に、新見は、火をつける時は、めぐみを風呂に入れておいてよ、

と言われていました。

めぐみが風呂に入っている時に、車に火をつけて、火事にすると新見が言いました。

新見から電話があって、めぐみを火事で殺すために、私がめぐみに風呂に入るように言いました。

新見は、めぐみが風呂に入ったあと、二人で今まで計画した通りにめぐみを殺すために、車に火をつけました。

私と新見の二人で生命保険がほしくて、めぐみを殺しました。

申し訳ありませんでした。めぐみちゃんごめんなさい。

ここで傍線や二重傍線を引いた部分については改めて説明しなくてもよいだろう。それ以外の部分について検討していくと、最初の謀議が六月初めというふうになった経緯についてはすでに述べた通りである。二回目の謀議の時期については、公判において青木さんが、火事のあった七月二二日からそんなに何日も開いていないだろうということで、七月の初め頃ではないかと推測したと述べており、その推測が犯行の筋書きとも一致していたということになろう。二回目の謀議の内容は、火を「つけた」という部分を除けば青木さんの体験記憶であり、それと犯行の筋書きを結びつけて成立したものと考えられる。またそれは、宋さんの供述においてすでに犯行の筋書きとしてできあがっていたものでもあるから、その示唆があったことも考えられる。それから、宋さんが青木さんにめぐみさんを風呂に入れておくように言ったというのは青木さんの想像と言えるが、犯行の筋書きをもとにした時にかかる想像が困難とは言えないだろう。当日の電話で宋さんから青木さんに決行の意を伝えてきたというのも同様である。最後の一文も創作であると言えるが、これも想像が難しいことではない(15)。

以上のようにして検討していくと、青木さんの自白供述の起源については、そのほとんどは青木さんの体験記憶、または青木さんから自白供述を得る以前に警察が把握していた犯行の筋書きにあると考えることが可能である。必ずしもそう言い切れない部分についても、筋書きをもとに特に造作なく導き出せる内容であるか、あるいは犯人に期待される言明等として誰でも想像しうる程度のものであり、そのような供述の捏造は真犯人でなくても十分可能なことと考えられる。また、犯行の筋書きといっても、本件ではそのかなりの部分は青木さんの体験記憶と重なるものであるから、全く知らない状況を作り上げるような難しさはない。すなわち、青木さんの自白供述には秘密の暴露と言うべきものは見当たらないと言ってよい。念のために付言すると、そうしたことを想像するのは困難ではないと指摘した部分についても、すべてが青木さんの想像であるというわけではなく、取調官もその言動を通して意図はせずともその成立に加担していたものと考えられる。

3　青木さんは火災の原因をどう話していたか

火災の原因をどう考えていたのかに関する供述は、当然のことながら自白時にはなく、ここに整理するのも自白前・否認時の青木さんの供述についてである。まず火災当日の供述は次の通りで、青木さんは火災原因について全く心あたりがないと述べていた。

炎の上がっていた床面のまわりが濡れているような感じに見えたのですが、私には、何が原因でこのような火事になったのかが、全く心当りがないのです。夫に後から聞いたところ、車にガソリンスタンドで、ガソリンを満タンに入れて戻って来た、と云うような話をしておりましたが、今までもガソリンを入れているのに、今回に限ってこのような火事になることが、私にはどうしても理解できません。と云って、先程も話しましたようにガレージのアルミサッシ戸の鍵は私がきっちりかけておりますので、外から誰かが入ってきて火をつけたと云うようなことも全く考えられません。風呂については、亡くなっためぐみが入っておりましたが、めぐみは今まで、追いだきをしたようなことがないので、ガレージ側にある炊き口の種火はついていたが、炊き口の追いだきの火は使っていないものと思います。シャワーは、台所側にある湯わかしを使うので、風呂の火とは関係ないものと思われます。このように、私にとっては、何故、このような火災が起こったのか判らず、警察の方でお調べ願いたいと思います(七月二二日警察官調書)。

しかし、九月四日に作成された岩國保険調査員の承り書では、出火原因については警察が捜査しているところで判らないとしながらも、「そこに誰かが古新聞にガソリンを含ませて発火させた放火事件ではないかと思うのです」「車からの洩油ではないと思います」と述べている。そのように供述を変えた理由については、青木さん自身が次のように説明している。

火事の原因は、当初ガソリン漏れの事故だということで、警察や消防に話をしました。というのは、新見さんが火事のことで警察や消防の人にガソリンが漏れていたというようなことを話すのを聞き、また、先程話したような私自身が出火直後に火を見たときの状況などからガソリン漏れと考えられたからでした。……火事の後まもないころに、私は、新見さんからガソリンを入れるところの外蓋が開いていたから内蓋も開いていたかもしれないなどと聞き、七月はガソリンスタンドはアルバイトが多いから内蓋を締め忘れたためにガソリンが漏れたと話したことがありました。また、どのようにして火がついたかについては……風呂の種火が引火したという話が出ていたので、当初そういうことになっていました。……ところが、七月二七日に朝日新聞に放火だという記事が載り、また、私と新見さんは、七月三〇日に警察で事情聴取を受け〔二人が疑われていると分かった。〕……しかし、私たちは火を付けた覚えはないので、……私は新見さんと外からの放火の可能性についていろいろと話し合いました。……新見さんが、出入口の三枚引き戸の真ん中にある新聞受けのところがよく燃えていたというので、そこからガソリンを何らかの方法で注入して車の下の方にたらして夕刊配達の時間だったので新聞を投げ込むような振りをして火をつけたなどと話したということがありました。そして、……新見さんが内蓋はしまっていたとか話をしていたのを聞いたり〔して〕……いよいよ失火はないのかと思いました(一〇月一二日検察官調書)。

右の供述も踏まえれば、青木さんの火災原因の推定に関する供述は、何が原因でこのような火事になったのか全く心当りがない→ガソリンスタンドのほうでキャップを締め忘れてガソリンが漏れてそれに引火した→車からのガソリン漏れではなく誰かが古新聞にガソリンを含ませて放火した、というように変遷していたと考えられる。

さて、火災の原因の推定に関する供述は、仮設一の下では当然のことながら意図的な嘘である。宋さんの自白時の供述(一〇月八日および一〇月一〇日検察官調書)によれば、火災当日に青木さんの実家に帰った時点で、宋さんが青木さんに、ガソリンが漏れたことにするため外蓋を開けておいた、給油口からガソリンが漏れてそこに引火して火事が起こったことにしようと話し、その際にガソリン漏れをガソリンスタンドの店員のせいにするという話もしたということで、火事の原因については口裏合わせがなされている。直前にガソリンが漏れてそこに引火して火事が起こったことにしようと口裏合わせをしているにもかかわらず、火事の後の警察での事情聴取(七月二二日警察官調書)で、何が原因でこのような火事になったのか全く心当りがないと供述している点は不可解である。誰かが古新聞にガソリンを含ませて放火したというように、青木さんがその説明を変えたのは、給油口の内蓋についてそれが締まっていたことを警察が把握していることが分かり、当初の嘘を通すことは困難になったと考え、また朝日新聞が放火の疑いがあると掲載していたことなどをヒントにして嘘を変更したものと考えられる。

しかし、当初は先のように口裏合わせをしていたのであれば、それを変更するあるいはした場合には、青木さんと宋さんとの間で再度口裏合わせをし直しておくはずのものと思われる。ところが、宋さんは青木さんが保険調査員にそのように説明していたことについては知らなかったことが認められ(一〇月八日検察官調書)、それもまた不可解であると言える。

他方、仮設二の下では、火災の原因の推定に関する供述の変遷については、先に引用した検察官調書の中で青木さん自身が述べている通り、その時々の状況において、実際に考えていたことを話していたものとして理解ができる。

4　青木さんの供述が意味すること

以上、二つの仮設の下での供述の起源を検討してきた主な結果をまとめれば、次の通りである。

(1) 仮設一の下での理解

- 六月の謀議に関する青木さんと宋さんの自白時の供述の食い違いには、記憶の錯誤と考えるにはかなり不自然と考えられる部分がある。
- 七月二二日の青木さんと宋さんとの電話に関する青木さんの自白時の供述の変遷は、記憶の錯誤等としてはやや不自然である。
- 警察の取調べに関する供述で、特に青木さんが自供書の内容の成立経緯について否認時に述べた供述内容は、虚偽自白の心理に精通した者でなければ捏造し得ないと思われる内容があり、青木さんがかかる供述をなし得たことについての心理学的理解が困難である。

- 否認時の再度否認に転じた理由についての供述などでは、青木さんはきわめて巧妙に嘘をついていたことになる。
- 否認時の火災の原因の推定の供述については、その直前にガソリンが漏れてそこに引火して火事が起こったことにしようと口裏合わせをしていたにもかかわらず、七月二二日の警察の事情聴取で、火災の原因については全く心当たりがないと述べているのは不可解である。また、その後の火災の原因についての説明を変更しているにもかかわらず、それに関する再度の口裏合わせがなされていないのも不可解である。

(2) 仮設二の下での理解

- 七月二二日の青木さんと宋さんの電話についての青木さんの自白時の供述の変遷は、最初は刑事の立てた犯行の筋書きと青木さんの体験記憶とがうまく融合しなかったが、それが徐々に融合していったものと考えると、理解ができる。
- 逃げる際にめぐみさんを呼んだかどうかについての青木さんの供述の変遷は、自白前・否認時には、真犯人ならずとも母親としてめぐみさんを助けられなかったことの辛さにより記憶の歪曲がなされていたものが、殺人事件という扱いになってより厳密な記憶が要求されるようになり、その点についての記憶も精緻化されていったと考えれば理解できる。

・自白した理由や否認に転じられた理由、また自供書の内容の成立の経緯について否認時に述べている供述内容は、体験記憶を述べたものとして理解できるとともに、虚偽自白者の心理をよく表している。

・青木さんの自白供述は、その多くが青木さんの体験記憶や警察がそれまでに把握していた情報等から考えていたと思われる犯行の筋書きと合致するもので、そうでない部分も想像して考えるのにさほど困難のない内容であり、秘密の暴露と言うべきようなものはない。

・火災原因の推定に関する供述の変遷は、その時々の実際の推定(その体験)を述べたために起こったものとして理解でき、不自然なところは特にない。

(3) 帰納的結論

仮設一の下では、二回の謀議や当時の電話など、特に青木さんと宋さんとが関わる部分の供述に、記憶の錯誤等として考えるには不自然な部分がある。自白した理由や否認に転じられた理由、また自供内容の成立の経緯についての青木さんの否認時の供述には、青木さんの捏造能力を超えていると思われる部分がある。それに対して、仮設二の下では、自白した理由や否認に転じられた理由、また自供内容の成立の経緯について述べたそれらの供述は、虚偽自白者の体験記憶を述べているものとしてよく理解ができる。供述の変遷についても、虚偽自白における自白の生成過程や、また真犯人でなくとも場合によっては自己弁護的になり得ることを考えさえすれば、心理学的には理解可能であると言える。秘密の暴露というべきところも認められない。

第10章　宋さんと青木さんが虚偽自白に陥った心理

1　宋さんの場合

(1) 違法な取調べのオンパレード

本章では、第8章、第9章の分析の結論を踏まえて、宋さんも青木さんも無実であるという前提に立って、宋さんと青木さんがどうして自白に陥ったと考えられるかについて、改めて心理学的に検討していくことにしたい。

まず宋さんから検討していくことにするが、宋さんの自白については信用性のみならず任意性も否定されており、取調べに問題があったことが再審判決で認められている。そこで、法的な見地から見た場合の宋さんの取調べの問題についても、最初に確認しておくことにしたい。宋さんの弁護人であった森下弘弁護士は、九月一〇日から一四日にかけての宋さんの取調べについて、「違法な取調べのオンパレード、違法な取調べの百科事典であったとさえ言える」と述べて、次の一〇点をあげている(1)。

- 違法な任意同行、事実上の逮捕(令状主義違反)：九月一〇日、平野警察署へ連行され、浅尾刑事から、おまえを犯人として取調べると言われている。

• 弁護人依頼権の侵害：宋さんが弁護人を呼ぶように依頼したにもかかわらず、弁護人からの法的援助がないままに取調べが続けられた。
• 黙秘権の侵害、説明義務の強要：おまえには出火原因を説明する義務がある、説明ができるまで帰ることができない等と言われている。
• 虚偽供述の突き付け（偽計①）：洵君はそのように言っていないにもかかわらず、洵君がおまえが火を付けるのを見たと言っていると言われ、また、河内さんは消火器を貸していないと言っていると言われた。(2)
• 暴行：浅尾刑事から首を絞められて気絶しそうになり、捜査記録の束でも殴られ、また、磯野刑事からも暴行を受けた。
• 切り違え尋問（偽計②）：最愛の、しかも唯一の生き証人である青木さんが、放火を認めたと磯野刑事から知らされた。
• 秘密の暴露をしたとの嘘の追及（偽計③）：浅尾刑事から、九月一〇日の自供書の中には秘密の暴露も含まれていると言われた。
• 不当な利益誘導①：否認すれば死刑になる、認めれば一五年で済む等と言われている。
• 不当な利益誘導②：認めなければめぐみさんのことを立件して公表すると言われている。
• 両親に対する嘘（偽計④）：早く罪を償って、一日でも早く帰ってこいという父親の書いた手紙を見せられている。

以下では、そうした取調べによって宋さんがどのような心理に陥ったと考えられるのかについて考えていくことにするが、その検討に際しては、最初に自白に陥った心理、再度自白に陥った時の心理、そして再々度自白に陥った時の心理の三つを分けて考えたほうがよいと思われる。それは、最初に自白に陥った時にはこれまでの研究で明らかにされている虚偽自白に陥る際の心理がよく認められるのに対して、再度ならびに再々度の自白では取調官によって心理的に取り込まれた結果としての心理がより大きくはたらいているように思われるからである。宋さんは自白した理由として死刑に対する恐怖ということを挙げているが、詳しく見ると、これは再度の自白に陥る時以降において出てきているものであり、最初に自白に陥った際にはそうしたことは認められない。宋さんの控訴審での供述によれば、九月一〇日の時点では、浅尾刑事からも死刑になるという話は出てきていない(3)。

(2) 最初に自白に陥った時の心理

九月一〇日に、宋さんが最初に自白に陥った心理から考えていきたい。取調べの経過とその時の心理について正確に再現することは、本件では可視化がなされていないために困難である。宋さんが供述するところでは、宋さんが自白に陥った要因としてまず考えられるのは、科学的な検証の結果、放火以外には考えられないと言って追及されたことであったと考えられる。宋さんは次のように供述している(4)。

科学的にいろいろな人が、いろんな方向から調べた結果、放火という結果が出た、犯人は鍵のかかった家の中に必ずいた、と言われました。私は、自分には関係ないふりをして、僕は火など付けてませんとしか言いようがありませんでした。どないかして言い訳をしようと考えましたが、ホンダの技術スタッフの調査結果等を何度も何度も聞かされました。つじつまが合っていただけに言い

訳のしようもありませんでした。したがって私は、他に言い訳もできず、僕は火など付けてません

の一点張りでした(九月一六日警察官調書)。

ここで科学的検証の結果として追及されているのは、エンジンがオフの状態の車から出火したということは考えられないこと、満タンにして帰ったはずの給油計が四分の三を指していたこと、ガソリンタンクの水張りをして調べたところガソリンタンクからのガソリン漏れは考えられないこと等であった(5)。家の入口に鍵がかかっていたこと、家の中には宋さんら家族四人しかいなかったことは、宋さん自身が当初から認めていたことであった。そうした状況で、科学的検証の結果として前述のようなことを示された時に、それに科学的に反論できる人はほとんどいないであろう。宋さんは控訴審の段階で、給油計が四分の三を指していたことについて聞かれた時に、涙を流して「〔説明が〕できなくてすごく悔しいです」と答えているが、それは後になって考えてみれば、電気関係の専門家としてそのことは科学的に説明もできたはずだという思いによっている。ガソリンを抜き取らずとも火災後にメーターが四分の三を指すことがあり得ることについて、後に弁護側の鑑定人によって明らかにされたメカニズムとこの時の宋さんの説明とは必ずしも一致しないが、説明できなかったことについて涙を流して「すごく悔しいです」と述べていることは、それが自白につながる大きな要因となっていたことを裏付けている。取調官の科学的な装いの追及に対してもはや反論しようがないと宋さん自身が判断してしまったこと――もちろんこれはやむを得ないことである――が、宋さんが自白に陥る第一の大きな要因になったと考えられる(6)。またこれについては、浅尾刑事から「火事で一人死んでいるんやからおまえには出火原因を説明する義務がある」等と言われて、宋さんが説明しなければならないと思い込んでしまったということと

も関係しているだろう。

さて、それでも宋さんは「自分は火を付けていない」としばらくは言い通していた。しかし、いくら言ってもそれが聞き入れられることはない。逆にそこにさらに心理的な揺さぶりを掛けられることになる。宋さんが否認を続ける根拠は、もはや自分はやっていないという自身の記憶以外にはないのだが、そこを突かれることになるのである。その一つは、宋さんには火事の時に隣家の河内さんから消火器を借りて消火活動をしたという記憶があったのだが、河内さんはそれを否定しているということを突きつけられたことである。もう一つは、宋さんは火事の時に隣家の三上さん宅を抜けて一度裏口に回っていたのだが、宋さんはそのことを忘れていて事情聴取では話していなかったことである。警察は三上さん方に宋さんの靴が残されていたことを把握していて、宋さんが嘘をついていたといって追及した。そのようにして宋さんは自身の記憶に対する信頼を揺さぶられていくのである。それで直ちに記憶が変わってしまうものではないが、否認を続ける支えを失っていくことになる。

さらに、その宋さんの抵抗力を削ぐことになったのが、浅尾刑事から加えられた暴力であったと考えられる。それによって宋さんは恐怖と無力感を強くしていった。ただしその一方で、ただ暴力に屈して宋さんが自白したわけではないことにも留意しておく必要がある。

宋さんは、否認してるんやったらめぐみさんとの関係を世間に公表すると脅されてもいる。宋さんにとってはそのことは一番知られたくなかったことである。犯罪として見た場合に、放火殺人ということになれば、宋さんがめぐみさんに対してしていた行為よりも大きな罪になることは言うまでもない。しかし、宋さんにとってはその自分がなした行為のことのほうがはるかに実感を伴い、重要なこととして感じられていたのである。これについては、虚偽自白の場合には、自白に陥る際にそれに対する刑罰の実感がほとんどないということとも符合している。

なお、ここで宋さんがめぐみさんとの関係を知られたくなかったというのが、世間に対してであるとともに、青木さんに対してであったことは重要である。宋さんが、後に弁護人の一人に出している手紙に詳しく書いているところによれば、宋さんにとって青木さんはきわめて大切な存在であったと考えられる。宋さんが出会った時の青木さんは、宋さんにとっては、初めて心から好きになった女性であったし、優しくて素晴らしい女性であった。在日韓国人で、かつていじめなども受けてきた宋さんにとって、在日韓国人ではない女性が、自分に対して分け隔てなく優しく接してくれることは大きな喜びであった。そのため、父親が在日韓国人以外との結婚には反対であることをよく知っていたにもかかわらず、その父親との関係が断たれることになるのも覚悟の上で、青木さんと一緒に暮らすようになったのである。

その後の生活においては、当初のような関係とは変わってきたところはあったかもしれないし、青木さんが宋さんにきつく当たることもあったと言えるかもしれない。また、それに対して宋さんがいささか鬱積した感情を持つということもあったかもしれない。しかし、そうした生活状況の中でも、宋さんの青木さんに対する気持ちには、当初から変わらぬものがその根本にはあり続けていた。むしろ一緒に生活する中で、青木さんやめぐみさん、洵君の存在が、宋さんにとってはさらに大きな心の支えとなっていったのではないかとも思われる。宋さんは弁護士に宛てた手紙の中で、「家族と仕事、これ以外に興味を覚えるものが全く存在しなくなったのです。仕事以外の時間で彼女達から離れることは、とても耐えられない苦痛でもあったのです」と書いている。

宋さんが青木さんとの関係を失いたくなかったと言う時には、そのような宋さんの青木さんに対する思いのところから考える必要がある。放火殺人の罪となれば、そのような青木さんとの関係などということはもはや問題ではないだろうと思われるかもしれないが、ここでもまた、宋さんにとっては、放火殺人は実感のないことで、青木さんとの関係こそが切実なものであったことに注意をしておく必要がある。

そうした状況で、さらに宋さんは、宋さんがガレージに下りて火を付けたところを洵君に見られていると言われたのであった。実質的には逮捕されたも同然の外部との関係を遮断された状況で、心理的に揺さぶられた上で、宋さんにとっては残された唯一の心の支えである家族との絆もここで断ち切られていくことになる。たかが子どもの証言と思われるかもしれないが、当時の宋さんにとっては家族としての生活こそが生きがいであり、その大切にしていた家族の一員からそのように見られていたということが、裏切られたような大きなショックを受けるものであったというのは了解できることと思われる。事実でなければ、そのような証言など突っぱねることもできると思われるかもしれないが、取調べ状況では情報を取調官側に支配されてしまい、自分がやっていないことは確かとしても、洵君がそのように証言していることの信憑性までも疑うというのは難しい。

そして、それに駄目押ししたのが、切り違え尋問による青木さんが自白したという情報であった。その時の気持ちを宋さんは、「青木さんに見捨てられた」と思ったと述べている。追及され続ける中でも何とか抵抗し続けてきた宋さんであったが、もはやそのすべと気力を失って、取調官の言われるままに自白に陥るしかなかったと言えるだろう。宋さんは、その時の心理状態を後に「心の自殺」と表現している。(7) ここには虚偽自白の心理の重要な事実が含まれていると思われる。虚偽自白は圧倒的な取調べの圧力によって引き起こされるものであるが、それは取調官によって被疑者が殺されるということでは必ずしもないという点である。もちろんそこまで厳しく追い詰められた上でのことであって、そのことにこそ一番の問題があるのであるが、心理的に考えた場合には、宋さんが「自殺」と表現しているように、そこにはなお被疑者側の自らの意思がはたらいているのである。

なおここでは、火事でめぐみさんが亡くなったことで、任意同行された時点で宋さんにとってはすでに大切な心の支えを一つ失っていたということも考慮に入れておく必要がある。弁護人に宛てた手紙の中で、宋さんは逮捕された当時の心理状態について次のように述べている。

それから日が経つにつれて、次には、心の内側から悲しみが湧きあがってくるのです。その悲しみは日ごとに大きくなっていき、九月頃になると、まるで心が内側から〃ガラガラ〃と音を立てて崩壊していくような悲しみに包まれてしまいました。最も辛くて悲しくて心が痛くて寂しい状態であったのが九月以後の逮捕された日の頃だったのです。九月一〇日は、七月二二日から丁度五〇日目だったのです(二〇〇二年二月九日弁護人宛の手紙)。

めぐみさんに対する宋さんの行為は到底許されることではないとしても、家族の中ではめぐみさんのことを宋さんはもっとも親しい存在として感じていた。宋さんが同居したいと青木さんに話した時に、それに一番賛成してくれたのがめぐみさんだったのである。それに、その理由は何であれ、今回の火事の際にその大切なめぐみさんを宋さんは助けられなかった。青木さんの手前、男として気丈に振る舞おうとしていたところはあったとしても、そうした宋さんの喪失感も今回の虚偽自白の背景事情として考えておく必要があるだろう。

もっと早い段階で弁護士が接見をして宋さんの支えになっていれば、宋さんは自白に陥らないで済んだかもしれない[8]。ただ、右に述べたような宋さんの心理状態が、弁護人との間に確固とした信頼関係を築くのを難しくしていたということも考えられる[9]。

(3) 再び自白に陥った時の心理

秋月弁護士が宋さんに接見したのは、九月一〇日の夜、すでに宋さんが自白して逮捕された後のことであった。しかし、先に青木さんと接見していた弁護士の話から、切り違え尋問をされていたことなどを知り、翌一一日には曖昧な否認もしくは黙秘に転じている。宋さんが明白な否認ではなく黙秘した理由は、はっきりと否認するとまた暴力を受けるかもしれないという怖さであった。このように、厳しい追及や暴力等を受けて怖い思いをして自白に陥った後、もはや厳しい追及や暴力は受けなくなっても自白を維持したり、宋さんのように否認に転じきれなかったりするのは、予期不安によるものであることはよく理解しておく必要がある。すなわち、今現実に直面させられている苦痛や怖さではなく、否認したら再びさらされることになるのではないかと被疑者が考える苦痛や怖さなのである。人が誰かを心理的に支配する場合には、このような支配される側の予期不安が巧みに利用されていることが多い。

さて、宋さんはさらにその翌日の一二日には再度自白に陥ることになるが、その時の心理はどのように考えられるであろうか。この日の取調べで、宋さんは父親が書いたという手紙を見せられているが、その内容は「やったんやったら仕方がないから、罪を償って、刑事さんに迷惑をかけないようにして、早く帰ってこい」というように、宋さんが犯人であることを前提とした内容であった。青木さんと生活するようになって、久しく会ってはいない父親であったが、宋さんは職人としての父親を深く尊敬し続けてもいた。手紙によって、宋さんはその父親からも見放されて、さらに絶望する気持ちになった。

そして、この日宋さんは、西川事件や愛犬家殺人事件の例を持ち出されて、否認していれば情状酌量の余地がなくなって死刑になるとか、秘密の暴露があるのに否認したら情状酌量の余地がなくなるというようにも言われている。愛犬家殺人事件の場合、犯人(共犯者)の供述に基づいて遺骨や遺留品が発見されたということで秘密の暴露が確かに認められるのだが、宋さんの場合には、それまでの自白の中に、真犯人でなければ知りようのない事柄について、その供述通りに裏付けが取れたという意味での秘密の暴露は実際にはない。しかし、浅尾刑事から、自白している、自供書もすでに何枚も書いていることを秘密の暴露だと言われて、宋さんはそのように受け取ってしまった。さらに、「調書作るんは俺やねんぞ。否認しとったら、悪く書こうと思ったらなんぼでも書けれるんやぞ。それでお前を死刑にすることも簡単にできるんやぞ。否認するんやったらそういうふうに書くぞ」等とも言われて、死刑にならずに済むためには、浅尾刑事にすがるしかないと思い込んでしまった。

どうして宋さんはそのように思い込んでしまったのか、それには取調べ状況というものをもう一度考えてみる必要がある。逮捕されて取調べを受けている状況では、取調官以外との接触が遮断されるので、取調官の言うことの重みが格段に大きくなる。その真偽は、弁護士との接見で分かることを除けば、それについて確かめるすべはない。しかも、接見できる時間はきわめて短く、取調べ時間に比べると圧倒的に少ない。そのようにして、被疑者はその情報において取調官側に心理的に支配される。

また、かかる心理的支配は情報に関してだけではない。取調べ中は、被疑者は排泄すらも自分の思いのままにならず、その生活全体を取調官側に支配される。取調官から怒鳴られたりあるいは暴力を受けたりしても被疑者側にはそれを防ぐすべはない。仮に被疑者側が怒鳴り返すことができたとしても、身柄を拘束され続けているような状況では圧倒的に取調官側が優位である。そのようにして、取調べ関係では、被疑者はすべてにおいて取調官に支配されていくことになる。誰よりも取調官によって実際に被疑者の状況は翻弄されるのであり、身をもってそれを体験させられた被疑者には、被疑者のほうからも取調官の圧倒的な力に服従していく心理が生まれると考えられるのである。

ある種の政治犯のように確固とした信念を持ち、はじめから警察と敵対することをよしとしているような場合は別として、一般の市民においては、警察は市民を助けてくれるものであるという信念を持っていることのほうが普通であり、それゆえに警察に心理的に正面から敵対することも難しい。そしてまた、取調官側もただ強圧的に迫るだけではなく、時には懐柔もしてくる。宋さんの場合、浅尾刑事は、耳に入ってくるところの宋さんの素行に悪いところはない、それに反して青木さんについてはよくない話を聞くというようにして懐柔している。そのようにして懐柔されることも、被疑者が警察に心理的に全面的に対決して、心理的支配に抵抗することを難しくする。また、情報的にも取調官側に支配されているために、かかる懐柔が普通に考えられる以上に効果を発する。(10)

宋さんは控訴審で、一二日に自白した理由として、「死刑になるのが怖くてたまらず、死刑は絶対に嫌だと思いました」とか、「死刑になるのが怖くて、無実のことはどうでもいいと思いました」と述べている。前述の通り、九月一〇日、一一日の取調べでは死刑の話は出てきていない。それがここに来て死刑に対する恐怖が出てきたのは、ただ放火殺人の罪に対しては死刑があり得るということがリアルに迫ってきたのではなく、もはや誰も宋さんの言うことを信じてくれない、また宋さんがそう信じ込んだように、「秘密の暴露」を一度してしまっている以上は、世間やあるいは裁判においても宋さんの無実は信じてはもらえないということであり、無実を誰からも信じてもらえなければ実際に死刑になるかもしれないということのリアルさであったと考えられる。そして、その死刑を回避するためには、何としても情状酌量をしてもらう必要があり、そのためには浅尾刑事にすがるしかないと宋さん自身が考えてしまったのである。(11)

それからもう一つ、宋さんが「恵子の場合は血がつながっているだけ罪が重たいから、このまま否認しとったら間違いなく死刑になるぞ」と言われたということにも注目しておく必要がある。それを聞いた時、宋さんは何としても青木さんが死刑になることだけは避けたいと思った。無実であれば、否認を通して無罪を勝ち取ることをめざすべきであると考えられるのだが、宋さんにとっては、宋さんも青木さんもいったん自白している以上、否認に転じてそれで頑張ったら、青木さんが死刑になってしまうということのほうがリアルに感じられるようになっていた。それゆえに、浅尾刑事から青木さんに自白を勧めろと言われた時、宋さんは手紙を書いてもいいと思ったのである。それはある種の倒錯した心理でもある。また、そこに宋さん自身の情状酌量を得るという打算がはたらいていなかったかと問われれば、それを全く否定するのも難しい。しかし、宋さんとすれば、そうしたのはあくまでも死刑になることから青木さんを救うためであった。

最初に自白に陥った心理のところに書いたように、宋さんにとって青木さんは何としても失いたくない存在だったのであり、それゆえに、浅尾刑事にすがりついてしまったと考えられるのである。宋さんはそのことを、後に接見に来た秋月弁護士に、今日は大芝居を打ったと話している。自分自身を守ることは、時には自分さえ我慢すればと考えて諦めたり、あるいはもはやどうでもよいと自暴自棄になってしまったりして、意外に難しい面がある。それに対して、他者を守るためであるほうが力の出ることがある。宋さんの行動は、結果としては、大芝居というよりも浅尾刑事に操られた猿芝居のようなものにしかならなかった。ただ、ここでの宋さんは、青木さんと宋さんが死刑を回避できるように芝居をしたのであり、最初の自白のように取調べの圧力に負けて自白したというだけのものではないことには留意しておくべきであると思われる。翌九月一三日の取調べを受けている時の気持ちについては、宋さんは次のように供述している。

取調べが始まったころは、浅尾刑事にすがりつきたいという気持ちと、秋月弁護士のこと、やっぱり僕を助けてくれるのかなという思いと、ぶつかり合って、それで、悩みに悩んで、長い時間黙っていました。……浅尾刑事を目の前にしていると、すがりつきたいという気持ちがずるずるずるずる大きくなっていくんです。そして、たまらずに、自供書を書くことに応じてしまったんです（宋さんの控訴審第二五回公判）。

そのようにして宋さんは自供書を書いてしまうことになったのだが、一三日に宋さんが書いた自供書は三通のみで、その前後の自白時に書かれている自供書の数からすると少なく、またその内容も、給油ポンプに関するもの等で、犯行の核心からはやや離れたものになっている。

(4) 再々度自白に陥った時の心理と自白を維持した心理

その後、再度宋さんが否認に転じたのは、一三日の夕方の弁護士の接見で共同記者会見の話を聞いたことによる。この時否認に転じた気持ちについて、宋さんは控訴審で次のように供述している。

浅尾刑事を取るのか、弁護士を取るのか、最後の最後のかけを共同記者会見にしたのです。そして、共同記者会見で、彼女〔青木さん〕の弁護士と一緒に僕の無実を訴えれば、僕が放火してないという声がたくさん上がって、警察も僕に無理な取調べをしなくなると思いました(同右)。

この共同記者会見について、宋さんと弁護人の認識にはずれがあったことについては先に述べた通りであるので繰り返さないが、そのようなずれが生じた理由の一因は、藁にもすがる気持ちの宋さんの早合点と思い込みであったと思われる(12)。また、宋さんの浅尾刑事を取るのか弁護士を取るのかという最後の賭けというのもよく考えてみればおかしいことである。本来は宋さんにとってどちらかを取らないといけないようなものではないからである。ただ、浅尾刑事による心理的支配によってそのような考え方に陥り、追いこまれていた宋さんの心理を、秋月弁護士ももう一つつかみ切れていなかったのかもしれない。そこにはまた、金儲け主義だとか売名行為だといって、秋月弁護士に対して不信を抱かせようとした浅尾刑事の策略もあった。

そして、一四日の昼、最後の拠り所と期待していた共同記者会見のために秋月弁護士が現れなかった時に、すでにそれまで心の支えとしていたものすべてから見放されたと感じていた宋さんは、最後の希望を失って、もはや浅尾刑事にすがっていくしかないと心を決めたものと思われる。また、宋さんの期待していた通りに弁護士が現れなかったことは、浅尾刑事に秋月弁護士の攻撃材料をさらに与える結果となり、浅尾刑事はここぞとばかりに宋さんに秋月弁護士を解任するように仕向けていったのであった。宋さんは、新しく選任した盛澤弁護士に対しては情状酌量でいく旨を話している(13)。信頼できる人や心の支えをすべて失った宋さんは、その後は取調べの終わりに至るまで、浅尾刑事に対抗するような気概を再び取り戻すことはできないままに、その言いなりとなって供述を重ねていった。こうして宋さんは、九月一四日には一二通、一五日には一三通、一六日には二通と大量の自供書を書き、その後はそれらを元に警察や検察で大量の供述調書が作られていったのであった。まさに浜田の言う自白的関係の完成、宋さんの表現では「心の自殺」に完全に陥ったものと言える(14)。それはまた浅尾刑事による宋さんに対する心理的支配の完成でもあった(15)。

ところで、宋さんの供述書を見ると、必要な場合は図も交えて、非常に細かく説明されている。これは一つに宋さんの理知的で几帳面な性格によるところが大きいと思われる。また、供述書が取調官の求めに応じるものとして書かれるのであってみれば、そのように大量の供述書が作成されているのは、宋さん側の事情というよりも取調側の要望によるであろう。そのようにして自白する前の七月三〇日にも大量の供述書が書かれているのだが、宋さんが無実の罪で逮捕されてからも大量の精緻な自供書を書いているのはなぜであろうか。

筆者らは尼崎事件で主犯者に心理的に支配されて犯行に関与した被告人の心理分析を行った際に、恫喝や暴力、虐待、監禁およびそれによる生理的欲求の制限等による無力化と、支配者との関係以外の人間関係から切り離すという孤立化とによってなされる心理的支配の過程、そして、そのようにして支配された被支配者の心理について論じたことがある。[16] 虚偽自白に陥る状況というのは、そうした心理的支配服従関係とも通じるところが少なくない。心理的に支配された状況では、自らの感情や思考に基づいて何かを実行するということは、支配者から処罰されるリスクを増大させるものとして抑制される。その一方で、支配者からの命令や状況が自らに与えた目先の役割については、外から与えられた「なすべきこと」として、積極的に時には持ち前の才覚を発揮しながらやりとげていくことがある。これは、そのようにして協力することによって支配者からの処罰を回避できると同時に、そうした作業に集中することによって（心理的狭窄）、自分の今現実に置かれている状況についてあれこれ考えることによって当然湧き上がってくる感情、憤り、苦痛、深い無力感（絶望）などを感じなくても済むようにする一種の心理的な適応である。[17] 宋さんによって作成された大量の供述書の作成経緯については、そのような心理もはたらいていた可能性がある。[18]

宋さんがその後否認の態度を示すことができるようになったのは、大阪拘置所に移されてから、同房の人が宋さんは無実であるとして話を聞いてくれたことをきっかけとしてであった。その点については繰り返さないが、しかし宋さんの場合、そのように否認に転じた後も、死刑になることを恐れて浅尾刑事と会い、情状酌量の便宜を得るために知人に手紙を出したりしている。その意味では、否認に転じてからもなお、宋さんは浅尾刑事との間に形成された関係の影響を受け続けていたことになる。

冤罪で虚偽の自白をしていた被疑者が、あるきっかけから自白的関係の呪縛を解かれた時には、劇的にそれまでの態度を転換し、心の底にたまりにたまっていた取調べた警察等に対する怒りを爆発させることがあるが、宋さんの否認の場合にはそうした展開が認められない。それには、宋さんの場合、取調べの圧力に耐えきれなくなって自白に陥ったというだけではなく、その後さらに死刑になることへの恐怖も植えつけられて、それを回避するために情状酌量を得るという道を宋さん自身が選択してしまったことが関係していると思われる。すなわち、強圧的な取調べによって成立した浅尾刑事との心理的支配関係は断ち切る決心がついたものの、死刑の恐怖という点はその心理的支配を受け続けていたと考えられるのである。また、宋さんがきっぱりと態度を転換できなかった理由としては、宋さんのめぐみさんに対する関係、その罪悪感も影響していた可能性がある。

それと、宋さんにはここに来てなお、絶望しながらもどこかで青木さんとの関係が回復することへのあわい願いを持ち続けていたのではないかと思われる。その分、自らが置かれている現実にしっかりと向き合うことができていないところがあった。控訴審になって宋さんは、一審の段階では、めぐみさんに対する関係を公表されたくないばかりに放火殺人の罪を認めてしまったことや、そのために青木さんのことをことさら悪者に仕立てることに迎合してしまったということを、青木さんには絶対に知られたくないと思っていたと述べている。それが変わったのは、控訴審の途中になる二〇〇一年四月に、青木さんから宋さんに絶縁状が送られてきたことであった。それによって、宋さんが青木さんに抱き続けていたはかない願いが完全に断ち切られたことによって、宋さんは今回の事件の現実に対してより積極的に向き合えるようになっていったと考えられる。また、宋さんがそのようになれたのには、一審途中で盛澤弁護士が辞任して、その後に選任された弁護団との間に徐々に信頼関係が形成されていったこと、さらに東住吉事件を冤罪と考える市民からも支援を受けられるようになっていったことも大きかったものと思われる。ただし、だからといって、宋さんが虚偽の自白に陥った主な原因がそこにあると言うつもりは全くない。宋さんの虚偽自白は、これまで述べてきたような取調べ状況、取調官との関係、それによって宋さんが陥った心理等によって生まれてきたものとして理解される必要がある。

2　青木さんの場合

(1) 火災後の青木さんの心理状況

次に青木さんが虚偽自白に陥った心理について検討していくことにしたい。青木さんが虚偽自白に陥った心理について考える際には、まず本件火災の後、青木さんがどのような心身の状態であったかをよく理解しておく必要がある。火災のあった七月二二日から翌日にかけての青木さんの様子や、被災後の生活状況等については、第3章で述べているので繰り返さないが、それらの供述からは、火災でめぐみさんを亡くした後、青木さんはめぐみさんを助けられなかったことについての自責の念に苛まれ、自殺念慮を抱き、その影響から食欲もないなど、心身ともにひどく消耗した状況に陥っていたことがうかがえる。さらに、元来の親子関係の不和から実家に身を寄せていても心理的なサポートは十分得られず、むしろその軋轢をきっかけに自殺しようとさえしたほどであった。その後、青木さんたちは実家から出たが、青木さんは心身ともに消耗した状態が続いていた。

(2) 最初に自白に陥った時の心理

七月三〇日の時点で青木さんらは重要参考人扱いになっていて、八月一四日の宋さんの事情聴取の後、八月一七日には心配して宋さんが無料法律相談にも行っていた。しかし、そこで弁護士から、今の状況であればすぐにどうこうなるという問題ではないだろうと言われたことや、その後は警察からの呼び出しもなく経過していたことから、青木さんらも徐々に安心するようになっていった。また、実家を出てウィークリーマンションに移った時には、新しい住所を警察にちゃんと連絡してもいた。すなわち、疑われて不快な思いをすることはあっても、青木さんらは警察には協力する姿勢を示していた。火災から一カ月ほどが経過して、宋さんもようやく仕事を再開し、学校が始まってからは青木さんも洵君の送り迎えをするなど、少しずつ日常の生活も取り戻しつつあった。そうした矢先の九月一〇日の日曜日の朝、突然に任意同行を求められたことは、青木さんらにとってまさに青天の霹靂であった。

青木さんは東住吉警察署に連れて行かれ、洵君も別の車で連れて来られていたが、そこで洵君は青木さんの母親らに引き渡されるという形で引き離される。青木さん自身は取調室に連れて行かれると、いきなり、おまえが犯人で、新見と共謀してやったのだろうと追及されて、青木さんがそれを否定しても全く聞き入れてもらえず、逆に取調べ刑事からは怒鳴られることになった。このように突然に日常生活から切り離されて、窓もなくまた時計もなくて、外の様子も時間の経過さえも分からない取調室という場所に入れられ、そこであからさまに犯人扱いをされるということが、人に大きな衝撃を与えることは想像に難くない。特に警察は市民の味方と信じていて、それまで一度も犯人として逮捕されたことなどない人にとっては、その衝撃と戸惑いの大きさはなおさらであろう。しかも、やっていないと本当のことを言っても相手は全く聞き入れてくれないのである。こうしたことがまず虚偽自白を生む大きな要因になったものと考えられる。任意同行とは言っても、帰りますといってそれを拒否することは実際的には不可能であり、実質的にはすでに身柄を拘束されて、排泄なども自由にはできず、また疲れたからといって横になって休むことも許されず、その状況から逃れられないことは大きな苦痛となる。

そうした状況で、青木さんは様々な圧力、揺さぶりをかけられた。その一つは宋さんとめぐみさんの関係を告げられたことであったが、青木さんはそのことに大きく動揺する。さらに、洵君をお兄さんのところに養子にやる話が出ているとも言われて、それを疑問に思う一方で、その日の朝に洵君と引き離された状況とも相まって、青木さんは、めぐみさんを亡くした上に洵君も取られて、自分は一人きりになってしまうものと思い込んだ。取調べという外部とは遮断された状況に置かれていては、疑問に思ったとしてもそのことについて自分では確かめようがない。情報的には完全に取調べ側に支配された状況で、青木さんは刑事らの言うことを信じるしかなかったとも言える。そして、そのように信じて思い込んでしまったことで、青木さんはさらに自らの心の拠り所を失い、虚偽自白に陥りやすくなっていったと考えられる。

また前述したように、火災でめぐみさんを亡くした後、青木さんは心身ともに憔悴し消耗した状態が続いていて、そのような状態で取調べを受けなければならないことは、その苦痛をさらに大きくしていたものと考えられる。青木さんは当時食事もほとんど取れない状態で、お昼を食べるかと聞かれた時もそれを断っているが、その結果、休憩もないままに取調べは容赦なく続けられた。クーラーが効き過ぎていて寒気がして毛布を持って来てもらっているし、空えずきがしてゴミ袋に唾液を吐いたりもしている。こうした苛酷な身体状態での取調べは、青木さんを虚偽の自白に追いこんでいく大きな要因となったと考えられる。

それに、取調べでは身体的苦痛ばかりでなく心理的苦痛も与えられる。犯人であると決めつけられることが、無実の人にとってはすでに耐えがたい屈辱である。しかも、それで否認をすれば、怒鳴られたり極悪非道な人間として罵倒されたりするのである。また青木さんの場合、一人が怒鳴って一人が宥めるというようにして、心理的な揺さぶりもかけられている。そして、そのようにされてもそれを防ぐすべはなく、その場から逃れることもできないのである。

そのような状況で、青木さんは宋さんが自白したと告げられた。疲れている上に、すでに宋さんとめぐみさんとの関係や洵君の養子の話によって何を信じていいのか混乱しているところにそのように言われて、青木さんの思考はますます混乱したものと思われる。それでもなお、青木さんは否認し続けてはいた。そこに今度は、宋さんが火を付けたところを洵君が見ていると言われたのだった。それを聞いて青木さんは、そうであればなぜ洵君はもっと早く言ってくれなかったのだろうと思い、何が真実なのか訳が分からない状態になってしまった。すなわち、青木さん自身がめぐみさんの殺害を共謀していないことは確かだとしても、宋さんが火を付けたということが本当になかったかどうか確かなことが分からなくなってしまった。自分の記憶に対する他からの支えを失って、青木さんは自分の記憶に自信が持てなくなってきていたということも考えられる。そこにさらに、法廷で洵君と親子で争うのかという刑事の言葉が追い打ちをかけた。めぐみさんを亡くした後、青木さんに残された心の拠り所は洵君であったから、そのように争うことになるのは青木さんにとって耐えがたいことに感じられたものと思われる。

宋さんは自分がやったと認めているし、洵君も宋さんが火を付けたところを見たと言っている、洵君も養子に出されて、自分は一人きりになってしまう、否認すれば洵君と争うことになる、そのように考えて青木さんは絶望し、もう死んでしまおうと思った。そして、その時に刑事からタイミングよく自供書を書くようにと紙を差し出されて、青木さんは絶望した気持ちのままに、自供書を書くのに応じていったものと考えられるのである。

ところで、ここで青木さんが、これを書いたら取調室から出られるかなと思って自供書を書いたと述べている点には注意すべきだと思われる。というのは、青木さんにとっては、自供書を書いてでもとにかく取調べの圧力から逃れたいという一心だったとも解せるからである。確かに、青木さんはその時のことについて、留置場に行ったら首を吊って死ぬつもりで、もう死んでしまうのであればそんな紙に書くことも問題ないという気持ちだったと述べているのであるが、それは実際に死にたかったからということよりも、取調べの苦痛にもはや耐えきれなくなったからではなかったかと思われる。自供書を書くよりほかに取調べ状況から逃れるすべはないとなった時に、自らにそれを納得させるため、死ぬつもりだ、ならば自供書を書いたところで構わないというように考えたところもあったのではないか。実際、青木さんは、自供書を書いていて新井刑事だけになった時には本当はやっていないと言ったり、「殺す」という言葉を使うことに抵抗を示してそのことで刑事に諭されたりというように、取調べの圧力が多少とも緩んだ時にはささやかな抵抗も示している。

ここで青木さんが絶望していなかったと言いたいわけではない。めぐみさんを助けられなかったことに青木さんは強い自責感を抱いていて、それが絶望へと転化しやすい心理状態にあった。心身ともに憔悴していたことも、絶望につながりやすい要因になっていたと考えられる。そして取調べにおいてはいくら本当のことを言っても聞き入れてもらえず、身体的な苦痛や心理的な圧力にさらされてさらに疲労困憊し、取調官から言われることに何を信じてよいかわからない状態にまで陥ってしまったことが、青木さんを絶望の淵に至らしめたと考えられるのである。青木さんは、裁判官による勾留質問では、「警察官から宋がめぐみをセックスのおもちゃにしていたとか、私が共犯者であると自白しているとのファックスを見せられ、頭がボーッとしていて虚偽の自白をしたのです」と述べているが、それもまた、青木さんが最初に自白に陥った時の心境について語っているものとして理解される。

取調べが終わった後、秋月弁護士の接見を受けて、青木さんはやっていないということで頑張っていこうと考えを切り替えることができた。差し当たって、その日は取調べからは解放されたこと、青木さんの話を信じてそのまま聞いてくれる人が現れたことが、考えの切り替えにつながったと思われる。そのことは、青木さんが自白に陥った要因として取調べの状況の圧力がいかに大きかったかをよく表してもいる。

(3) 再び自白に陥った時の心理

翌九月一一日の午前中の取調べは身上に関することで、青木さんは自分の方からあえて否認を言い出すことはしないでいた。しかし、後藤弁護士の接見を受けた後に、できあがっていた調書には犯行を認める内容が書かれていたため、青木さんは署名指印を拒否した。そのために刑事からは怒鳴られたが、青木さんは拒否を通し、その後の検察官による弁解録取、前述の裁判官の勾留質問ともに犯行を否認した。そして、その日の夜には大阪拘置所に移監された。

九月一二日には、午後から大阪拘置所で岡本および新井刑事の取調べを受けて、青木さんは黙秘を通した。拘置所では夜は遅くとも九時までには取調べが終わることになっていて、悪くてもそれまで我慢しさえすれば取調べから解放されるという見通しを持つことができ、取調べの苦痛にも耐えやすくなる。身柄を拘束されて生活の自由が効かないことには変わりはないが、拘置所ではその管理は取調官とは全く別の人に委ねられていて、全面的に取調官に支配されてしまっているわけではないことも大きな違いである。

ところが、九月一三日の午後に青木さんは東住吉警察署に再び連れ戻された。警察署の留置場すなわち代用監獄では拘置所のような取調べ時間の制限はなく、生活は取調官によって大きく支配され、そのことが取調べ関係にも大きな影響を及ぼす。一度は大阪拘置所に移されて少し楽になって、精神的にちょっとほっとした矢先に、再び東住吉署に戻されて夜遅くまで取調べられるということは、青木さんにとって前よりもより辛く感じられたのではないだろうか。さらにまた、そのようにして東住吉署に連れ戻されたという事実が、青木さんの心理に大きな影響を与えることにもなったと考えられる。東住吉署に戻された日の午後の取調べで、青木さんは東住吉署に戻された理由を刑事から聞かされて、その中で、裁判所は弁護士の言うことは信用しない、警察の言うことは信じるんやと言われている。そして、実際にも警察の言う通りになっていることから、青木さんには刑事の言っていることのほうが本当だと感じられるようになっていったのではないかと考えられるのである。青木さんは後に、弁護士を信用する気持ちはあっても、刑事から弁護士の悪口を聞かされていると、だんだん刑事の言っていることが本当に思えてくると述べているが、それには今述べたようなことも影響していたものと考えられる。

翌九月一四日の取調べでは、岡本刑事から怒鳴られたりしながらも、青木さんはそれに耐えていた。

しかし、椅子からすべり落ちるほどに心身の状態は悪化していて、夜になると、青木さんには取調べがもう耐え難くなってきた。しかも、取調べはいつ終わるとも知れなかった。また青木さんには、その頃も自分がめぐみさんを助けられなかったことについては割り切れず、結局自分が助けに行かなかったのが悪かったのかなという思いを抱いていた。そして、そこで刑事からなだめるように、自分で悪いと思ったらもう素直に認めたらいいんや等と言われた時に、青木さんは思わずそれにうなずいてしまったのであった。また自供書を書きながらも、青木さんの頭には再び留置場で死のうという思いがよぎっていた。

これは、最初に自白に陥った時と非常によく似たパターンであると言えよう。心身ともに辛い状態で、そこに取調べが続けられてさらに疲労困憊し、それがいつまで続くか分からないという状況に耐えきれなくなって自白に落ちている。それには東住吉署という代用監獄に連れ戻されたことも大きくかかわっていたと言える。また、そこにはめぐみさんを助けられなかったという青木さんの自責の念もはたらいていた。その夜に接見した山野弁護士の見た青木さんは、疲弊して呆然とした感じであったが、そのことからも再び自白に陥った際の青木さんの心身の状態を窺うことができる。

(4) 完全な否認に転じることができた心理

再び自白してしまったものの、弁護士が夜遅くまで待っていて接見してくれたこと、さらには同房の女の子が、「やったんやったら仕方ないけど、やってないのに認めたら子どもがかわいそうやろ」等と言って青木さんを励ましてくれたことで、青木さんは再び否認を通して頑張るという気持ちに変わっている。

その後、青木さんは再び自白に陥ることはなかったが、それは一つに、同房の女の子との対話の中で、洵君のことや、やったと言ったらめぐみさんも悲しむということをはっきりと自覚したためと思われる。めぐみさんを助けられなかったことの母親としての罪の意識が、母親として否認を貫く勇気へと変わったとも言えよう。人は自分のことだけしか考えられない場合には、自分さえ我慢すればいい、そうすればこれ以上の苦痛も回避できるとか、あるいは青木さんのようにもう死んでしまえばいいなどと考えてしまいがちである。しかし、洵君のためそして亡くなっためぐみさんのためというように、無実であることを貫くべき目的がはっきりした時に、青木さんの否認の意志は揺らぎのないものとなったと考えられる。

(5) 青木さんが早期に完全な否認に転じることができた理由――宋さんとの比較

二度にわたって自白に陥ることはあったものの、青木さんは早期に完全な否認に転じることができた。それに対して、宋さんは否認と自白が変転を繰り返した後、取調べ期間を通じて自白を維持し、完全に否認に転じられたのは第一回の公判になってからであった。青木さんと宋さんのこの違いはなぜ生まれたのであろうか。それについては、青木さんと宋さんのパーソナリティの違いなども含めていろいろな要因が絡んでいると思われるが、虚偽自白の心理として考えた時には、両者には興味深い違いがあるように思われる。

青木さんの場合、早期に否認に転じられたのには同房の女の子の存在があった。青木さんが早い段階で自分の話をそのまま信じて聞いてくれる聞き手に出会えたのに対して、宋さんの場合は、そのような人に出会えたのは、取調べがすべて終わって大阪拘置所に移監されてからであった。また弁護人との関係でも、青木さんが弁護人との関係を維持できて、取調べ期間を通じてずっと弁護人と接見があったのに対して、宋さんの場合は、その理由はともかくとして最初の弁護人との関係がうまく築けず、さらには警察によってそれも断ち切られ、替わって選任された弁護人とはわずか三回の接見があったのみであった。浅尾刑事に心理的に取り込まれてしまったことにより、取調べ期間を通じて、宋さんが弁護人との関係を築けなかったということの違いは大きいと言える。また当時の心理状態として、青木さんはもちろんだが、宋さんもまた、めぐみさんを亡くしたショックや助けられなかったことの自責の念を抱いていたことは理解しておく必要があるだろう。

それらのことは前提としながらも、青木さんと宋さんの自白には、青木さんの自白が基本的に取調べの圧力とそれによる苦痛から生まれていたのに対して、宋さんの場合には、刑事から科学的な装いの追及を受けた時にそれに代わる説明ができなかったということもその大きな要因となっていたという違いがあるように思われる。そのことには、宋さんが火事の原因について説明義務があると思い込んでしまったということも関係している。そのため、青木さんの場合は、取調べの圧力から解放さえされれば否認へと反転する力がはたらきやすいのに対して、宋さんの場合には、宋さん自身の中に説明できないという判断がはたらいているために、否認へと反転する力がはたらきにくくなっていたと考えられるのである。さらに、宋さんの再度の自白においては、秘密の暴露があるとの刑事の言葉を信じてしまったことで、そうである以上は否認しても信じてもらえず、情状酌量をしてもらうしかないという考えに陥ってしまったものと考えられる。そして、そこに弁護人との関係の断絶なども加わって、刑事に心理的に支配される関係ができあがってしまったと思われるのである。また、心理的に支配されればされるほど刑事の言うことが本当のことに思われ、死刑に対する恐怖も強くなり、刑事にすがるよりないという無力な状態になって、それによってますます刑事に心理的に支配されることになるという悪循環に陥っていたということも考えられる。

宋さんの場合には、取調べの圧力に加えて宋さん自身の判断もしくは思い込みも重なることによって、取調官に心理的に支配される関係ができあがってしまい、自白に追いこまれただけでなく、その後もその関係を維持することになってしまったものと言えよう。一方、青木さんの場合は、取調べの圧力によって自白に追いこまれたのではあるが、そのように取調官によって心理的に支配される状態にまでは陥らなかったものと考えられる。それは一つには、青木さんが宋さんと違って火災原因についての説明義務があるとは考えなかったこと、すなわち犯行を否認することと火災原因を説明するということを結び付けなかったためであると言える。青木さんには、めぐみさんを助けられなかったことの自責の念を除けば、取調べの圧力に屈しないでいられるようにさえなれば否認に転じることを妨げるものはなかった。また、比較的早い段階で完全に否認に転じられた結果、宋さんが陥ったような無力感にまで至らないで済んだということも言えるだろう。それには、青木さんの場合、早い段階から弁護人や同房者によって心理的な支持が得られたということのほかに、弁護人の助言により警察に対してはっきりと対抗的な態度を取ることができていたことも大きかったものと思われる。

第11章　目撃証人、洵君と河内さんは何を語っていたのか

ここまでは宋さんと青木さんの供述を中心に検討してきたが、最後に洵君と河内さんの供述についても検討しておきたい。というのは、一審から上告審に至る有罪判決ではそれらの供述がその一つの根拠とされていたからである。しかし、それらの判決が洵君や河内さんの供述の信用性について判断を誤っていた可能性はないだろうか。(1)

1　洵君の供述

(1) 洵君の供述の重要性

まず洵君の供述から検討することにする。本件が放火殺人であるということになれば、犯人とされた宋さんと青木さん以外では、洵君は犯行現場に居あわせた唯一の人物になり、犯行を立証する上で重要な目撃証人ということになる。実際、本件火災が放火によると考えられるようになって、洵君は七月三〇日と八月二日に警察で事情を聴かれているし、九月二一日と九月二七日には検察官による事情聴取を受けて調書が作成されている。(2) そして、火災から約一年八カ月後の一九九七年三月一九日には公判で証言をしている。

洵君の供述は、特に次の三つの根拠とされていたという点で重要である。
①火事になる直前に宋さんがガレージに下りていること。
②火が出て、青木さんが洵君を連れて逃げようとする前に、青木さんはめぐみさんを呼んで助けようとはしていなかったこと。
③青木さんと洵君が逃げる時には、火も煙もまだひどくはなかったこと。
これらの内容は、検察側が想定していた犯行事実にとって必須な部分を構成している。①については、それが事実であったからといって直ちに犯行の裏付けになるわけではないが、犯行の上では不可欠の部分である。②についても、直ちに殺害の意図と結びつくものとは言い切れないが、もしめぐみさんを殺害しようとしていたのであればそうでなければならない。③については、そうであったとすれば、青木さんにはめぐみさんを助けようとする意図がはたらいていなかったものと考えられ、殺害の意図があった故ではないかと類推されるものである。

ここでの問題は、これらの供述の起源がどこにあると考えられるかということである。洵君の体験記憶によるのか、取調官の誘導によるのか、それともそれ以外の事後の情報等によるのかということである。本件火災が発生した時、洵君はまだ八歳、小学校三年生の子どもであった。八歳であれば、適切な聴取方法を取れば、体験した事柄についてかなり正確に話すことは可能であると考えられている。しかし、本件の事情聴取がそのように適切なものであったと言えるかどうか。特に八月二日の警察による事情聴取は、宋さんの取調べも担当していた浅尾刑事によってなされているが、その時には宋さんらはすでに重要参考人であると考えられていた。したがって、当然のことながら、浅尾刑事もそうした想定のもとで洵君を取調べていたと考えられる。子どもの場合、一般的に大人よりも被暗示性が高く、誘導されやすいことが分かっている。洵君についても、その供述がそうした誘導によるものではなかったかどうかが問題となる。

(2) 警察官による事情聴取

最初に、浅尾刑事によって聴取された八月二日付供述調書の中から、前記の①〜③にかかわるところを取り上げる。まず①に関してであるが、竹野内さんを送って家に帰ってきて、部屋に上がった後、めぐみさんが風呂に入り、洵君も風呂に入るために先にトイレに行ったと述べている。それに続く供述は次の通りである。

僕がトイレから出てきたら、パパとママは何か話してたわ。何を話してたか覚えてへんわ。ほんで僕は一人で部屋の中でゴロゴロしてたてん。パパはママと五分位話をしてたかな。急に戸を開けて車のところへ行ってん。僕は何しに行ったんかなと思っててんけど、ちらっと見たらな、ガラスのちょっと離れた前の、車の横のへんに立ってたんや(八月二日警察官調書)。

この供述によれば、洵君がトイレから出てきたあと、宋さんは青木さんと話をしていたが、急にガレージに下りていって、車の横に立っていたことになる。

次に②および③に関する同調書における洵君の供述は次の通りである。

水をかけたらママはすぐに一一九番してたわ。僕は、めぐ大丈夫かな、風呂に入ってて分かってるかな、ということだけしか考えてへんかったわ。だから、ママの電話かけてるそばで、メグメグ、出て来いって、大きな声で言うてん。ママは電話を切って、逃げるでってすぐに言うたわ。僕はママに、二階に逃げよと言ったんや。だけどママは、裏行くでと言って、裏の庭の方に僕を引っぱって行ったんや。……でもな、まだあんまり煙も出てへんかってんで。だって僕あんまり目痛くなかったもん。だけどなママな僕が、めぐめぐって言っても僕の手を引っぱって裏口から出て行ってん(同右)。

これによれば、一一九番通報した後、青木さんはめぐみさんに声をかけることもなく、洵君を連れて裏庭のほうに逃げた、そして、その時にはまだあまり煙も出ていなかったということになる。

ところが、再審請求抗告審段階で新たに開示された、七月三〇日に洵君から聴取された内容についての報告書によると、これらの警察官調書の内容とは異なる供述が認められる。

僕も自分のパンツ出して、お風呂に入ろうと思ったけど、お父さんとお母さんが話をしていたのでそれを聞いていた。僕とお父さんは上がってくる所で、お母さんはテーブルのところにいた。……〔そうして〕お父さんとお母さんが話している時、お母さんが急に、燃えてるって言った。……お母さんは、階段のところに置いていた電話から一一九番した。僕はお母さんに二階に上がって逃げようと言ったけど、お母さんは裏へ行きと言って裏の方へ逃げた。僕はお姉ちゃんが心配で、メグメグって大声で言ったけど、お姉ちゃんから返事はなかった。お母さんもお姉ちゃん呼んでいたかも知れない。僕らが逃げる時、まだ煙は一杯出てなかった。僕は煙を吸ったりしなかった(七月三〇日警察官作成の報告書)。

この報告書では、①に関して、宋さんがガレージに下りたことが出てこない。また②に関しては、

「お母さんもお姉ちゃん呼んでいたかも知れない」となっていて、先の警察官調書の内容とは異なっている。

問題はどうしてこのような供述の変遷が起こったと考えられるかであるが、①に関する供述の変遷については、宋さんらによる洵君に対する口止めということで先にも触れた通り(本書一七五―一七八頁)、八月二日の警察官調書の中に、七月三〇日には洵君が敢えて言わなかったことがあったが、それはめぐみさんのお通夜の前に宋さんや青木さんからいらんこと言わんでいいぞといって口止めされていたからであるという旨の説明がある。

ところで、それに関しては、後の九月二一日の検察官調書にも洵君の供述があるので、その部分も引用しておくと次の通りである。この検察官調書は問答形式になっている。

〈洵くんは最初に警察の人に焼けた家に連れて行ってもらったときに、火が出る少し前にパパが玄関に降りて行ったことを教えてくれなかったみたいだけどどうして。〉最初言わん方がいいと思ったから。〈何で言わない方がいいと思ったの。〉パパかママに怒られると思ったから。〈じゃあどうしてお話ししてくれる気持ちになったのかな。〉警察行ってそのこと喋ったって家に帰ってからママに言うた。内緒にしとこう思っとったんやけど。でもママ怒らんかったから、もう言うてもええかと思った。パパには喋ってるて言うてない(九月二一日検察官調書)。

これによれば、七月三〇日の時点では、宋さんらに怒られると思って言わなかった、しかし、警察でしゃべったことを青木さんに話しても怒られなかったから、もう話してもよいかと思って話したということになる。しかし、七月三〇日の時点ではしゃべっていないのだから、警察でしゃべったことを青木さんに話しても怒られなかったというのは、八月二日以降のことでなければならない。とすれば、上の説明は七月三〇日から八月二日にかけての①に関する供述の変遷の説明にはなっていない。また、②に関して「お母さんもお姉ちゃん呼んでいたかも知れない」という供述が消えた理由も定かではない。これらのことからは、八月二日の供述調書の内容については、取調官の誘導がはたらいていた可能性を否定できないように思われる。(3)

また、次のことも指摘しておきたい。それは警察官調書の中で、洵君が「実は僕なおかしいなと思っててん。……だからパパやママがいらんこと言わんでいいぞと言われたときに、すぐにパパが車のところから部屋に入ってすぐ車が燃えたことは言ったらあかんと分かっててん」と述べている点である。これだと、洵君はお通夜の前の時点で宋さんらからいらんこと言わんでいいぞと言われた時に、宋さんが火を付けたのではないかとすでに疑っていたことになる。しかし、宋さんがガレージに下りて車の横にいたところを見ていたとしても、それだけでそのように疑うということがあるだろうか。宋さんがガレージに下りるということは日常生活の中のありふれた一コマに過ぎない。それを見たからといって、そのことを後に火事になったことと結び付けて、八歳の子どもが、宋さんが放火したのではないかと疑うようになるというようなことはあり得ないことではなかろうか。七月三〇日の報告書の中には、洵君から聴き取った内容として、「お姉ちゃんのことで、無茶苦茶なことを新聞が書いた。毎日、新聞見て記事が載っていないか見ている」ということが書かれている。それが当時の洵君の理解している状況であったとすれば、洵君の先の警察官調書の供述は逆行的構成である可能性が高い。もう一点、洵君の次の供述も取り上げておきたい。

パパが部屋に入って来てから、ママが「燃えてる」って言うまですぐやったで。僕目つぶってあのときのこと思い出したるから、おっちゃん時計で時間計ってみ。（このとき供述人は、目を閉じて当時の状況を頭中で再現することを申し出、本職は供述人が申し出た時間を計測することとした。）ええか計っときや。パパが入って来て戸を閉めました。しょうじの上に手を起きました。はいっ、ママが「燃えてる」と言いました。（このとき供述人が目を閉じて当時の状況を頭中で再現し、パパが戸を閉めてからママが「燃えてる」という間の時間を計測したところ七秒位であった。）七秒やったか。そんなもんかな。ほんまにすぐやったわ（八月二日警察官調書）。

ここでは洵君は当時のことを思い出しながらその時間を再現していることになっているが、そのようなことがはたして可能であろうか。その時に意図して空で数を数えるなどしていれば、その時間を再現できる可能性もあるかもしれないが、洵君はそのようなことをしていたわけではない。それに、青木さんが「燃えてる」と言うまでは、洵君もごく日常の生活を送っていたのであり、宋さんがガレージから戻ってきたこともやはり日常の一コマに過ぎない。取り立てて分節されることもない場面についてそのような時間の記憶を保持しているというのは、これもまた考えにくいことである。

⑶ 検察官による事情聴取

次に、検察官による事情聴取の内容についても見ておきたい。ここでも先に挙げた三点について取り上げたいが、①については次の通りである。

〈じゃあ、ママが最初に「燃えてる。」と言うまでの間、ママもパパも洵くんも、みんなずっと部屋にいたの。〉パパが一回車のとこに降りた。〈いつ。〉メグがお風呂に入って、パパとママがしばらく話ししてたあと。〈洵くんはパパが降りていくとこを見てたの。〉降りていくとこはなあ、ようわからんねん。〈降りてくとこを見たかどうかはわからないの。〉うん。僕トイレ行ったり、いろいろ行ったりしとったからなあ。〈じゃあ、どうしてパパが車のとこに降りたってわかったの。〉僕がついたてのとこ行ったときにな、戸の向こうの車のとこにパパがいるのが見えてん（九月二一日検察官調書）。

先の警察官調書では、「［宋さんが］急に戸を開けて車のところへ行ってん」となっていたのだが、この検察官調書では、下りていくところを見たかどうかは分からない、下りて車のところに宋さんがいるのを見たということになっている。②③に関する部分については、警察官調書の内容と特に食い違いは認められない。

(4) 公判証言

では次に、公判証言についても見てみたい。ここでも先の三点に関するところを取り上げていくことにするが、まず①については次の通りである。

〈めぐちゃんがお風呂に入ってから、前のパパが車のあるところに下りていくということは、ありましたか。〉はい。〈洵君は、前のパパが車のとこに下りてるのを見た。〉はい。〈じゃあ、そのときに前のパパがどこら辺にいたかは分かる。〉忘れました。〈この車の横か後ろかというぐらいなら、分かる。〉はい。〈横か後ろか、どっちでした。〉横（一九九七年三月一九日青木さんの一審公判）。

検察官調書では下りていくところを見たかどうかはよく分からない、下りて車のところに宋さんがいるのを見たとなっていたのが、ここでは、下りていくということはあった、宋さんが車のとこに下りてるのを見たということになっている(ただし、この表現だけでは、宋さんが下りていくところも洵君が見ていたのかどうかははっきりしない)。また、そのときに宋さんがどこにいたかについて、ここでは最初「忘れました」と答えている(その後の検察官からの質問は誘導尋問である)。

さらに、宋さんが下りてから部屋に戻った時のことについては次の通りである。

〈前のパパは車の近くには、しばらくいるみたいでしたか。〉はい。〈前のパパがお部屋に戻ってくるのは、見ましたか。〉いいえ。〈お部屋に前のパパが戸を開けて戻ってくるところ自体は、覚えてない。〉覚えてません。〈火がついたのは、そのあとやったかどうかは覚えてる。〉覚えてません。〈そしたら、そのあと、ママかパパがお部屋で何か言ったのは、覚えてる。〉……(間)覚えてません。〈ママが火事やと言ったということは、なかった。〉ありました(同右)。

洵君は、ここで宋さんが部屋に戻ってくるのは見たのかと聞かれて、「いいえ」と答えている。警察官調書では、宋さんが部屋に戻ってきてから青木さんが「燃えてる」というまでの時間を頭の中で再現して七秒と答えていたところである。戻ってきたところを見ていなければ、当然のこととして、その間の時間は再現できないはずである。さらに、洵君は、宋さんが車の横にいたこともしくは宋さんが部屋に戻ってきていたのと火事になったのとどちらが先だったのかとの問いに覚えていないと答えている。

その後、洵君はこの部分については再度問われて、宋さんが車の横にいたあとすぐに、青木さんが火事やと言ったというように認めている(ただし、ここで洵君は「はい」と答えているだけで、検察官の誘導尋問になっている)。

〈じゃあ、パパがさっき車の横に下りてたという話をしてくれたね。〉はい。〈あ、パパが車の横にいるなと思ってから、ママが火事やと言うまではすぐやった?〉……(間)はい(同右)。

しかし、その後弁護人から改めてその点を問われた時には、また覚えていないと答えている。

〈それで、パパがガレージに下りたのは、ママが火事やと言ったのと前ですか、後ですか。それは、はっきり覚えてますか。〉覚えてません(同右)。

そうだとすれば、先の検察官による確認に対する答えは誘導尋問によって成立したもので、実際にはその点についてはっきりした記憶はなかった可能性が高い。すなわち、検察側の立証にとって必須となるはずの宋さんがガレージのところに下りた後に火事になったという記憶が、洵君には確かな記憶としてはなかったことになる。もちろん、覚えていないということであるから、火災後証人尋問までの約一年八カ月の間に、記憶が薄れてしまったという可能性も否定はできない。しかし、覚えていないのであれば、先の検察官調書等における供述の起源についてはより慎重な検討を要すると言える。

次に、②③の点に関する公判での洵君の証言を取り上げる。

〈ママは、一一九番の電話をしてから、どうしました。〉裏へ行った。〈それは、洵君と裏に行ったの。〉はい。〈じゃあ、一一九番の電話のあと、裏に行くまでにママはお風呂場には行かなかった。〉はい。〈すぐ裏に行ったの。〉はい。〈ママは、一一九番の電話のあと、お家の中でめぐちゃんを呼んだりした。〉はい。〈呼んだ? どうやったかな、お家の中で呼んだかな。〉いいえ。〈外に行ってから呼んだの。〉はい。〈じゃあ、洵君とママが裏に逃げるときですけど、火は電話のある部屋まで来てましたか。〉いいえ。〈じゃあ、そのときは、まだ火は車のある車庫のところにあっただけでしたか。〉はい。〈じゃあ、裏に逃げるときですけど、煙は電話のある部屋まで入ってきてましたか。〉はい。〈そしたら、目が痛かったり、せきするぐらい煙は来てましたか。〉いいえ。〈ちょっとだけやった。〉はい。〈そしたら、裏に行く前にお風呂場まで行こうと思ったら、火とか煙とかに邪魔されずに行けるぐらいでしたか。〉はい(同右)。

洵君は、「ママは、一一九番の電話のあと、お家の中でめぐちゃんを呼んだりした」と聞かれて、いったん「はい」と答えている。その後、「呼んだ？ どうやったかな、お家の中で呼んだかな」と再度聞かれて「いいえ」と答え、「外に行ってから呼んだの」と聞かれて「はい」と答えている。しかし、この部分は明らかに誘導である。青木さんが家から逃げる前にめぐみさんを呼んだかどうかについては、その後裁判官も確認している。

〈それから、さっきの話だと洵君は家から出るときにめぐと呼んだということやね。〉はい。〈前のママは、全然呼んでなかったの。〉覚えてません(同右)。

ここで洵君は覚えていないと答えており、その点についてもはっきりした記憶がないことが窺える。

③については、先に引用した箇所で、洵君は「裏に逃げるときですけど、煙は電話のある部屋まで入ってきてましたか」と聞かれて「はい」と答えている。その後のやりとりで、目が痛かったり、せきするほどではなかった、ちょっとだけやった、お風呂まで行こうと思ったら、火とか煙とかに邪魔されずに行けるぐらいだったという旨を答えているのだが、洵君は「はい」とか「いいえ」と答えているだけで、検察官の誘導による答えであることには注意を要する。

このようにいずれの点についても、洵君の供述に揺れがあり、明確な記憶がないところが認められるとすれば、それらを事実認定の際の根拠とすることには相当に慎重でなければならないはずである。

⑸ 公判証言における尋問形式の問題

右で引用したところでも明らかであるのだが、公判証言では、洵君は質問に対して「はい」「いいえ」等と答えるのみで、質問された内容以上の情報を付加した答えをほとんどしていない。浜田は、その鑑定書において、公判における洵君の応答を次の七つに分類して、その頻度を算出している。

- 肯定応答：尋問に「はい」と答えたか、尋問に含まれる言葉をそのまま使って肯定的に答えたもの
- 否定応答：尋問に「いいえ」と答えたか、尋問に含まれる言葉をそのまま使って否定的に答えたもの
- 択一応答：「○○ですか、××ですか」といった尋問に、どちらか択一で答えたもの
- 情報付加：尋問に含まれない情報を付加して答えたもの
- 忘却不知：尋問に「わかりません」「覚えていません」「知りません」などと答えたもの
- 沈黙：尋問に答えなかったもの
- その他：家の間取図を示して、位置を指示させたり、位置を記号で記させたりしたもの

公判における尋問―応答は検察官、弁護人、裁判官の尋問すべて合わせて四四七回あるが、尋問者の種別ごとに右の応答パターンによる洵君の応答の回数ならびにその割合を示せば、表11-1の通りである。

表11-1　尋問者の種別ごとにみた洵君の応答パターン別の応答回数ならびにその割合

	検察官に		弁護人に		裁判官に		全体で	
肯定応答	116	52.5%	87	52.7%	33	54.1%	236	52.8%
否定応答	17	7.7%	17	10.3%	7	11.5%	41	9.2%
択一応答	9	4.1%	4	2.4%	3	4.9%	16	3.6%
情報付加	34	15.4%	11	6.7%	6	9.8%	51	11.4%
忘却不知	16	7.2%	43	26.1%	11	18.0%	70	15.7%
沈黙	4	1.8%	3	1.8%	1	1.6%	8	1.8%
その他	25	11.3%	0	0.0%	0	0.0%	25	5.6%
合計	221	100.0%	165	100.0%	61	100.0%	447	100.0%

一般的にもそうであるが、特に小さな子どもなど被暗示性の高い供述者から供述を得る場合には、適切な聴取方法を用いることが大事である。その質問方法としては、包括的で開かれた、つまり答えが縛られない質問(open question)のほうがよいことがこれまでの研究から明らかにされている。[(4)] しかしながら、表11－1からは、そのような質問に対応すると考えられる情報付加の認められる応答は、もっとも多い検察官の場合でも約一五%しか認められない。逆に、そうではなく「はい」か「いいえ」で答える閉ざされた形式の質問(closed question)に対応する肯定応答と否定応答は、合わせて六〇%以上――択一応答も加えるとさらに増える――を占めている。子どもなどの場合には、質問内容のいかんにかかわらず迎合的に「はい」と答えてしまう傾向のあることが認められているが、洵君の場合も五〇%以上の質問で「はい」と答えている。また、同じ質問を繰り返された場合も、最初の答えが間違っていたために再度聞かれたものととらえて、最初とは違う答えをしやすい傾向があることも分かっている。つまり、そのようなことが意図せざるとも誘導となりうるのである。前述した「ママは、一一九番の電話のあと、お家の中でめぐちゃんを呼んだりした」と聞かれて、いったん「はい」と答えた後、「呼んだ？　どうやったかな、お家の中で呼んだかな」と再度聞かれて「いいえ」と答えている例でも、同

じことが繰り返し尋ねられていた(5)。

目撃証言で期待されているのは、目撃者が自分の体験した事実を、その記憶に基づいてできるだけ正確に伝えることである。しかし、洵君の公判証言を見ると、記憶に基づく正確な供述を得るために適切な形式の尋問方法が取られているとは言い難く、証言を通して得られた情報の大半は、実際には洵君よりも尋問者に由来していると言わざるを得ない。これは、例えば先の公判でのやりとりを、尋問者の発言と洵君の応答に分けた上でつないでみれば一目瞭然である。

【検察官】

ママは、一一九番の電話をしてから、どうしました。／それは、洵君と裏に行ったの。／じゃあ、一一九番の電話のあと、裏に行くまでにママはお風呂場には行かなかった。／すぐ裏に行ったの。／ママは、一一九番の電話のあと、お家の中でめぐちゃんを呼んだりした。／呼んだ？　どうやったかな、お家の中で呼んだかな。／外に行ってから呼んだの。／じゃあ、洵君とママが裏に逃げるときですけど、火は電話のある部屋まで来てましたか。／じゃあ、そのときは、まだ火は車のある車庫のところにあっただけでしたか。／じゃあ、裏に逃げるときですけど、煙は電話のある部屋まで入ってきてましたか。／そしたら、目が痛かったり、せきするぐらい煙は来てましたか。／ちょっとだけやった。／そしたら、裏に行く前にお風呂場まで行こうと思ったら、火とか煙とかに邪魔されずに行けるぐらいでしたか。

【洵君】

裏へ行った。／はい。／はい。／はい。／はい。／いいえ。／はい。／いいえ。／はい。／はい。

／いいえ。／はい。／はい。

(6) その後の洵君の供述

以上、公判証言における尋問方法の問題について論じてきたが、目撃供述の聴取ということでは、洵君はすでにそれまでにも警察や検察で繰り返し事情聴取を受けているのであるから、本来そこでの聴取方法が適切なものであったかどうかがより大きな問題である。その際の取調べが誘導的なものであったとしたら、それによって得られた情報——公判での検察官の尋問はそれに基づくと考えられる——が本当に洵君の記憶に基づくものであるかどうかは疑わしい。さらに、そのような取調べによって洵君の記憶が公判証言をする時点では変容してしまっていた可能性もある。

ところで、東住吉事件について特集した『ザ・スクープ』では、一九歳になった洵君もインタビューに答えていた。それによれば、警察による事情聴取では、「怒鳴られたり、「覚えてない」と言ったら、「覚えてるやろ!」って。とにかく怖かった」ということである。取調べには立会人がいたことになっているが、実際にはたった一人で取調べを受けたこともあったという。当時まだ八歳であった洵君に対してそのようにして聴取された供述内容は、本当に洵君が火事の時の体験を話したものであるのかどうか疑わしい。洵君は『ザ・スクープ』のインタビューの中では次のように話していた。

お母さんは「めぐちゃん」って言ったけど出てこなくて、助けようと思って〔風呂場へ〕行こうと思ったけど、煙があったんで。〈火や煙っていうのは、どんな感じだった?〉煙はすごかったと思います。目が痛かった。

これらは、火災の後に警察や検察で取られた調書の内容とは明らかに食い違っている。もちろん、こちらの答えのほうが、記憶の変容によるものである可能性もないとは言えない。洵君の事情聴取が実際にはどのようなものであったのか、またその中で洵君はどういうことを話していたのかについては、それが可視化されていない状況では最終的には確かめようのないところがある。しかしながら、先の『ザ・スクープ』の中で、青木さんの友人の森山さんは、「「恵子さんはめぐちゃんを殺すようなことは絶対ない」と言ったら、「青木恵子がウソをついているんだ」と机をバーンと叩かれた」と述べている(6)。被疑者ばかりでなく関係者の取調べでも、その供述内容はその本人の述べるところがそのまま記されているとは限らず、取調官の考えるところによって相当に歪められた内容になっている可能性は否定できないと思われる。

筆者は、青木さんらの再審無罪判決が出た後の二〇一六年九月二七日に、洵君に実際に会って、火災当時のことなどについて話を聞くことができた。当時はまだ八歳であった上に、すでに火災から二〇年あまりが経過しており、当時のことについてはごく断片的な記憶しか残っていないとのことであった。それから事情聴取についても聞いたところでは次の通りであった。

〈覚えていること？〉確か浅尾かなんか、というのに受けて。結構、結構「おかんがやったんやろう！」みたいな、感じの。〈そういう聞き方をされてきた。〉だから、小さい頃なので、こわいイメージしか。……〈あと？〉その後、謝りに来たのか何か。〈浅尾が？〉はい。家に来た記憶が。なんかそんな記憶が。その人かどうかわからないけど来た記憶がなんかある。多分その人だと思う。何かわからないけど、キャッチボールをしたようなしてないような記憶が。〈それはおかんがやった云々と聞かれた後ですよね。〉後(筆者による聞き取り)。

もう一点筆者が聞いたのは、洵君が本件火災についてどのように認識していたか、つまり放火と思っていたことがあったのか、そうだとすれば宋さんや青木さんがその犯人だと思っていたかどうかということである。それについては、宋さんがやったと思っていたということであった。いつからそのように思うようになったのかについては、放火ということになって、青木さんと宋さんが捕まって、なかなか帰って来られなくてということであった。青木さんについては、分からないから半信半疑だったという。それが青木さんも宋さんもやっていないと思えるようになったのは、高校入学した後に、当時まだ大阪拘置所に勾留されていた青木さんに面会に行くようになって、そこで青木さんからやっていないという話を直接聞いてからだったということであった。そうだとすると、洵君が青木さんの公判で証言した当時は、青木さんの関与については半信半疑だったものの、宋さんが放火したものと思い込んでいたということになる。それには火災後の報道、そして何よりも青木さんと宋さんが警察に逮捕されたまま家に戻ってこないという現実によっていた。洵君は、公判で宋さんが火を付けたところを見たといった証言はしていないが、火災後の状況によって生まれたそのような思い込みが、公判での証言にも何かしら影響していた可能性はある。

2 河内さんの供述

本件で、洵君の証言とならんで、宋さんの自白と有罪判決に大きく影響したと考えられる目撃証言として、宋さんに消火器は渡さなかったとする河内さんの証言がある。宋さんは、自白前と否認に転じた後において、河内さん方――火災直後は誰からかは分からなかったが、その後河内さんに確認したとしている――から消火器を借りて、消火活動をしたと一貫して述べている。宋さんの供述内容は、河内さん方から消火器を借りて行った場面ばかりでなく、その消火器を使って消火活動をした際の状況も述べられており、具体的で詳細であると言ってよいだろう。

また、先に論じた通り、東住吉消防署消防司令補が作成した聞き込み状況書によれば、河内さんも火災の直後には、宋さんと考えられる男に消火器を貸したことを認めていたと考えられ、(7)そうだとすれば、河内さんの供述には変遷があることになる。宋さんが、浅尾刑事から、河内さんは宋さんに消火器を貸していないと話していると言って追及されていることからすると、河内さんは、それ以降に警察等から事情聴取を受けていたものと考えられるが、宋さんらが逮捕された後になる九月二〇日の検察官調書には、概略次のような内容が認められる。

私が土間南側の三畳間で机に向かって新聞を読んでいると、私の家の前の道路から、消火器、消火器と言う男の声が聞こえた。消火器と言えば火事しか考えられないので、火事だと思い、玄関のドアを開け表路上に出ると、玄関前の路上に年齢三〇歳位の若い男が立っていた。火事と言うことに気を取られていたので、その男がどこの誰でどのような男であったかについては、はっきりとは覚えていない。ただ、何となくだがその男が上半身裸であったような記憶がある。直接この男から、消火器を貸してくれとも火事とも言われていないが、この男が消火器を探していると思い、台所に置いてあった消火器を取りに部屋に戻ると、その男も私について上がってきた。しかし、私が台所の壁に掛けてあった消火器を取り外していると、男は私が消火器を取り外す前に再び外に出ていってしまった。その男が、その後どこに行ったかは分からない。私が消火器を外して表に出た時には、その男の姿はどこにもなかった。この時青木さん方を見ると、白いポロシャツを着た男の人が消火器を使って消火活動しているのが見えた。そこで、青木さん方が火事であると思い、消火器を青木さん方前まで持っていき、その男の人の横に置いた。その男の人は、自分の使っていた消火器が使い終わると、私が持っていった消火器を使って消火を続けた。

宋さんには消火器を渡していないという河内さんの供述に対して、先の聞き込み状況書が弾劾する証拠となり得るかどうかについては、宋さんの上告審で、最高裁が河内さんの署名押印がないことを理由にそれを否定していたことはすでに述べた通りである。しかしながら、その判示によれば、その書面だけでは証拠たり得ないとしても、それを作成した消防司令補が河内さんがそのように話していた旨を公判で証言していたならば、それは弾劾証拠ともなり得たのである。またそのことは措くとしても、供述調書には署名押印があるからと言って、あるいは公判で宣誓の上で証言しているからと言って、記憶の錯誤等もあり得るとすれば、それだけでその供述内容の信用性が保証されるというものでもない。

心理学的な視点からすれば、目撃供述については体験後のできるだけ早い時点で聴取された内容、そして最初に聴取された内容がもっとも信用性が高いと考えられる[8]。時間が経過すれば記憶は減衰しやすいし、その後の入って来た情報によって変容することも少なくない。その意味では、消防司令補の報告内容は心理学的にはもっとも好条件で得られた供述の報告である。聴取者が聞いた内容を報告書にまとめる際に誤ったりあるいは意図的に歪めたりする可能性などもあり得るとすれば、最高裁の判断には理があることである。しかしながら、それは目撃供述そのものの信用性とは異なる問題である。心理学的に見た場合には、その出来事を体験した後、その供述に至るまでにどのような経過があって、またどのようにしてその供述が聴取されたかといった点が重要であり、その供述の信用性を判断するに際しては、そうした視点からもよく吟味した上での判断が望まれる。

この例について考えれば、本件では火災から五日後の七月二七日の時点で放火の可能性を示唆する新聞報道がなされていた。また宋さんらが述べているところによれば、七月三〇日の時点では、警察は明らかに宋さんらを放火殺人の犯人として疑っていた。そうだとすれば、それ以降は、関係者からの事情聴取に際しても、そのような前提で聴取が行われていた可能性は高いと言えるだろう。さらに、洵君や青木さんの友人が述べているところからすれば、警察はその他の関係者からの事情聴取に際しても、青木さんや宋さんを犯人と決めつけ、かなり強引なやり方で聴取をしていたという可能性も否定できない。また一般的に、市民が事件等の目撃者になった場合には、警察の捜査さらには犯人の検挙にできるだけ協力したいという心理がはたらきやすいとされる。すでに宋さんらが放火殺人の犯人であるとの疑惑が世間に広がっていた時に、河内さんが捜査官から「本当に消火器を宋に渡したのか」等と尋ねられて、供述に迷いが出ることはなかっただろうか。そして、そのようにして宋さんには消火器を渡していないとする供述がいったん引き出された場合には、その話した内容が二次的記憶像(9)となって、その後の供述の起源になるということも考えられる。

もし宋さんが述べていることが事実であるとすれば、河内さんの検察官調書における供述内容は、今述べたような影響を受けて構成されたストーリーであると考えられる。すなわち、河内さん方に上半身裸の男が消火器を借りに来たというところまでは概ねその通りだが、実際はその男が消火器を取って持って出て行ったにもかかわらず、消火器を取って持って行ったという部分は記憶から脱落し[10]、その後消火器が河内さん方から持ち出されていて、それが青木さん方で消火に使われたという事実から、河内さんが消火器を青木さん方の前まで持って行って、白いポロシャツの男によって消火に用いられたというふうにストーリーがつなげられたということになる。巌島行雄は「複雑な出来事の記憶は、そのほとんどが構成的であるということを知っておくことが重要である。つまり、記憶は決して受動的に記憶されるのではなく、積極的に構築され、削られ、本人が納得するようなかたち(意識的でない場合もある)で構成されるものである」と述べている[11]。心理学的に検討した場合、河内さんの供述にはそのようなリスクも含まれているというべきであり、それを事実認定の根拠とすることには慎重でなければならない。

第Ⅳ部　裁判官はなぜ判断を誤ったのか

第12章　判断を誤った理由

第Ⅲ部では、宋さんと青木さん、さらには洵君ら目撃者の供述について、それが心理学的にはどのように理解できるかについて論じてきた。そして、宋さんや青木さんの供述分析の結果からは、宋さんや青木さんが真犯人であると考えることには心理学的に見た場合には無理があり、無実であると考えた場合のほうがそれぞれの一連の供述についてその成立の経緯を心理学的に理解しやすいことを述べた。第Ⅳ部では、そこでの検討結果も踏まえて、本件で有罪判決を下した宋さんならびに青木さんの一審と控訴審の裁判官――上告審は本件の事実関係について判断していないので、ここではその対象としない――は、なぜその判断を誤ったのかについて確認していきたい。

1　有罪判決と無罪判決の比較

有罪判決における判断の誤りを確認していくにあたり、まず有罪判決(宋さんならびに青木さんの一審と控訴審)と無罪判決(再審開始決定を含む)について、その判断の比較をしておきたい。ここで取り上げるのは、自然発火の可能性についての判断、宋さんや青木さんの自白供述の任意性や信用性についての判断、宋さんや青木さんの火災時の行動についての判断、そして犯行動機についての判断である。

(1) 自然発火の可能性

自然発火の可能性について、有罪判決は、風呂釜には何ら異常がなく、種火から燃焼したと疑わせる焼損状況はなかったこと、ガソリンへの引火実験でも引火しなかったこと等を理由に、風呂釜の種火から引火した可能性も認められないと判断していた。また車からの発火の可能性についても、電気系統、エンジン、燃料系統、排気系統、積載物のいずれについても出火や異常過熱の痕跡等はなく、それらからの発火の可能性も認められないとしていた。そして、弁護側証人が述べる気化ガソリンが漏れて、それに車両の過熱部から引火したという機序による発火の可能性については、宋さんの一審判決は、「発火にいたる条件がすべて揃う可能性は、皆無ではないにしても、そのような事態は相当希有なことと認めるほかはない」と述べ、その可能性のみでは、宋さんの捜査段階での自白の信用性を否定するに足るものではないと結論していた。青木さんの控訴審判決でも、「〔弁護側証人が〕指摘するような自然発火の可能性は単なる抽象的なものにすぎず、現実的な蓋然性を認める余地はまずないと言わざるを得ない」と述べ、「自然発火の抽象的な可能性が存したからといって、自らガソリンをまいて火を付けたという宋の捜査段階供述の信用性が当然に否定されるべきものとは解されない」と判示していた。宋さんの控訴審判決では、その可能性を否定する理由として、キャニスターからのガソリン蒸気漏出の有無を測定する実験でもキャニスターからガソリン蒸気の漏出はなかったことを加えていた。

それに対して、再審請求審では、新証拠によってガソリン蒸気が風呂釜種火に引火して燃焼が開始するという自然発火の可能性を否定できなくなったとし、本件火災の原因を自然発火と認定するまでには至らないものの、少なくともその可能性を積極的に排斥することはできないとしている。即時抗告審ではさらに、液体ガソリンが給油口から漏出して、風呂釜の種火から引火した自然発火の可能性は具体的で現実性があるとして、本件火災の原因としての自然発火の可能性について、極めて小さいとか、抽象的なものにとどまるなどと評価し排斥することはできないと判示している。再審無罪判決でも、同様の可能性を認め、本件火災が自然発火である可能性は抽象的・非現実的なものにとどまらないと言うべきであり、少なくともそれ自体で本件火災の事件性や宋の犯人性を強く推認させるほど低いものなどとは言うことはできないと結論している。

有罪判決と無罪判決では、同じ事象に対して判断が全く反対になっている。それは、再現実験の結果等により、風呂釜の種火から漏れたガソリンに引火した可能性が否定できなくなったことによるところが大きいと言えるが、その可能性だけであれば、すでに控訴審の段階でもアメリカのニュース番組のビデオで示されていたところである。また、無罪判決では、そうした可能性をもとに、自然発火の可能性を排斥して宋さんの犯行であると認定することはできないとしているのに対して、有罪判決では、自然発火の可能性が皆無とは言えないにしても、宋さんの自白の信用性を否定するには足りないとしていたことも注目される。自然発火という自然事象の可能性について、自白という人間の心理的事象をもって判断していたことが誤りにつながったものと言える。

(2) 宋さんと青木さんの自白の任意性

次に、宋さんと青木さんの自白の任意性と信用性についての有罪判決と無罪判決の判断を比較する。

有罪判決では、宋さんを取調べた浅尾刑事と磯野刑事の供述と否認時の宋さんの供述とを対比し、二人の刑事の供述内容が一致していること等を理由に、取調べ状況についてのそれらの供述は信用性が高いとして、そのような状況で得られた宋さんの自白には任意性があるとしていた。青木さんの自白の任意性については、青木さんの取調べに問題があった可能性を認めつつも、「実の娘を保険金目的で殺害するとの重大犯罪につき虚偽の自白を誘引するだけの問題があったとは考えにくい」と結論していた。

それに対して再審無罪判決では、即時抗告審で開示された捜査報告書等をもとに、浅尾刑事の供述には明らかに虚偽を述べていると認められる部分があり信用できないとし、他方、宋さんの供述は概ね信用できるとして、宋さんが述べるような取調べのもとで得られた自白には証拠能力を認めることができないとしている。青木さんの自白についても、取調状況報告書や取調日報の記載に基づき、九月一〇日の当初から過度の精神的圧迫を加える取調べが行われ、被告人において虚偽の自白をせざるを得ない状況に陥ったとの疑いが合理的なものとして認められるとし、自白に任意性を認めることはできないとしている。

ここでも有罪判決と無罪判決では正反対の判断を下している。それについては、確かに再審請求の特別抗告審で開示された証拠が大きな役割を果たしている。しかしながらそうであれば、宋さんの取調べ状況について、一審や控訴審の裁判官が警察官の証言を鵜呑みにしていたことや、弁護人の請求にもかかわらず検察側に証拠開示を求めてこなかったことは大きな誤りであったと言える。また青木さんについては、重大犯罪について自白している故に任意性もあるとする、自白ありきの判断をしていたことが誤りにつながったと言える。

(3) 宋さんと青木さんの自白の信用性

次に宋さんの自白の信用性についてであるが、有罪判決も実際の火災状況と宋さんの自白に基づく再現実験との間に食い違いがあることは認めながらも、それについては「看過できないほどの矛盾相違があるとまでは認められない」(宋さん一審判決)としていた。また、再現実験で撒いたガソリンの量が六リットルと、宋さんの供述する量よりも少なかったことについては、「この実験結果をもってしては、ガソリンをまいて火を放ったとする宋の供述を根本的に減殺するものとはいい難いというべきである」(青木さん一審判決)としていた。宋さんの供述に認められる変遷や青木さんの供述との不一致については、「その多くのものは、単なる表現方法の違いであったりするものにすぎず、これをとらえて不自然な変遷とか供述の不一致とか評価することは相当ではなく、少なくとも、宋の供述の基本的な部分の信用性を損なうようなものではないというべきである」(青木さん一審判決)とか、供述の核心部分は一貫しているので、多少の供述の相違があるにしても、供述の信用性に疑いを生じさせるものではないとしていた(宋さん控訴審判決)。青木さんの自白の信用性については、宋さんの検察官に対する供述内容と大筋でほぼ合致しているから、十分に信用性があるとし、「供述に変遷があること、その内容に写実性、迫真性、臨場感がないことなどといった弁護人が指摘する点は、いずれも、右判断を左右するほどのものではない」としていた(青木さん一審判決)。また、宋さんの自白には信用性があると判断する理由として、自白内容と争いのない事実や客観的事実との一致[1]も挙げられていた(宋さん一審判決)。

それに対して無罪判決では、小山町新実験関連の証拠等によれば、宋さんの自白は核心部分である放火方法について科学的見地から不自然不合理であるなど、信用性に疑問があるとしている。さらに、宋さんの自白には、青木さんとの共謀や動機、殺害方法の選択といった重要部分について、内容が不自然不合理で変遷しているなどの問題がある上、客観的証拠による十分な裏付けや秘密の暴露はないから、信用性がないと結論している。また、宋さんの自白との符合を主な理由として認めた青木さんの自白の信用性についても、宋さんの自白の信用性に疑問があるからには、それを認めることはできないと判断している。

ここでも、全く同じ供述を扱いながら、有罪判決と無罪判決ではその判断が全く逆になっている。有罪判決では、実際の火災状況と再現実験との食い違い、宋さんの供述の変遷や青木さんの供述との不一致など、疑問があることを認めながらも、そうであっても宋さんらが有罪であるとの判断は揺らがないと強弁していたことがその特徴であると言える。そのような強弁には、やはり自白ありきが影響していたものと思われる。そして、その強弁こそが誤った判決を導くことにつながっていたのである。確かに、控訴審までに行われていた再現実験が、その再現性の点で再審請求以降に行われた実験ほどには正確さを欠いていたとしても、「看過できないほどの矛盾相違があるとまでは認められない」と言い得るものであったのかは非常に疑問である。また、宋さんの供述の変遷や青木さんの供述との不一致についても、「不自然な変遷とか供述の不一致とか評価することは相当ではない」とか、「基本的な部分の信用性を損なうようなものではない」と言っていたことも大いに疑問である。それについては、本書第8章、第9章で検討してきた通りである。他方、無罪判決では、それら宋さんの自白供述に認められる疑問点をそのまま自白の信用性に対する疑問としてとらえている。有罪判決のそれとはまさに対照的な事実認定の態度であると言える。

⑷ 火災時の宋さんと青木さんの行動

次に宋さんと青木さんの火災時の行動についての判断を取り上げる。二人の行動で有罪判決が不自然であるとしていた点はいくつかあるが、ここでは宋さんがめぐみさんについて「奥にいてる」と話していたことと、青木さんがめぐみさんを風呂場に残したまま逃げたことの二点について取り上げる。

まず宋さんの行動について、有罪判決は、それ以前の行動が比較的冷静で特段奇異な点は認められないのと対比してあまりにも異常である(宋さん一審判決)、家の中から見れば風呂場は間取りからして奥まった部分という感じがするので思わず「奥」と答えてしまったかもしれないなどと、いかにも後でとってつけたかのような供述をしている(青木さん一審判決)、突然の火災発生に対してパニックに陥ったというだけでは説明のつかない不自然なところがあることは否定できない(青木さん控訴審判決)と判断していた。次に青木さんの行動については、めぐみさんを助けることができなかったことは不可抗力であったとか、やむを得ない判断であったなどとは言えないとしていた[(2)]。すなわち、宋さんの行動、青木さんの行動のいずれについても、無実の者の行動としては不自然であると判断されていた。

それに対して無罪判決では、宋さんや青木さんの右記の行動について、突然の火災による動揺や狼狽等によって合理的な行動ができなかったと見ることが可能であるとしている。そして、それらの行動が保険金目的でめぐみさんを殺害したとの宋さんの自白内容と整合すると考えられるとしても、保険金目的の殺人を遂行する意図的なものか、それとも突然の火災による動揺や狼狽によるものかを一義的に判定することは困難であるとしている。また、本件火災に気付いた直後に一一九番通報をしていることは、保険金目的で長女を殺害しようと企てた者にはそぐわない行動であるともしている。

有罪判決が、宋さんや青木さんのめぐみさんを助ける上では不合理な行動を、無実の者の行動としては不自然、異常などと判断していたのに対し、無罪判決は突然の火災による動揺や狼狽等によっても説明が可能であるとしていて、ここでも同じ事象について対照的な判断がなされている。かかる行動についてその意味を一義的に判断することはできないと言うべきなのであり、有罪判決は有罪ありきの色眼鏡でこれらの行動を見ていたことになる。有罪という色眼鏡で事象を色づけて見ておいて、その結果を今度は有罪の情況証拠としているのである。

(5) 犯行動機

最後に、犯行動機についての判断を取り上げる。有罪判決では、本件の犯行動機は、借金返済やマンション購入のための資金一七〇〇万円であったとしていた。青木さんの一審判決では、確かに、せいぜい二〇〇万円程度の金額のために犯行を企てるというのは不自然さが否めない等としながらも、青木さんには、何としてもこれを手にしたいとの気持ちが強くあったと推測できること等を挙げて、そのような動機も考えられないとは言えないとしていた。また、めぐみさんが殺害対象とされたことについては、青木さんが、めぐみさんに対して母親としてそれなりに愛情を抱いていたのではないかと考える余地も一応あるとしながら、青木さんのめぐみさんに対する愛情が薄かったことについては、青木さんや宋さんの自供書の中に具体的な記載があることなどを挙げて、いざ犯行を思い立つに際しては、めぐみさんを殺害の対象にするということが全く不可思議と言わなければならないものではないとしていた。

それに対して、無罪判決では、有罪判決が認める犯行動機について、めぐみさんを殺して保険金を手に入れるという重大犯罪に及ぶ動機としては、一七〇万円という金額や当時の青木さんらの家計状況等に照らすと、不自然の感が否めないとしている。さらに、青木さんとめぐみさんの関係が悪かったということに関しても、宋さんのかかる供述についてはその裏付けは乏しく、青木さんの供述書についてもその作成過程に問題があり、信用できないとしている。

ここでもまた、全く同じ供述等をもとにしながら、有罪判決と無罪判決では判断を異にしている。注目されるのは、有罪判決でも事実関係としては無罪判決とほぼ同じ理解をしながら、最終的な判断において、そのようなことも考えられないとは言えないとか、全く不可思議と言わなければならないものではないとして、無罪判決とは異なる結論を導いていたことである。これを見れば、有罪判決は、有罪との前提のもとで犯行動機についても判断していたことが明らかである。犯行動機を合理的で心理的にも了解可能と認めたが故に有罪と判断しているのではなく、有罪であることは動かないから、それでも犯行動機になり得るとここでも強弁し、その結果ここでも判断を誤ることになっていたのである。

2 有罪判決が判断を誤った理由

(1) 自白ありきに基づく判断

以上、宋さんと青木さんの一審ならびに控訴審の有罪判決と、再審請求審、即時抗告審、そして再審の無罪判決の内容を比較し、同じ事象に対して全く反対の判断がなされていることを見てきた。有罪判決はなぜ判断を誤ったのか、その理由としてまず挙げられるのは、有罪判決の自白ありきに基づいての判断である。有罪判決では、自然発火の可能性を否定する判断において、宋さんの自白をもってその判断を補強していた。また、青木さんの自白の任意性については、青木さんが重大犯罪について自白をしていることをもって、その任意性を認めていた。

そうした自白ありきに基づく判断が誤った有罪判決に結びついたと考えられるのであるが、このことはまた、それらの判決を下した裁判官が虚偽自白の心理について無知であったことも示している。虚偽自白についてのこれまでの研究によれば、重大犯罪についても虚偽の自白をすることは十分あり得ることである。虚偽自白が取調べの圧力や被疑者の心理状態によって生じることがあることを理解し、その可能性についても吟味できる見識が裁判官には求められる。

(2) 科学的な装いの証拠に対する過信

自白と並んで有罪判決が判断を誤った大きな理由として考えられるのは、科学的な装いの証拠に対する過信である。それは、風呂釜の種火からガソリンに引火する可能性の否定であり、ガソリンタンクからガソリンが漏れた可能性の否定であり、車両の過熱部から引火した可能性の否定である。これはそれらの可能性について検証した技術者等の証言や実験の結果によっている。しかしながら、このうち風呂釜の種火からガソリンに引火する可能性があることについては後に明らかにされているし、夏場にガソリンを満タンにして帰った場合に給油口からガソリンが漏れる可能性があることも明らかにされている。

すなわち、裁判当初は実際にはあり得ないと考えられていたことが、後には覆されている。そして、それは当初の検証実験の不備や専門性の不足等によっている(3)。そうだとすれば、科学的な装いの実験結果であるとか証言であるとかいっても、それが正しいかどうかについては慎重に判断しなければならないと言えよう。そうした例は、足利事件のＤＮＡ鑑定でも認められている(4)。当初の科学的な装いの証言等をそのまま受け取って自然発火の可能性はほぼないものと判断したことが、判決の誤りにつながったのである。その時点ではそれはやむを得なかったと考える向きもあるかもしれないが、控訴審の終盤には温水器の種火から気化したガソリンに引火する可能性はアメリカのニュース番組のビデオで示されていた。その段階でさらに新たな立証を命じるなどして慎重な検討を加えていれば、判断が変わっていた可能性もある。

また、その他の情況証拠あるいは自白などに疑義があれば、科学的な装いの証拠に対してもそれを疑う姿勢が必要だとも言えよう。前述したように、本件有罪判決では、宋さんの自白があることをもって、自然発火の可能性を最終的に否定していたが、それとは逆に、自白の信用性に疑いがあることに基づいて、自然発火の可能性などをもっと考慮すべきであったと考えられるのである。本件無罪判決では、再現実験の結果によって宋さんの自白の信用性が否定され、さらに自然発火の可能性も明らかにされたことによって、そのことがさらに裏付けられ強められるというように、科学的な証拠をもとに自白の信用性が判断されていた。しかし、科学的な装いの証拠も確かとは言えないことがあるとすれば、自白の信用性に疑いがある場合には(5)、それに対応する科学的な装いの証拠についても積極的に疑ってみるべきであると言えるだろう。

⑶ 強弁――合理的疑いの否定

さて、有罪判決で目立つのは、無罪方向の疑いを述べつつも、結論としてはそれを否定する形の強弁が多いことである。すなわち、合理的な疑いと思われる事柄でも、「あり得ないとまでは言えない」等としてそれを否定することを重ねた上で、有罪判決にと導いているのである。かかる強弁は、先に述べた自白ありきに基づく判断と科学的装いの証拠に対する過信によって支えられているものと考えられる。それらによって有罪心証を固めてしまった上で、合理的な疑いについては十分な根拠を示すこともないままにそれを強引に切り捨てるという態度である。

控訴審までに行われていた再現実験が、「看過できないほどの矛盾相違があるとまでは認められない」と言い得るものなのか、また宋さんの供述の変遷や青木さんの供述との不一致が、「不自然な変遷とか供述の不一致とか評価することは相当ではない」等と言えるものなのかについては、大いに疑問があることは先に述べた通りである。有罪判決におけるそれらの非常に強引な判断のあり方に対して、無罪判決においてはそのような強弁は全く認められないことがその特徴になっている。

⑷ 取調官の証言を鵜呑みにする

有罪判決が判断を誤った理由として次に挙げられるのは、宋さんの供述の任意性の判断に際して、取調べ状況についての取調官の証言を鵜呑みにしていたことである。これについては、後に再審の即時抗告審の段階で取調状況報告書や取調日誌が証拠開示されたことによって、証言した刑事が偽りの証言をしていたことが明らかになっている。有罪判決は、取調官二名の証言内容がほぼ一致していること、また宋さんが取調べについて供述しているところについては当時の捜査側がそのような手法を取ることは考え難いこと等を理由として、宋さんの供述を一方的に信用性がないものと判断していた。しかし、実際には宋さんの供述を裏付ける内容が取調べの記録から見つかり、取調官のほうが偽証したり証言に際して口裏合わせをしたりしていた可能性が認められたのである。有罪判決を下した裁判官がそうした可能性を十分に疑わずに、取調官の証言を鵜呑みにし、取調べ記録の開示も消極的であったことが誤った判断につながったと考えられる。

このことは同時に、それらの裁判官が、被告人である宋さんや青木さんの弁解を端から信用しようとしていなかったというようにも言える。宋さんや青木さんは、公判において虚偽自白をすることになった取調べ状況について具体的かつ詳細に語っている。そうであるにもかかわらず、それらの供述内容については、不自然な点がある等としてほとんど一顧だにされていなかったのである。それについても、自白ありきに基づく判断が強くはたらいていたように思われる。

⑸ 不合理な行動を有罪方向に意味づける

有罪判決が判断を誤った理由としては、火災時の宋さんや青木さんの不合理な行動をもっぱら有罪方向に意味づけていたことも挙げられる。しかしながら、それらの行動は突然の火災による動揺や狼狽等によって合理的な行動ができなかったものとして理解することも可能なものであった。その意味するところを一義的に判断することは難しい人の行動を、恣意的に有罪方向に意味づけようとしたことも、誤った判断につながったと言える。

(6) 目撃証言の成立過程を考えない

また有罪判決では、目撃証言についても、その成立過程について十分に吟味した上でその信用性を判断すべきところを、そうした検討を行わないままに、洵君や河内さんの証言を争いのない事実として認定してしまっていた。洵君や河内さんの目撃証言については、事後情報によって影響された可能性や聴取者によって誘導された可能性も小さくない。しかしながら、有罪判決は、そうしたことには留意しないままに、洵君や河内さんの証言内容をそのまま事実と認めて、それをもとに宋さんや青木さんの火災時の行動あるいは供述を評価していた。

洵君や河内さんの目撃証言が直ちに間違っているということにはならないが、供述の信用性判断ということでは、宋さんや青木さんの供述とも合わせて、それらの供述についてもその起源を丁寧に吟味して、どの供述の信用性が高いと考えられるかが慎重に判断される必要がある。

(7) 自白内容に基づいて自白の信用性を認めるという誤り

有罪判決の判断の誤りとしてその最後に挙げておきたいのは、自白に基づいて自白の信用性を認めるという推論のあり方である。一般的に言えば、供述が他の証拠と一致していることや供述が一貫していること、またその基準が問題になるとしても、いわゆる具体的かつ詳細で迫真性のあることなどは、その供述の信用性が高いと判断する一つの根拠となると考えられる。しかしながら、虚偽自白の場合にはそれは必ずしも当てはまらない――信用性を認める上での必要条件ではあっても十分条件ではない。すなわち、虚偽の自白であっても、被疑者が日常の体験や報道などから知っている事柄については事実と一致することになるし、それまでに捜査を通じて当局が把握していた事柄についても、取調官とのやりとりを介して供述の中に取り込まれて、犯行ストーリーが大筋では証拠と一致するようになることは十分にあり得ることである。またさらに、それが取調べの中で具体的かつ詳細で迫真性があるように構成されていくこともあり得るからである。宋さんの一審判決は、宋さんの自白供述には信用性があると判断する理由として、自白内容と争いのない事実や客観的事実が一致している点をあげていたが、虚偽自白の成り立ちを考えれば、それが自白の信用性を特に高めるものとは言えない。

また、自白供述の中には、自白があるだけでそれに対する裏付けがない事柄もある。本件で言えば、宋さんが放火をしたということについては、他に何かその裏付けがあったわけではないにもかかわらず、宋さんの自白、すなわち放火をしたという供述があることをもって、自然発火の可能性はないということの補強にしていた。しかしながら、自然発火という自然事象の可能性を、自白という人間の心理的事象をもって否定することはできないと言うべきである。またかかる論証は、放火したという自白がある↓自然発火の可能性は否定される＝放火である(事実認定)↓自白は裏付けられるというように、自白に基づいて事実を認定し、そのようにして認定した事実によってまた自白の信用性を認めるという循環論法にもなっており、誤りであると言える。(6)

宋さんの控訴審判決でも、宋さんの自白によって火事の際の燃焼状況についての認定――再現実験で認められたような爆発的燃焼が実際にあったとは断定できない――をし、それによって、再現実験と宋さんの自白の矛盾を回避している。すなわち、自白によって事実を認定しておいて、そうすることによって自白の信用性が破綻するのを回避している。これもまた自白に基づいて自白の信用性を認めるという構造である。(7)

そして、宋さんや青木さんの自白の信用性、またその判断の裏付けとされた目撃者や取調官の供述の信用性を検討するのであれば、それは宋さんや青木さんの否認供述とも対比の上で、その信頼性が検討されるべきである。青木さんの一審判決では、青木さんの自白が虚偽の自白ではないと判断した理由として、否認から自白するに至った理由、自白から否認に至った理由について述べた青木さんの自供書の内容には格別不自然なところがなく、合理的な説明になっていることを挙げていた。(8)しかし、虚偽自白であれば、供述が変転した理由についての供述についても整合性が図られるのは当然であるから、そのことは自白の信用性を高める根拠とはならない。自白の変転した理由について述べた青木さんの自白の信用性については、公判における否認時の青木さんのそれについての説明と対照して検討されるべきである。虚偽自白である可能性があるものについては、真の秘密の暴露が認められた場合は別として、自白内容だけでその信用性が高いと判断することはできないのである。(9)

有罪判決には、自白内容に基づいて事実を認定し、その事実によってまた自白の信用性を認めるという誤りをはじめ、自白の信用性の論証方法あるいはその根拠において誤りが認められ、それが誤った判断につながったと考えられる。そして、そのこともまた、裁判官が虚偽自白の性格を十分に理解していないことによると考えられるのである。

第13章　東住吉冤罪事件から学ぶ

1　自白の信用性判断

(1) 自白の信用性判断が求められる

東住吉事件の経過を見てきて改めて分かることは、取調べのあり方にしろ、裁判での判断のあり方にしろ、これまでの冤罪事件で起こっていたことの多くが東住吉事件でも繰り返されているということである。それらの問題の中には、アメリカのイノセンス・プロジェクトで雪冤を果たした多数の事例をもとにして、冤罪を生む構造についてまとめているブランドン・L・ギャレットの指摘とも通じるところがある。その中でギャレットは、問題の一つとして、裁判が自白の信用性を判断せずに、有罪であることの自認を警察官が強制したか否かということのみに焦点を当ててきたと述べている。

東住吉事件では、最終的には青木さんと宋さんの自白の任意性が否定されて無罪判決が得られているので、ギャレットのこの指摘は一見当たらないかのようであるが、有罪判決について見るとギャレットのこの指摘はむしろ重要である。すなわち、有罪判決は宋さんや青木さんの自白の信用性については十分に検討しないままに、特に宋さんについて自白を強要するような取調べがあったか否かに焦点を当てて検討し、その結果そのようなことはなかったと認定して、自白の任意性を認め、有罪判決を導いているからである。当初から自白の任意性を否定すべき確かな材料があればよいが、そうでない場合には特に、自白の信用性について丁寧かつ慎重に検討していくことが必要になると言える。

(2) 心理学的視点からの準則

東住吉事件で認められた誤りをもとに、またギャレットの指摘も参考にして、自白(一部目撃証言も含む)の信用性判断に際しての心理学的視点からの準則[3]をまとめておけば次の通りである。

①心理学的に判断可能なこととそうでないことを区別しなければならない

東住吉事件の有罪判決では、火事の際の宋さんや青木さんの不合理で不可解と思われた行動を、有罪方向に意味づけていた。しかし、突然の状況に遭遇して動揺したり狼狽したりして合理的な行動が取れないことは人間にはしばしば起こる。したがって、そのような行動を取り上げて、不自然だから怪しいなどと判断することはできない。一見不可解な行動を見ただけで、その行動の意味を一義的にこうだと判断することはできないと言うべきである[4]。

②具体的でかつ詳細、迫真的であるだけでは供述の信用性を認める根拠とはならない

供述が具体的でかつ詳細、迫真的であるということだけでは、その供述の信用性は判断できない。供述の信用性を認める際に、判決では供述が「具体的でかつ詳細、迫真的である」ことが理由として挙げられていることが多い。しかし、それは信用性を認める際の必要条件とはなり得ても十分条件とはなり得ない。また、そのように言えるかどうかについては客観的な基準がなく、その判断が恣意的になりが

ちであることにも留意が必要である。ギャレットは「雪冤者たちの自白は、詳細であるが故に、「有罪の証拠として」とりわけ強力であった」と述べている(5)。

③主要な部分での一致や骨子の一貫性だけでは供述の信用性を認める根拠とはならない

客観的な事実との主要な部分での一致や犯行ストーリーの骨子の一貫性ということだけでは、自白の信用性の裏付けにはならない。ギャレットは「事実が被疑者にリークされた場合には、自白は驚くほどに信用性があるように見える」と述べている(6)。取調官とのやりとりを介して、捜査側が把握している情報が被疑者に伝われば、自白は客観的な事実や捜査側の描いている犯行ストーリーと一致し、それで一貫することになる。ただし、最初からその細部まで一致させることは難しいことが多いので、信用性の判断に際しては、細部における客観的事実との一致や骨子だけにとどまらない供述の一貫性の有無にこそ注目すべきである。もしそれらの点において理由のはっきりしない不一致や変遷があれば、その供述の信用性は減殺される。

④法手続き上の正当性が供述の信用性を保証するものではない

心理学的な視点からすれば、たとえ宣誓下での目撃証言等であっても、それだけでその内容に信用性が認められるとは言えない。すなわち、そうした証言であっても、記憶の減衰のほか、事後情報や誘導などの影響を受けている可能性があり、それだけでその信用性が高いということにはならない。ギャレットも、自白について、その信用性を評価する際には、ミランダ警告(7)や任意性にのみ焦点を当てるよりも、むしろ取調べ全体、すなわち取調官による重要な事実のリークや無実の被疑者を説得して犯罪の物語を展開させる取調官の技量の有無等も視野に入れて信用性を評価すべきとの考え方を紹介している(8)。

心理学的な視点からすれば、目撃証言については、体験後できるだけ早い時点での、また最初の聴取内容がもっとも信用性が高いと考えられる。心理学的に見て重要な点と法手続き上必要な点とは区別して考えておく必要がある。もちろん法の手続きを無視することはできないから、証言等を得るにあたっては、心理学的な視点から見ても信用性の高い供述が得られるように、実際の運用面で配慮することが望まれると言えよう。そして、得られた証言等については、法手続き上の正当性からだけでなく、心理学的視点からもその信用性が吟味されなければならない。

⑤認知バイアスによって強弁することになっていないか再考すべきである

東住吉事件の有罪判決では、強弁によって無罪方向の証拠を否定している例が認められた。かかる強弁がなされていることについては、いろいろな要因が考えられようが、心理学的にはその一つとして認知バイアスがはたらいていた可能性がある。認知バイアスとは、いったんある理解の枠組み(フレーム)にとらわれると、それに当てはまるものは是認し、そうでないものは否定しようとする人間には根強い傾向のことである。ギャレットは、雪冤事件の公判記録をもとに、「大多数の警察官、検察官、科学鑑定人、弁護人、裁判官そして陪審員たちは、善意で行動していたことをはっきり示している。自分たちが無実の者を対象としてしまっていることに気付いた人は、ほとんどいなかったであろう」と述べ、そのことについて、「彼らは、認知バイアスという日常的な現象を経験していたのかもしれない」としている[9]。この場合の認知バイアスとは、「事件に対する自分の以前の見解と矛盾する無実の証拠を無意識的に軽視してしまったり、自分たちは有罪の者のみを追及していると思い込んでいたり」することを言っている。これは厳密には準則にはあたらないかもしれないが、有罪の心証を得たものと思ったときにこそ、認知バイアスによって、無罪方向の証拠を軽視するようなことになっていないかとくと再考してみる必要がある。ただし、認知バイアスについては、本人はそのようなバイアスにとらわれていることに気付きにくいともされており、そうした心得以上の方策も考えていく必要がある。

2　虚偽自白の心理

虚偽自白の可能性のある自白の信用性について正しく判断するためには、重大事件でも虚偽自白に陥ることがあり得ること、なぜ虚偽自白に陥るかというその要因、そして虚偽自白ができあがっていくその過程等、虚偽自白の心理についてよく理解していなければならない。それについては本書の第7章でも概説しているが、東住吉事件で青木さんや宋さんが陥った状況は、取調べで種々の圧力をかけられ続けた場合に、被疑者がどのような心理状態になるのかについての貴重な例証になっていると言える。

また、同じく虚偽の自白に陥ったといっても、宋さんの場合と青木さんの場合ではその経過や要因に違いがあって、両者を対照した場合に、要因と虚偽自白の心理の関係等がとらえやすいという特徴も認められる。青木さんの例からは、子どもを助けられなかったことで自責の念に苛まれ、すでに心身ともひどく消耗した状態にあったときに、そこで苛酷な取調べの圧力を受けた場合に、どのような心理状態になって虚偽自白に陥ることがあるかがよく分かる。一方、宋さんの例からは、同じく取調べの圧力を受けて虚偽の自白に陥ったといっても、その過程では、理知的な傾向といった宋さんの特徴もその要因としてはたらいていたことが認められる。さらに、宋さんの場合は、取調べの圧力を受けて虚偽の自白に陥っただけでなく、浅尾刑事との間に強固な自白的関係ができあがるまでに至っており、そのことがその後の心理や経過にどのような影響を及ぼすのかについても教えてくれる。

青木さんや宋さんが虚偽自白に陥った際の心理については、これまでの研究で明らかにされているところと一致する点も多い。しかし、今述べたように細かなところでは両者の心理に違いが認められることも含めて、東住吉事件における青木さんと宋さんの例は虚偽自白の心理を具体的に明らかにしていると言える。今後虚偽自白の可能性のある事案について検討する際には、参考になるところが多いものと考えられる。

3　心理学的な供述分析の役割

(1) 意　義

最後に、東住吉事件における虚偽自白の問題について検討してきた結果も踏まえて、心理学的な供述分析の意義についてまとめておきたい。

心理学的な供述分析の手法の特徴については第7章3節で論じた通りであるが、そのポイントは、二つの仮設を立てて、それぞれの仮設の下で一連の供述の心理学的起源が理解できるかどうか検討すること、そして、その際の主たる判断基準が、その仮設の下では嘘と考えられる供述内容について、それが捏造能力を超えていないか、あるいはその仮設の下で考えられる捏造動機に反していないかという点にあることであった(10)。

東住吉事件の有罪判決を含め、裁判の判決では往々にして、被疑者等が供述しているある行動について、そうした状況における行動としてそれは不自然であるとかないとか、あるいはあり得るとかないとか判断して、それによって供述の信用性も判断している。しかし、実際にはそれについて確かな判断できる基準というものはなく、そうした判断は結局のところ恣意的にすぎず、そうした行動があり得るかどうかということでは、「あり得ないとまでは言えない」という判決中にしばしば認められる言辞によって、犯行ストーリーをすべて認めてしまうことにもなりがちである。

それに対して、心理学的な供述分析では、心理学的と言いながら、誰にとっても明白と考えられる場合を除いては、むしろその種の判断は行わないことに特徴がある。これは、先に準則の①で「心理学的に判断可能なこととそうでないことを区別しなければならない」とした点にあたる。心理学的な供述分析の意義は、先に述べたような方法と判断基準をできるだけ厳格に適用することによって、その判断が一方的、また恣意的にならないようにしている点にあると言えよう。また実際、その行動は自然か不自然かといった判断をしなくても、供述の変遷等について、それが生まれた心理学的起源を丁寧に検討していくことを積み重ねていけば、その結果から帰納的に供述の信用性について一つの結果を導くことは可能なのである。

それから、二つの仮設を立てて供述の心理学的起源について検討するという方法は、先に述べた認知バイアスによる誤りを防ぐ手立てとしても有効である可能性がある。それによって認知バイアスをなくすことができるとまでは言えないとしても、常に真犯人である場合と無実である場合の二つを交互に考えて、それぞれの場合の被疑者の立場に視点を置いて各供述の心理学的起源について理解しうる可能性をできる限り考えてみるという態度は、認知バイアスによる誤りを減らすことにもつながるのではないかと考えられるのである。その場合、認知バイアスにとらわれていることにその本人は気付きにくいとすれば、認知バイアスにとらわれているかどうかということとは関係なしに、供述の信用性を検討する際には必ずそうしなければならないものとして要件化することも必要であろう。

(2) 役割と課題

東住吉事件のような冤罪を防ぐ上で、心理学に期待されるのはどのようなことであろうか。まず一つは、東住吉事件の自白ありきの判断に認められたように、今でもなお自白のあることが実質的に有罪判決を導く大きな理由となっていることからすると、重大事件でも虚偽自白に陥ることがあり得ることを裁判官や裁判員が納得できるように説明していくということである。

次には、先に示したように、心理学的な視点から信用性判断に際して守らなければならない準則を明確にすることによって、誤った判断を防ぐことにつなげることである。そして、必要なときには、本書に示したような手法に基づいて供述について心理学的に分析して、その結果を提示していくことである。心理学的な供述分析が、客観的事実との一致といった判決においてよく用いている判断方法とは異なる考え方によっているとすれば、その結果は供述の信用性判断の上で異なる視点から資料を裁判に提供できるものと言える(11)。

ただし、その際の課題は、まだ心理学的な供述分析の手法や判断基準の意義がわが国ではまだ十分に理解されていないことである。判決において供述の心理学的な分析の結果が評価される例も認められるようになってはきているが、現段階では裁判における心理学的な供述分析の評価が定まっているとは言えず、その意義を認めていない判決もある。それに対しては、心理学的な供述分析の作業をさらに積み重ねていくことによって、裁判関係者あるいは広く社会の理解を広げていくことが必要である。ただ、わが国の実状として、そうした心理学的な供述分析を行う研究者はまだ限られており、裾野を広げていくことも必要である。

また、本書では心理学的な供述分析の方法やその判断基準をできるだけ明確にするようにしてきたのであるが、そうした方法や基準については、専門家の間でもまだ十分に認識の一致ができているとは言えないという課題もある。先に逆行的構成について説明した際にも触れたことであるが、さらにその判断の根拠となる心理学的な合理性とはどういうことか、またその客観性は何によっているのかということになると、これはなかなか難しい問題でもある。そして、そのことは逆行的構成ばかりでなく、捏造可能性を超えるということや捏造の意図に反するということについても、突き詰めていけば同様に問題となり得る。すなわち、例えば捏造可能性を超えているといった場合に、それは誰にとっても明白なことであると言えるのか、もし言えるとすればその根拠は何か。心理学的な供述分析の結果が裁判でも評価されるようになるためには、そうした点についても心理学者の側でより明確にしていく努力が求められていると言える(12)。

ところで、わが国では二〇〇九年から裁判員裁判が始まり、二〇一六年には裁判員裁判の対象事件については取調べの録音録画、すなわち可視化も義務づけられた(ただし施行は三年以内)。可視化については任意段階の取調べは対象となっていないなど、なお問題点は残しているものの、裁判の状況は東住吉事件のあった時からは大きく変わりつつある。取調べの可視化が進めば、供述分析においても、可視化で得られた資料がその対象となってくるものと思われる。その場合にはそれに合わせた分析手法の工夫も必要になるかもしれない。しかし、可視化がなされれば虚偽自白がなくなるというわけではない。任意同行の段階で自白に陥り、逮捕後はずっと自白していたとすれば、可視化によって分かるのは自白をしている場面だけである。そうした資料から自白の信用性について検討するときには、東住吉事件を通して得られたような虚偽自白の心理についてもよく理解しておくことが不可欠である。ただし、可視化が進めば、取調官による誘導の有無などはチェックしやすくなり、自白供述の起源について分析はしやすくなるものと考えられる。

それから、裁判員裁判での課題もある。裁判官裁判の時代には、詳細な分析を行えば、その結果を鑑定意見書等にまとめて裁判所に提出し、裁判官にそれをそのまま読んでもらうということもあり得た。しかし、裁判員裁判では、公判の限られた時間で、その結果を裁判官や裁判員に分かりやすく説明することが求められる。そのような説明が許されたとして、分析の前提となっている供述資料の提示をどうするのかなど、それにどのように対応していくのかもこれからの課題の一つである。

東住吉事件では、これまでの冤罪事件で起こっていたのと同様の誤りが繰り返されていた。現在、わが国では裁判員制度や取調べの可視化の導入など、刑事司法制度がいろいろな面で変わりつつあるが、その移行期にある今、冤罪事件が生まれる構造や要因についても見直される必要がある。そして、その一つとしてこれまでの自白の信用性判断のあり方に問題があるならば、本書で述べてきたような心理学的な供述分析などの手法ももっと積極的に取り入れていくべきであると思われる。欧米などと比べると、わが国では心理学が裁判において果たしてきた実績はまだ小さいと言わざるを得ない。しかし、東住吉事件の他に、冤罪の訴えのある袴田事件、大崎事件、日野町事件、さらに今市事件などはいずれも自白のある事件であり[13]、自白供述の分析など裁判における心理学に対する要請は今後さらに高まっていくものと思われる。また虚偽自白の可能性というこれらの事件の有する問題の性格からすれば、そうあらなければならないし、心理学の側にはそうした要請に応えていくことが求められている。

エピローグ

筆者が東住吉事件にかかわることになったのは、今から一六年前の二〇〇二年に、弁護団から浜田寿美男に宋さんや青木さんの供述分析の依頼があり、脇中洋とともに筆者もそれに協力することになったことに始まる。その後、弁護団を含めてあるいは三人だけでの検討を繰り返して、一年半あまりをかけて、翌年に三冊の心理学的鑑定書を弁護団に提出した。鑑定書の作成に際しては、浜田が一審の判決内容についての心理学的検討とその中で事実認定の前提とされた洵君の供述について検討、また虚偽自白の心理学と本件が虚偽自白である可能性についてを担当し、脇中が宋さんの供述の分析を、そして筆者が青木さんの供述の分析を担当した。それらの鑑定書の結論の要点は次の通りであった。宋さん、青木さんとも、本件火災を単なる事故ではありえないと考えて捜査を進めた取調官たちの断固たる追及のもとに、虚偽の自白に転落し、その後は、取調官たちの追及に沿いつつ、突きつけられた諸証拠、諸状況を組み込んで、虚偽の自白の犯行筋書きを展開していった可能性が高い。自白内容には、犯行筋書きの中心部分に逆行的構成としか理解できない供述要素がいくつも見出されて、二人が本件火災を放火・殺人として経験したものではないことを強く示唆している(浜田鑑定)。宋さんの否認時期(自白前)の供述には、犯人としての犯行の隠蔽は一切窺われず、むしろ犯人であることを疑われる不利な供述をしていて、宋さんが真犯人ではないことを強く示唆している。宋さんの自白供述を見ると、真犯人であれば考えられない供述の変遷や矛盾等が多々見受けられて、これらは体験に基づいた供述ではなく、想像を巡らせて理屈によって作為的に構成していったものであることを示唆している。犯行の計画性に関する供述では、当然事前に計画すべき部分が咄嗟の思い付きと偶然に任せた犯行となっており、火災後の隠蔽工作に関する供述も被災者の言動と解するほうが妥当なものである(脇中鑑定)。青木さんの供述分析の結論については本書に述べたところと重なるので繰り返さないが、真犯人の供述としては理解の困難なところが認められるというものであった。

筆者らが東住吉事件の心理学的鑑定書を作成したのは、東住吉事件の控訴審の段階のことであったが、本文中にも述べた通り、作成した鑑定書は裁判所によって証拠としては採用されず、鑑定人の証人尋問なども認められなかったため、それが裁判に直接に活かされることはないままに終わった(宋さんの主任弁護人であった乗井弥生弁護士によれば、三鑑定書はその後上告審で提出されたとのことであるが、それについて審理がなされたのかどうかは分からない)。また弁護団に鑑定書を提出したことで、筆者と東住吉事件のかかわりも終わっていた。ただ筆者は、鑑定書作成の過程の中で、当時高校一年生であった洵君ならびに青木さんの両親に弁護人とともに一度お会いしている。事件について洵君が覚えていることを聞くのが主な目的であったが、その時に洵君には、弁護人や筆者らが青木さんや宋さんは無実であると考えているということも話している。その時には洵君は筆者らに対しては何も話さなかったので、事件に関する記憶について聞くことはできなかったし、洵君が青木さんらは無実であるという話をどう受け止めたのかも分からなかった(ちなみに、二〇一六年九月に洵君に会った際に聞いたところでは、洵君は高一の時に筆者らが洵君に会いに行ったことについては全く覚えていないということであった)。しかし、これも本文中に記したように、それからまもなく、洵君は大阪拘置所の青木さんに会いに行くようになって、青木さんから直接話を聞いて、青木さんらの無実を信じるようになったということである。

鑑定書を作成した当時、筆者は広島に在住しており、東住吉事件のことはその後も気になりつつも、特に何もできないままに経過していた。そうしていたところ、筆者が現在の大阪経済大学に移った二〇〇六年、東住吉事件の再現実験を行った『ザ・スクープ』が放映されて、たまたま筆者もそれを見ることができた。そして、当時筆者は大学の心理学の授業で冤罪の問題についても紹介していたので、秋季の授業の一環としてその『ザ・スクープ』の録画を学生にも見てもらった。すると、一人の学生が授業に対する感想に、「青木洵君とは友達だったので、あれから青木君のことを全く見てなかったので、無事に成長していることを見れてよかったです。それに事件は冤罪みたいなことは全く聞いてなかったので、それも聞けてよかったです」と書いてくれていた。それをきっかけとして、筆者は思いきって大阪拘置所の青木さんに面会に行ってみることにした。突然の面会に青木さんは面食らわれたと思われる――確かに青木さんの供述の分析を筆者は担当していたのだが、青木さんには筆者についての認識はなかった。しかし、短い時間ではあったが、先の学生の話も伝え、筆者が会って以降の洵君の様子などもお聞きすることができた。それから、青木さんとは一度手紙のやりとりをしたものの、ちょうど最高裁で上告棄却となった時期にあたり、青木さんも刑務所に収監されたことによってかかわりは途絶えていた。

弁護団が再審請求を考えているという話は耳にしていたが、その具体的な動きについてまでは知らなかった。筆者が東住吉事件のその後の再審請求、再審決定、検察側の即時抗告、そしてその棄却と青木さんと宋さんの釈放という展開について知ったのは、もっぱら新聞等のニュースを通じてのことであった。そして、二〇一六年四月に選挙違反の冤罪事件である志布志事件に関する集会が鹿児島で開かれた折に、前年に釈放されていた青木さんもそこに来られていて、約一〇年ぶりにお会いして話をすることができたのである。そのことをきっかけとして、筆者は、それまでにも考えながら実現できないままでいた、東住吉事件の経過と筆者らが行った心理学的鑑定の内容を一冊の本にまとめるということを具体的に考えるようになった。鑑定に際して用いた資料は手元に残してあったが、それ以降の裁判に関する資料はなかったので、研究会で弁護人の方とお会いできた機会に不足していた資料の提供をお願いした。それから、再審無罪が確定した後の二〇一六年九月には、青木さんにお願いして洵君にも会って話を聞くことができた。さらに、本書の草稿が完成してからは、今度は宋さんにも初めてお会いして、いろいろとお話を聞くことができた。その際には、手元の資料だけではよく分からなかった点について宋さんに直接確認させていただき、また草稿の内容について宋さんのご意見も伺うことができた。本書はそうした東住吉事件と筆者とのかかわりをもとにまとめたものである。

最初にも述べた通り、本書における宋さんや青木さん、洵君らの供述の心理学的分析は、浜田、脇中、筆者の三者で作成した心理学的鑑定書がベースになっているが、その内容は元の鑑定書とは異なっている。本としてまとめるためには、鑑定書では必要のなかった事件についての説明や裁判の一連の経過についても紹介する必要があった。また、元の鑑定書はそれぞれにかなりのボリュームがあった上に、その分析手法やまとめ方において統一に欠けるところもあったために、そのまま一冊にまとめることは難しかった。そのため、本書では筆者の考え方に基づいて全体を構成している。その意味で本書の内容についての責任はすべて筆者にある。それから、供述分析のための資料についても、先の鑑定書作成の時点ではまだ利用できなかった資料を本書では一部用いているという点でも、先の鑑定書と本書とでは異なっている。しかしながら、本書の内容が浜田や脇中の鑑定書に負っているところは大きい。一部についてはそれら鑑定書の内容をほぼそのまま利用させていただいたし、分析の着眼点については両氏のそれを取り入れさせていただいたところが多々ある。ただし、浜田や脇中の鑑定書において論じられていたことの多くについて、本書では触れられないままに終わっていることもまた断っておきたい。筆者の担当部分についても、先の鑑定書では供述の変遷の整理や二つの仮設の下での事実の構成にそのかなりの分量を費やしていたが、本書ではその結果については利用しながらも、それらの整理や構成の詳細な過程については割愛せざるを得なかった。

東住吉事件において、青木さん、宋さんは誤った捜査ならびに判断を誤った裁判によって無実の罪を着せられて、二〇年にわたって自由を奪われてきた。事件当時八歳であった洵君も、その結果両親を奪われて、同じく二〇年にわたって苦しい生活を送ることになった。それは取り返しがつかないことであるが、再審無罪が確定した今、青木さんや宋さんが、再び社会生活を取り戻して、新たな生活を築いていかれることを願っている。また、洵君にも青木さんとの関係も築き直しつつ、これからの生活を送っていってほしいものと思う。青木さんは現在国家賠償訴訟も提起されている。青木さんや宋さんの取調べに不適切なところがあったことについては再審無罪判決が認めている通りである。提起された訴訟が青木さんの被った苦痛に対する賠償になることはもとより、かかる提起を通して冤罪につながった捜査当局のあり方等が改めて問われて、冤罪をなくすことにつながっていってほしいと思う。本書を通じて東住吉事件についてのより詳しい理解がなされて、そうした目的を達する一助になれば幸いである。

最後に、本書をまとめるにあたっては、資料提供ならびに事実関係の確認等を通して、大阪弁護士会の竹下政行弁護士、森下弘弁護士、青砥洋司弁護士をはじめ東住吉事件の弁護団の方々に大変お世話になった。この場を借りて厚くお礼を申し上げたい。また、浜田寿美男、脇中洋の両氏には、先の鑑定書とは大きく異なる内容になっているにもかかわらず、先の鑑定書をもとにしてこのような形で本をまとめることを認めていただいた。両氏にも深くお礼を申し上げたい。それから、東住吉事件の当事者であった青木さん、宋さん、それから洵君には、本書の原稿にも目を通していただいた上で、本書を出版することの意義を認めてそれを了解していただいた。心よりお礼を申し上げたい。最後にめぐみさんのご冥福をお祈りして筆を擱きたい。

二〇一八年一二月

著　者

註

第1章

(1) 当時青木さんの家では、家族全員ができるだけ一度風呂に入るようにしていた。めぐみさんは髪を洗ったりするのに時間が掛かるため、一足先に入ることが多かった。

(2) ただし、青木さんの言うところでは、青木さんたちが帰ってきて、子どもたちが居間に上がった後、青木さんが子どもたちの傘を片付けたりしてから居間に上がろうとした際に、下りてきた宋さんとすれ違ったということである。それから一―二分して、宋さんはまた居間に戻った。

(3) その家にも消火器は置いてあったが、一時的に借りていた家のことで、消火器があることを宋さんは知らなかった。青木さんは知ってはいたが、ガレージの南側に置いてあって、車を出さないと取れなかった。

(4) 記録によると、青木さんが一一九番通報したのが一六時五二分、消防車が到着したのが一六時五七分であった。

(5) ただし、後述するように、宋さんが、河内さんのところに修理に行った時に消火器のことを河内さんに聞いてみたと述べていること、また火災当日に作成された警察官調書では「確か北隣の家から消火器を借り……」となっていることからすれば、これは半ば後付けの理由であると言える。

(6) ただし、後述するめぐみさんの死因との関係からすると、青木さんにはそのように思われたということかもしれない。

第2章

(1) めぐみさんを救出した消防士の話でも、風呂場のドアは開いており、洗い場で、シャワーのついた南側の壁に向かって、めぐみさんはしゃがんで俯せになって倒れていた。またシャワーからは水が出た状態であった。

(2) その中で火災原因がはっきりしないと保険金が下りないという話も聞いていたところ、その日の夜に宋さんが警察に呼ばれて行った時には、警察から原因が分かるまでに一年以上かかるかもしれないと言われて、宋さんが警察と言い合いになるということがあった。

(3) 河内さんは、その後の警察や検察の事情聴取や公判の証人尋問では、宋さんには消火器を貸していないと供述している。

(4) めぐみさんの司法解剖では、精液の検査で弱陽性の結果が出ていた。ただし、精子の存在は確認されていない。浅尾刑事は公判において、この時点では宋さんによるめぐみさんに対する性的行為については全く把握していなかったと証言している。しかし、再審請求の即時抗告審において開示された八月一五日付の浅尾刑事による捜査報告書によれば、警察は宋さんのめぐみさんに対する性的虐待の疑いについてはすでに捜査中であった。

(5) 二日間警察での取調べがあり、検察に身柄を移されて二四時間以内に勾留するか否かが決められることになっているので、それも含めると最大二三日間である。

(6) しかしながら、死亡しためぐみさんの所見からすれば、そのような燃焼があったと考えるのは理にかなっており、ガレージの焼損状況のみからそうした燃焼の可能性を否定しきれるかどうかが問題となる。このガレージの焼燬状況についての説明は、天井に関しては確かにそのように言えても、実況見分の報告によれば、北側の二本の間柱は上部に行くにしたがって炭化が激しくなっており、その間柱の間にある脱衣場の窓も、ガラスはすべて焼け落ち、桟や額縁も炭化が亀甲状に顕著に見られ、北側壁面の焼燬も相当に激しかったことが認められている。また、燃えた車両の状況(写真2－1参照)も、給油口からガソリンが噴出し、そこから車両の後部に向かって火炎放射状に爆発的な燃焼があったと考えて矛盾はない。

第3章

(1) 秋月弁護士の事務所には当時留守番電話はなかったことを、後の公判で秋月弁護士が証言している。

(2) 確かにドライバーを車に戻すために一度ガレージに下りていたのだが、それは宋さんが後になって思い出したことで、その時にはそのことを覚えておらず、それについて説明できなかった。
(3) 取調室には時計がないため、確かな時間は分からなかった。
(4) 洵君の供述調書を見ると、宋さんが部屋に入ってから下に下りたということは述べられているが、火を付けたのを見たという供述はない。
(5) ここで青木さんが自白していると刑事が宋さんに言ったのは、警察による偽計であった。後述するように、青木さんも宋さんが自白していると言われて自白に陥ったと述べているからである。
(6) そのことは秋月弁護士の接見メモにも記録されている。
(7) 秋月弁護士の証言によれば、警察からは宋さんと青木さんの二人が接見を求めているという連絡があった。
(8) 後藤弁護士によれば、この時の接見は、接見を申し入れると五分ほどして捜査担当の刑事らしき者が来て、「勾留請求のため本日三時までに検察庁に送致しなければならないが、まだ肝心な調書が未完成だから、それまで接見は待ってほしい。二〇―三〇分もあれば調書ができる。被疑者の昼食、休憩が必要なので調書を作成しおわるまで待ってほしい」などと言われたが、刑事の態度が通常でないので即時に接見を要求し、二〇分弱の押し問答の末、五分だけ、残りは調書作成後に接見するという条件付きで接見が認められたものであった。
(9) これは勾留場所が大阪拘置所と指定されたことについて、検察官が準抗告の申立をし、裁判所がそれを認めて先の指定を取り消し、改めて東住吉警察署留置場を勾留場所に指定したことによる。その決定の中で裁判所は、「検察官提出の疎明資料によれば、本件捜査の過程において、捜査官が被疑者に自白を強要するなど違法な取調をしているという形跡は見出し難く、他に、勾留場所を拘置所に指定すべきような事情は認められない」としていた。それによって、青木さんはその後ずっと東住吉警察署において取調べを受けた。ちなみに、再審請求の即時抗告審段階で開示された資料によれば、青木さんの場合、検察官による取調べすらも同じ東住吉警察署内で行われていたのが特徴である。
(10) 後に開示された青木さんの取調日誌には、九月一四日の夜の取調べについて、「出場して調室に行く間、背を丸めてヨタヨタと老人の様な歩き方をするので、新井が右腕の付け根付近を持って支えながら入室させた」とある。

(11) その日に作成された身上調書では、宋さんは「よく思い出してみると、私の頭の中に昨日書いた文章〔自供書のこと〕の内容はまったく思い出せなくなったのです。今になるとなぜあんな文章を書いたのか後悔しております。もうしわけありませんが、今僕の頭の中は混乱してなにがなんだか分からない状態です」と供述している。

(12) 犯罪事件研究倶楽部『日本凶悪犯罪大全』イースト・プレス、二〇一一年、三六—三七頁による。

(13) 犯罪事件研究倶楽部『日本凶悪犯罪大全』四六—四七頁による。その後二〇〇五年に最高裁で死刑が確定している。

(14) そのように言われているが、実際には、宋さんのそれまでの供述に秘密の暴露と言えるものはない。

(15) 手紙から一部を示しておけば次の通りである。「僕はすべて話しをして、容ぎをみとめる事にした。……僕の所に弁護士がきて、「やったて、ゆうたら、死刑になるでしょう」といわれた。……もう逃げられへん、弁護士の言うとおりにしていると必ず死刑になる。洵君のためにも、生きて、会える様、反省して、なんとか、反省の気持ちを裁判官にわかってもらお。又、社会に出てきたら必ず三人でいっしょに住もう。(後略)」宋さんとしては、手紙の文面は自分で考えて書きたかったのだが、浅尾刑事に言われて、結局は浅尾刑事が言った通りに書いたものになった。

(16) それは刑事から、青木さんは接見禁止になっているので手紙を渡すことはできないが、この事件の担当検事であれば青木さんに伝えてもらえるかもしれないと言われたからであった。しかし、その結果として、自白した検察官調書が作成されていることからすれば、刑事による偽計であった可能性もある。

(17) 宋さんが盛澤弁護士に会う前に、浅尾刑事が盛澤弁護士に被疑者は情状でいくと言っているということを話しており、そのことを宋さんにも伝えていた。

(18) 盛澤弁護士は一審の第五回公判まで宋さんの弁護人を務めたが、公判に入って宋さんが明白な否認に転じたことにより、弁護人を辞任している。そして、宋さんについては新たに国選弁護人が選任された。

(19) 宋さんの自白については、全体では五九通の警察官調書や検察官調書が作成されており、さらに四七通の本人が書いた供述書がある。

(20) なお、再審請求の即時抗告審の段階で開示された資料によれば、一〇月一日には、宋さんは両親ならびに姉と短時間面会している。これは宋さんが自白を維持していたが故のことであると考えられる。

(21) 一〇月一八日付の友人への手紙では、面会に来てくれたお礼を述べた後、次のように書いていた。「あの一五年前の作文は本当に素直な自分だったと思います。いつのまにかその自分を見うしない気が付けば、とんでもない暗やみにはまっていました。でもこうして逮捕されて良かったです。七月二二日から九月一〇日までの生活は苦しくて苦しくてたまらなかったです。でも取調べが進む中、自分の苦しみがすこしずつ、すこしずつ心の中からはき出される様になってきました。一〇月一三日には起訴になりました。その時には全ての心のしがらみをはいて心が清らかになっていく自分が見えました。（後略）」また、一〇月三〇日付消印の手紙では次のように書いていた。「……いくら過去を振り返らずに前を見つめるといっても、今までの自分が悔しくて悔しくて情けなくなります。〝どうして〟、〝なぜ〟と今でも思います。なぜあの時自分にストップがかからなかったのか不思議でしかたがありません。自分の考えが甘かったのでしょう。自分自身しっかりしていれば、こういう事にはならなかったと思います。（後略）」そして、一通目の手紙で触れられていた一五年前のあの作文のコピーを親に送ってほしいと頼んでいる。それから、一一月六日付の手紙では、第一回公判期日の日時を知らせ、都合がつけば傍聴に来てほしい旨を伝えている。ちなみに、二通目の手紙の引用した部分については、虚偽の自白をしてしまったことへの後悔を述べたものと読めなくもない。

第4章

(1) それらが正しいかどうかは別問題で、裁判ではそれが争点になっている。先に捜査側に放火殺人であるとの確信が生まれ、そのために事故の可能性を否定するような証拠が積み上げられていった可能性もある。

(2) 謀議の背景については、七月三〇日の青木さんや宋さんからの事情聴取、さらに周辺への聞き込みなどで得

た情報なども その材料になったものと考えられる。

(3) 本章では主に一審から控訴審における双方の主張について整理し、弁護団による再現実験の結果等に基づく主張については第6章において取り上げる。

(4) 各判決や決定で触れられているすべての争点には言及できていないことについては、ここでお断りしておきたい。また、争点の中には、それが自白や否認の供述の信用性の判断にも関係し、判決の中では自白の信用性の問題として論じられている場合もあるが、本書ではそれらについても基本的にここに挙げた争点に沿う形で論じていくことにする。

(5) 科学捜査研究所が八月一〇日に実施したガソリンタンクの燃焼実験の結果でも、ガソリンタンクが下から強い火で熱せられた場合には、ガソリンタンクの内圧が上昇し、フィードパイプ(エンジンに燃料を補給するパイプ)に取り付けられたゴムチューブの先端からガソリンの噴射が始まり、同所から炎があがり、その後給油口からも漏れたガソリンに着火して炎が出る状態となり、火勢の強い燃焼状態となって、ガソリンタンクも上下両方向に最大一一・五センチの変形(ふくらみ)が生じたことが認められている。フィードパイプに取り付けられたゴムチューブの先端からもガソリンが噴射することがあるとすると、本件火災においてエンジンが後部にあった車の左後部付近が激しく燃焼していたこともよく理解ができる。

(6) 弁護側は、控訴審の途中までは、車両からの発火の可能性のほうを強く主張していて、風呂釜の種火からの引火の可能性については強く主張していなかった。弁護側が改めて風呂釜からの引火の可能性を主張するようになるのは、後述の再現実験による結果を得てからのことである。ところで、刑事裁判の建前からすれば、無実を主張する場合でも、検察側が主張する犯行ストーリーに対して合理的な疑いを示すことができればよく、弁護側に火災原因の究明までは求められないはずである。しかしながら、科学的な装いを帯びた検察側の立証(主張)に対して合理的な疑いを示すためには、実質的に本件火災の出火原因の解明が弁護側には求められることになっていった。そのことは本件裁判では一つの大きな問題であったと言える。

(7) 撒いたガソリンの量についての宋さんの供述には変遷があった。

(8) この実験は、まず四リットルのガソリンを撒いた上、車をその上に停車させ、その後さらに二リットルのガソリンを車両右側面中央部に撒くという方法で行われており、宋さんの自白通りの再現実験としては適正さに欠けるところがあった。

(9) ただし、ずいぶん後になってから、手押しポンプと形状、長さがよく似た溶融物の残渣がコンクリート床面に付着していたとの報告がなされている。しかし、再審請求段階になって、その跡が手押しポンプの長さ等とは一致しないことが弁護側によって立証されている。

(10) それ以前にもすでに話していた事柄であれば、それを思い出すのにそれほどの時間が掛かるというのは理解しづらいことである。一方、虚偽の自白であるとすれば、その間にその場面を想像によって再構成していたものと考えられ、実際、宋さんの供述内容はその前後で大きく変わっている。

(11) 一九九七年二月二八日の青木さんの一審第一二回公判。いずれも逮捕より前の事情聴取の時には話されていなかった。

(12) 青木さんの知人らの供述内容については、もともとそれらが伝聞であることにも留意しておく必要がある。例えば森山さんは同公判で、〈そういう話、かなり理路整然と言っていただいたんですけども、その当時の恵子さんはそういう言い方をしましたか〉と聞かれて、「いいえ、違います。とぎれとぎれで、話………〔間〕だったんですけど」と答え、〈あなたの記憶としてまあ大体そんなことかなあと想像したということですね〉と確認されて「はい」と答えている。

(13) この聞き込み状況書は、弁護側の証拠請求にもかかわらず、宋さんの一審では裁判所によってそれを却下されていた。そして後述するように、その判断は上告審において最高裁によっても是認されている。一方、青木さんの控訴審判決では、聞き込み状況書の内容に言及した上で、その信用性を否定していた。

第5章

(1) 宋さんが消火活動をしたのかどうかについては実際には争いのあったことである。判決の認定は河内さんの証言等によっていると考えられるのであるが、判決はその後のほうで、河内さんの供述は捜査段階から公判段階まで一貫していることや、河内さんには宋さんに不利な虚偽の供述をする理由も見当たらないこと等を理由に、その供述には信用性を認められると付記している。

(2) ろうそくの火からトレイに入れたガソリンに引火しなかったのは、気化したガソリンは空気よりも比重が重いために、トレイの縁が壁になって気化したガソリンがろうそくの火まで達しなかったからであると考えられること、また、ろうそくの下方にガソリンを置いても引火しなかったのも、少量のガソリンが気化しても下のほうに滞留してろうそくの火まで達しなかったからであると考えられることが、後に弁護側の専門家証人によって明らかにされている。

(3) 本書五四―五五頁参照。

(4) しかし、その内容は意味不明で、結局のところ、本件火災の出火機序が特定できない限りは、自白の信用性は否定されないと述べているのに等しいように思われる。

(5) それを基準にするのであれば、それは宋さんの公判供述にも同様に当てはまることである。

(6) しかし、取調べのすべてについて、しかも長時間にわたって取調べを受けている場合に、そのやりとりの詳細を説明できていないからといって、それが不自然であるとまでは言えないだろう。

(7) しかし、ここで挙げられている点が、自白供述の信用性を高めるものと言えるだろうか。

(8) この点に関して、宋さんの供述と合致しているかどうかに問題があることについては、先に述べた通りである(本書六〇頁)。実際は西名阪自動車道の本線上ではなく、柏原インターチェンジを出た先の自動車道への接続道上で起きた車両火災であったにもかかわらず、判決では「西名阪自動車道におけるトラック炎上事故」とのみ書かれている点からは、裁判官がその火災現場の状況を正しく把握していたのかどうか疑問でもある。

(9) 実際には、本書の第8章で詳述するように、宋さんの自白供述には多々変遷が認められるのであり、また、青木さんとの謀議の際の会話内容には不自然と思われる点もある。そうした点を全く無視して、このように述べるのはまさに強弁と言うしかないと思われる。

(10) 判決はそのように指摘するが、そもそもそれらの行動についてそのように判断できるものだろうか。

(11) しかし、何を根拠にそれ以前の宋さんの行動が比較的冷静であると言っているのであろうか。宋さんを真犯人と見るか無実と見るかで、その行動が冷静かどうかの判断も変わってくる。宋さんが無実であって冷静であったというのであれば、宋さんは河内さんから消火器を借りて消火活動もしたと考えないとおかしいはずだが、判決はそのようには認定していない。真犯人であって冷静であったとするならば、河内さんから消火器を受け取った上でそれらしく消火活動をするふりができたのではないかとも考えられる。それに、真犯人の場合には、「奥にいてる」と指示したというのは意図的でかつ冷静な判断であったことになるはずである。

(12) 判決は「車体後方から二メートルも離れていないところに落ちていた……」と述べているが、筆者が宋さんに確認したところによれば、ラケットに気付いたのはもっと離れた位置からのことであった。それに車の後ろが荷台になっているといっても、後ろが見えなくなるほどに道具類を積み上げていたわけではなく、せいぜいシートの背もたれの高さまでであった。であれば、バックする際に車の後ろの窓を通して、ガレージに落ちていたラケットが見えたとしても何ら不思議ではない。そうした点も確かめずに、判決がそれを不自然としているのは全く解せないことである。

(13) しかしながら三点目は、ポリタンクにはコードが巻きつけてあったかどうかというだけの問題ではない。水槽やポリタンクはガレージに車をとめた状態では容易には身体の入らない場所に置いてあり、そのような状況でコードが巻きつけてあるポリタンクを取り出したのであるとすれば、時間的に言って本件犯行は成り立たなくなる可能性も出てくる事柄に当たるからである。判示はそうした点についての検討を欠いている。

(14) 判決についてさらに一点付記しておきたい。判決はその量刑理由において「熱風と火炎、猛煙が迫る中、おそらくは母らの助けを待ちながら、それも叶えられず、無惨にもその生を絶たれた被害者の恐怖、絶望、苦痛、無念は想像を絶するものがある」と述べているが、めぐみさんの死因や火災現場の状況から推定される死亡状況(本書一三一―一四頁)はそれとは異なる。判決はそうした点もよく吟味をしないままに、空想で書かれた産物ではないかと思わざるを得ない。

(15) 判決はその理由を挙げるに際して、「結局、〔宋さんと浅尾刑事らとの〕いずれの供述を信用するかにかかるところ」と述べているにもかかわらず、それらの理由のうち最初の三つと最後のものは、供述内容の信用性を検討した結果について述べたものとはなっていない。そうではなくて、宋さんを真犯人と考えるべきか無実と考えるべきかについて述べている。例えば最初のものは、弁護士からあらかじめ助言も受けていたのであれば、やってもいない罪について自白をすることはないだろうということを前提にしての理由になっている。それから、最後から二つ目の理由は、宋さんの検察官調書すなわち自白供述の信用性について述べていることになるが、いずれの供述を信用するかというのであれば、自白供述ではなくて宋さんの否認時の供述と浅尾刑事らの供述が比較されなければならないはずである。

(16) これらの理由についても、宋さんのそれに関して註15に挙げたのと同様の問題が認められる。

(17) しかし、本書の第8章、第9章で詳しく論じるように、宋さんの供述の変遷や青木さんの供述との不一致は、そのような評価で済ませられるようなものでは決してない。

(18) このような認定のしかたの問題については後に論じる(本書二一二―二一三頁)。

(19) これらの例を見ると、判決は供述の信用性を吟味しているというよりも、その行動等について十分な説明ができていないことをもって、供述には信用性がないと結論づけていると言える。しかし、そうした説明の不十分さが直ちに不自然、不合理であると言えるだろうか。

(20) しかし、青木さんは一貫して否認していたわけではなく、いったん自白した後に否認に転じ、再度自白に陥った後に最終的な否認に転じていたのである。そうした自白と否認の変転の理由こそが考えられなければならない。

(21) しかし、そのような結果が現に生じているということをもって、そのような犯行を意図することもまた自然であると言うことはできない。これについては逆行的構成の問題として後ほど論じる(本書第8章4節)。

(22) 実験方法は、「模擬車庫内に車両を置いた上で、車庫右後方床面上にガソリン五リットルを、続いて車両右側面中央部付近床面上にガソリン二リットルを撒き、棒の先に取り付けた布片に火を付けガソリンに点火するというもので、点火場所や車庫前後の戸の開閉状態、ガソリン撒布時間の長さ等の条件を変え、二度の実験が行われた」(後の大阪地裁の再審決定による)というものであった。弁護側によると、この実験は現場の再現性や条件設定において大きな問題があった。また、開示された写真とビデオ以外には、実験内容を明らかにするものも残されていなかった。

(23) 弁護側が求めていた再現実験については行わないとの条件を付けた上で、裁判所が実施したものであった。

(24) アメリカの『プライムタイム』というニュース番組で放映されていたもの。弁護側はアメリカの火災調査士の証人尋問等も求めたが、裁判所はそれを認めなかった。

(25) 一審判決の言う理由に加え、九月一〇日の秋月弁護士の接見メモの内容もその根拠として挙げていた。すなわち、秋月弁護士の接見メモの中には、「取調中に、宋が自白したと聞かされて自白した。宋とめぐみの性的関係のことを聞かされた。青木の方から話を持ち掛けられたと宋が言ったと警察から聞かされた」「宋が自白したというFAXを見せられた」「昼前までは「知らない」と否認していた。「めぐみ、悪かった」と言えばいい、と言われて、うなずいた」「捜査官の顔を見ろと言われた。暴行されたことはない」といった記載は認められるが、翌日の後藤弁護士や山野弁護士の接見メモにおけるのとは異なって、大声で長時間にわたり怒鳴られたなどという記載は見当たらないというのである。

(26) 逆行的構成については後述する(本書第8章4節)。

(27) しかし、そのように考えることは決して不合理であるとは言えない。これは浜田寿美男の言う「無知の暴露」とも関係する(浜田寿美男『自白の心理学』岩波新書、二〇〇一年、四五—四七頁、一七六—一八四頁)。「無知の暴露」とは、自白している被疑者が、真犯人であれば必ず知っており、およそ間違えようのないと思われる要素について間違った供述をすることを言うが、そのような間違いが認められる場合には、被疑者は真犯人ではない可能性が高いと考えられる。もちろん、真犯人が自白をしたとしても、自らの犯情をよくするため——特に共犯事案の場合——や、その他の理由で犯行の一部について事実とは異なる供述をする可能性も考えられなくはない。しかし、そのような理由が特に認められないにもかかわらずそのような間違いをしていた場合に、それを「無知の暴露」ととらえることは決して不合理ではないと思われる。この判決の指摘のように、真犯人の自白であっても共犯者間に供述の違いが生じたり、変遷が生じたりすることがあり得るというだけでは、それこそ抽象的な可能性にすぎず、心理学的に見てそのように考えられる事情が実際にあるかどうかも吟味した上で判断すべきであろう。検討の際にそうした事情を見落とすといったこともあり得るかもしれないが、そうした判断を積み重ねていけば、全体としての判断の誤りを防ぐことはできると考えられる。

(28) ホンダ・アクティ・ストリートに新品を劣化させたキャニスターを装着して、エンジン始動時にキャニスターのガソリン蒸気吸着量を限界量一杯にした上で、本件火災前の走行状況に近い形で走行やエンジンの停止を再現し、キャニスターからのガソリン蒸気漏出の有無を測定した。

(29) これらの例ではいずれも宋さんの行動が不自然、不合理であると判断されていることになるが、そのように人の行動について簡単に判断できるものであろうか。

(30) これは弁護側の主張に対する十分な反駁にはなっていない。弁護側のガソリンは排水口まで達したはずであるとの主張は、宋さんの自白のようにガソリンを撒いたのであればという仮定の下での話であるから、ガソリンが排水口まで達していないという事実は、弁護側のガソリンは排水口まで達したはずという主張が間違っているということでは必ずしもなくて、その仮定が間違っていると言うこともできるからである。

(31) 客観的事実と対比によって宋さんの自白の信用性を判断しようとしているときに、信用できるかどうかがまだ分からない宋さんの自白内容を根拠として客観的事実を認定しているのはおかしいと言わざるを得ない。

(32) 消火器の件の他に次のような点などを主張していた。帰宅途中に給油ポンプは買っていないという供述は、ガソリンスタンドの伝票に記されていた時間や宋さんの供述する帰宅した時間、実況見分によるガソリンスタンドから家までの所要時間、火災当日は雨が降っていたが実況見分時はそうではなかったといった条件の違い等からすれば信用できる。火事に気付く前にドライバーを戻しにガレージに下りたという供述が後になって出てきたということも、記憶の想起ならびにその後の供述の機会によるものとして理解できる。

(33) 判決ならびに控訴趣意書では、雨であればめぐみさんを風呂に入れる口実となるという理由が追加されるのは、九月二二日付の警察官調書からであるとしているが、九月一二日付の検察官調書の中に「……事件の少し前に、恵子と雨が降っている日は早く帰れるから車に火をつけたらいい、雨に濡れたということで風呂に入らせてその隙にやればいいということを話し合いました」との供述がある。

(34) これらの説示の例では、判決はもっぱら宋さんの自白内容に依拠して、さらには宋さんはそのように供述しているということを理由として、それは不自然ではない等と判断していることが分かる。

(35) 二〇一七年二月二七日の中日新聞朝刊等によれば、最高裁判事で本件上告審の裁判長を担当しながら、判決前の二〇〇六年一〇月に定年退官することになった故滝井繁男氏は、本件について「全ての証拠によっても犯罪の証明は不十分」であるとして、一、二審の有罪判決を破棄するべきだとの意見を在職中に書き残していた。しかし、滝井氏の意見は最高裁内部では受け入れられず、滝井氏の退官から約二カ月後には、残る裁判官四人の全員一致で青木さんの上告が棄却されていたことになる。

第6章

(1) この実験が行われたのは、時期としては上告審の終盤にあたる。弁護団は、番組のビデオならびに番組で紹介された各種の実験結果等を踏まえた上告趣意補充書を最高裁に提出したが、それについての証拠調べは行われないままに、前章で紹介した通り、上告棄却の判決が下された。

(2) この実験の結果は、伊藤昭彦教授によって「自白通りに放火することは不可能」とした鑑定書にまとめられ、再審請求審において新証拠として裁判所に提出された。なお、小山町新実験の結果については、伊藤教授の次の論文においても紹介されている。伊藤昭彦「法科学に果たす燃焼研究の役割」『日本燃焼学会誌』五九巻一八八号(二〇一七年)八六―九三頁。

(3) ガソリンはマイナス四〇℃でも気化する。蒸気比重は三~四、ガソリンの引火点はマイナス四〇℃以下である。

(4) なお、本件火災で燃えたのはホンダ・アクティ・ストリート(バン)であったのに対し、ガソリン漏れが再現されたのはいずれもホンダ・アクティ(トラック)で、給油キャップの構造には少し違いがあった。再審請求の即時抗告審では、検察側はそのことを理由に本件車両ではガソリン漏れが起こるものではないと抗弁したが、弁護側は、車両の構造上ホンダ・アクティ・ストリートでも、給油キャップが完全に締められていなかったり、そこに異物が付着していたりした場合には、同様のメカニズムによってガソリン漏れが起こりうることを論証していった。

(5) 本件車両に用いられていた置針式燃料計(燃料メーター)に対する加熱試験を行ったところ、燃料計の針を固定しているシリコン樹脂が高熱によって溶融すると、針の重心がちょうど四分の三の地点で釣り合う状態となって、そこで再びシリコン樹脂の部分が冷やされると針は四分の三を示したままで固定した形となってしまうことが明らかとなった。

(6) 決定は、ここで自白の任意性の判断をしないで問題点の指摘にとどめていることについて、「即時抗告審は、再審を開始した原決定の当否を事後的に審査するものであり、再審請求審で主張しなかった再審理由を即時抗告審で追加的に主張することは不適法というべきであるから、当裁判所は、弁護人が当審で初めて主張した刑訴法四三五条二号該当事由の有無について判断は行わない」というように説明している。

第7章

(1) 本章における虚偽自白の心理についての概説は、主に浜田寿美男による研究を元にしてまとめたものである。また、本件における浜田による鑑定書も参照している。虚偽自白の心理についてまとめた浜田の代表的な著書としては次のものが挙げられる。『自白の研究〔新版〕——取調べる者と取調べられる者の心的構図』北大路書房、二〇〇五年(旧版は一九九二年に三一書房から発行されている。新版では「新版のための序」が加筆され、また『法学セミナー』の一九九三年一—三月号に連載された「座談会『自白の研究』を読む」が巻末に収録されているが、それ以外は旧版と新版に内容の違いはない)、『自白の心理学』岩波新書、二〇〇一年、『虚偽自白を読み解く』岩波新書、二〇一八年。

(2) 菅家利和「私はなぜ、虚偽の自白に追い込まれたのか」菅家利和・佐藤博史『尋問の罠——足利事件の真実』角川書店、二〇〇九年、一一—二五頁、該当箇所は一七—一九頁、菅家利和『冤罪——ある日、私は犯人にされた』朝日新聞出版、二〇〇九年、一七—一八頁。

(3) 浜田寿美男は、取調官と被疑者との間に〈犯罪を追及し、罪への謝罪を求める取調官〉と〈自白し、悔い改める犯人〉という対人関係が擬似的に生まれることを「自白的関係」と呼んでいる。浜田寿美男『自白の研究〔新版〕——取調べる者と取調べられる者の心的構図』六二九頁。

(4) もっとも、取調べ状況や被疑者の特性等から虚偽自白のリスクが高いと考えられるならば、無罪とされるべきであろう。

(5) 実際に体験した事柄の記憶のこと。人間の記憶には誤りも入り込みやすいが、その問題はここでは措いておく。

(6) 実際には、供述が被疑者と取調官とのやりとりを通じて生れること、したがってその形成過程には取調官もまた深く関与しているということには、よく留意しておかなければならない。

(7) ここで「仮設」とは、広辞苑(第六版)にその語義の第三として「supposition 仮定③に同じ」とあり、「ある推理の出発点として設定される命題」を意味している。一般には「仮説」が使われることが多いが、検証されるという意味合いの強い「仮説」よりも、供述の起源について検討しているときには必ず一つの仮定を出発点として推論しているということを常に銘記しておく上では「仮設」を用いたほうがよいとの考えの下、筆者は「仮設」を用いている。

(8) 仮設一の下では、自白供述は基本的に体験記憶に基づくものと考えられるから、そのようにしてその仮設の下での事実を構成するのが合理的であると考えられる。供述に変遷がある場合は、被告人は記憶に基づいて正直に供述しようとしているものと仮定し、変遷は記憶の錯誤があった部分について正しい記憶が喚起された結果であると考えて、変遷後の供述に依拠して事実を構成するのが合理的である。ただし、裁判においては、有罪を主張する検察側が被告人の自白やその他の諸証拠を元に犯行ストーリーを構成していることが一般的であるから、それを仮設一の下で仮定される事実構成として援用することも可能であろう。さらに、控訴審以降での分析で、原審で有罪判決が出ている場合については、同様にして原審での事実認定を用いることも考えられる。

(9) もちろん、食い違っている部分がすべて意識的な嘘によるとは限らず、記憶の錯誤等によることも考えられるので、実際にはそうした可能性についても検討される。

(10) 仮設二の下では、否認供述が基本的に体験記憶に基づくものと考えられるから、そのようにしてその仮設の下での事実を構成するのが合理的であると考えられる。供述に変遷がある場合の考え方については、註8と同様である。

(11) いわゆる秘密の暴露についても、ここで言う背理法的に理解することが可能である。すなわち、被疑者は無実であると仮定する→被疑者は真犯人のみが知り得ることを供述した→無実の人がそのような供述ができるということは心理学的に理解できない→被疑者は無実であるという仮定が間違っていた→被疑者は真犯人である、という形で論証しているのである。ただし、ここで「無実の人がそのような供述ができるということは心理学的に理解できない」と本当に言えるかどうかについては、その取調べ過程で誘導がなかったかなども含めてよく吟味される必要がある。秘密の暴露を背理法による論証としてとらえることは、真犯人のみが知り得ることを供述した→被疑者は真犯人であるとする場合に比べて、無実の場合でも被疑者がそのような供述をなし得た可能性がないかの吟味を要請するという点で、意味があることと考えられる。

(12) 浅田和茂が紹介しているドイツ連邦裁判所の一九九九年の判例では、供述心理学鑑定の方法論について次のように述べられている。「方法論上の基本原理は、吟味されるべき事実すなわち特定の供述の措信性(Glaubhaftigkeit)を、その否定が収集された事実と一致しなくなるまでは否定することであり、鑑定人は、鑑定に際して、まずその供述は虚偽であると仮定するということである(ゼロ仮説)。彼は、この仮定を吟味するために仮説を形成しなければならない。虚偽仮説が調査された事実と一致しえないことが明らかにされた場合、その仮説は捨てられ、真実の供述であるという代替仮説が適用することになる」(浅田和茂「証言の信用性と心理学鑑定――ドイツ連邦裁判所の新判例について」廣瀬健二・多田辰也編『田宮裕博士追悼論集　上巻』信山社出版、二〇〇五年、二〇一―二一八頁、引用箇所は二〇五頁)。本書で示した方法論は、この判例が述べるところと仮説の立て方において少し違いが認められるが、その基本原理のところでは一致している。

(13) 例えば、最高裁判所第三小法廷は、殺人、現住建造物等放火被告事件について、二〇一〇年四月二七日判決で、「刑事裁判における有罪の認定に当たっては、合理的な疑いを差し挟む余地のない程度の立証が必要であるところ、情況証拠によって事実認定をすべき場合であっても……被告人が犯人でないとしたならば合理的に説明することができない(あるいは、少なくとも説明が極めて困難である)事実関係が含まれていることを要するものというべきである」と判示し、原判決及び第一審判決を破棄して、差し戻している(『最高裁判所判例集・刑事編』六四巻三号、二〇一一年、二三三―二九四頁、引用箇所は二三九頁)。有罪(真犯人である)と認定するために、無実であるとの仮設の下では説明できない事実があることを要するとしている点で、この判示内容はここに述べてきた供述分析の手法と一致している。

(14) 浜田寿美男は、検察側が有罪立証を尽くしているかどうかを審理し、被告・弁護側に無実の証明を求めない刑事裁判の構図を、法の理念としては十分に認めつつも、次のように述べている。「科学の基本は一定の仮説を立ててその検証を行う姿勢にある。とすれば、被疑者が犯人であるという有罪仮説を立てると同時に、被疑者を無実とする無実仮説を対置して、両仮説を対等に検証するのでなければならない」、「ここに有罪仮説対無実仮説という対比を持ち込んで言い換えれば、「有罪立証が尽くされているかどうか」という部分は有罪仮説の検証であり、その立証に「『合理的な疑い』があるかどうか」という部分は無実仮説の検証だということになろう……」(浜田寿美男『虚偽自白を読み解く』九二頁、二三九頁)。二つの仮設(説)を立てるという点では同じであっても、そこからの論証においては、浜田と筆者とでは若干考え方の相違があるように思われる。

(15) その他の可能性はあり得ないということではない。もし他の可能性も考えられるというときに、その推論において想定される供述動機に基づいて、実際の供述の理解が可能であるかどうか検討されることになろう。

(16) ここで、そのように判断基準が適用されるのは、あくまでも仮設一(真犯人である)の下においてであることに注意しなければならない。すなわち、かかる基準を被告人が自分に不利なことを述べている場合はその供述は信用できるというように一般化したり、あるいは仮設二(無実である)の下での判断にまで敷衍したりしてはならない。先に虚偽自白の心理について説明した通り、仮設二の下の自白供述は、被疑者が自分にとって不利なことを述べているとしても、それは心理学的には理解可能なものと考えられる。

(17) 供述内容が捏造能力を越えたものかどうかについては、その供述者の知識やそれまでの経験等も踏まえて、慎重に判断することが求められる。被告人ではなく目撃者(被害者)の例であるが、トランケルが報告している少年ラーシュの事例では、ラーシュの被害供述は一見したところではその捏造能力を越えたものと思われたが、トランケルがラーシュの交友関係や行動範囲などを詳しく調べることによって、事件がなくても、ラーシュは自分の経験から知り得たこと等をもとにそうした供述を構成し得たということが明らかにされている(A・トランケル、植村秀三訳『証言の中の真実――事実認定の理論』金剛出版、一九七六年、一四六―一七〇頁)。

(18) 浜田寿美男は、この二つを供述の信用性判断の積極的基準と呼んでいる。それに対して、供述内容と客観的事実や自然法則との一致や供述内容が「詳細で具体的かつ迫真的である」といった特徴については消極的基準、すなわち必要条件ではあったとしても十分条件ではないと述べている(浜田寿美男「目撃証言の真偽判断とその方法」一瀬敬一郎・厳島行雄・仲真紀子・浜田寿美男編『目撃証言の研究――法と心理学の架け橋をもとめて』北大路書房、二〇〇一年、二六八―三四三頁、該当箇所は二七七―二七九頁)。

(19) 接見した弁護士が作成したメモも存在していたが、疑うとするならば、接見の時に宋さんや青木さんが取調べについて弁護士に話していた内容も事実であるとは限らないということになる。

(20) 被疑者が犯人であるということでは争いがないけれども、被疑者の主張する犯行内容等が容疑とは異なるという場合もあり得るが、それについてはここでは措いておく。

(21) 裁判に証拠として提出することを目的とした心理学的な供述分析においては、他の可能性も考え得る場合でも、実際の主張等を加味して仮設を絞ることは許されよう。また、共犯者とされる者がいてその供述に食い違いがある事件などでは、それぞれの供述内容に応じて、二つの仮設の下にさらに細部で異なる下位仮設を立てて検討することも考えられる。

第8章

(1) 宋さんは、後の筆者による聞き取りの中で、犯行ストーリーを構成するのには、放火と準備行為さえ考えればよかった、そして、犯行と合わない事実についてはカットしたと話している。

(2) これらの供述に関する仮説二の下での理解は、争点のところでも述べたように、その前提となる事実構成によって変わってくる。河内さんのところから消火器を借りてきて消火活動をしたという宋さんの供述内容が事実であるとすれば、宋さんのこれらの供述について改めて検討する必要はない。一方、河内さんのところからは消火器を受け取らないまま出ていったというのが事実である場合であるが、その場合でも宋さんが意図的に嘘をついていた可能性はないとしてよいだろう。そうだとすると、記憶の錯誤等の可能性、すなわち、突然の火災に宋さんがひどく動揺していて、河内さん方に消火器を借りに行ったけれど、(例えばそのときに爆発音を聞いて)今度は青木さんらの安否が気になって、そのままあわてて出て行っていたにもかかわらず、その記憶が曖昧で、後にそれを埋めるために、河内さんのところから消火器を借りて消火活動をしたというストーリーを構成したという可能性があるかどうかということになる。しかしながら、宋さんは火災当日の事情聴取の時点で、すでに消火活動をしたときのことについて明瞭に述べている。記憶が欠落していたところについてあれこれ考えているうちに、納得できるように埋められたというのは考えにくい。

(3) その時点では、ガソリンを抜くなどしなくても、車両が燃えた場合に燃料計が四分の三くらいの位置を指す可能性があることはまだ分かっていなかった。

(4) ここでは、当初は正しく想起できなかったことが、後になって記憶が喚起されて正しく想起されるようになったという場合についても、記憶の錯誤に含めている。

(5) 九月二四日に行われた再現見分では、ガソリンを抜いてポリタンクを持ち上げてみて重さで量を確認するという実験がされている。実際にはガソリンの代わりに水を入れて重さを量ったということであるが、仮に水でポリタンクの一三センチくらいの深さ、すなわち水で七・三リットルであったとすれば、ガソリンの比重は〇・七二一〇・七六である(石油連盟の統計情報による。http://www.paj.gr.jp/statis/kansan/)ことから、その重さ(水七・三リットル＝七・三キログラム)はガソリンに換算するとおよそ一〇・一―九・六リットルになるはずである。宋さんは持ち上げた際の重さを目安にその量を再現したと述べているから、比重を考慮していないのは明らかにおかしい(弁護団の森下弘弁護士から聞いたところでは、弁護団はその問題には気づいていたとのことであった。ただ、七リットルでも九―一〇リットルでも再現実験の上では結果に大差がないと考えられたことから、その点についてはそれ以上追及しないことにしたということである)。また、重さに関する人間の感覚や記憶の能力を考えた時に、そのように二カ月も前に体験した手応えの感覚を覚えていて、それを再現できるということがそもそも疑問である。二つのものをその場で交互に持ち比べてその重さを比較するというのならまだしも、以前に持った時の重さの(相対的ではなく)絶対的な感覚を記憶していて、その時と同じ重さを再現するなどということをわれわれは普通しないし(脇中洋氏のご教示による)、仕事などで日常的にある重さのものを扱っていて、それと同じ重さを再現する場合などは別として、実際そのようなことはできないであろう。

(6) 七月三〇日に宋さんが作成した供述書の一通の中には、「妻はめぐみに対して、愛情がうすかった。洵に対しては、ものすごくかわいがっていた」という一文もあった。

(7) しかし、後者の可能性については、捕まる前にはすべてこの罪をかぶってやろうと考えたこともあったが、九月一〇日に浅尾刑事から本格的に調べられて、自分一人でやったなどと嘘をついても後で困るだけだと思い、正直にありのままを自供書に書いていったとする宋さんの供述(九月二二日警察官調書)とは矛盾することになる。

(8) 公判の記録では、九月二二日の一一分の沈思黙考について尋ねられているが、尋問者の「調書の作成がいったん分断されている……」という発言からすると、九月二三日の一七分間の沈思黙考のことを指していると思われる。

(9) 前出(本書一六四―一六五頁)の宋さんの九月三〇日の検察官調書にもそれと重なる供述が認められる。

(10) 口止めに関する洵君の供述内容については、第11章で洵君の供述について論じる中でも取り上げている(本書二五五―二五六頁)。

(11) 虚偽自白に陥った被疑者が、続いてどのようにしてやったのかの説明を求められて、嘘の犯行ストーリーを作り上げて語ることを浜田寿美男は「悲しい嘘」と呼んでいる(浜田『自白の研究〔新版〕——取調べる者と取調べられる者の心的構図』北大路書房、二〇〇五年、五〇七—五一九頁)。

(12) 一種のと但し書きをつけたのは、無知の暴露は、真犯人であれば当然知っていてしかるべき事柄について被疑者が供述しながら、それが間違いであったことが分かる場合について言うからである。ここで、宋さんが知らなかったのは洵君がいつ口止めをされたと言っていたかということであり、これは本件の犯罪にとって絶対に必要な要件というわけではなく、また洵君の供述が正しいという裏づけもないため、そのように記した。

(13) 渡部保夫『刑事裁判ものがたり』潮出版社、一九八七年、八六—八七頁。なお、同書は二〇一四年に日本評論社より復刻されている。

(14) 虚偽自白と考えられる事案では、自白した理由として、いろいろ修飾はされているにしても、結局のところはありきたりの理由が繰り返し調書化されていることが多いように思われる。

(15) なお、これらの供述は言うまでもなく取調官と宋さんのやりとりの中で生まれてきたものであり、その供述の起源が宋さんだけにあるということではない。取調官の考えもまたこれらの供述の成立に寄与しているものと考えられる。

(16) 浜田寿美男『証言台の子どもたち——〔甲山事件〕園児供述の構造』日本評論社、一九八六年、二二八頁。

(17) 一九七四年に知的障がい児の施設で園児二名が相継いで行方不明となり、寮の建物の裏の浄化槽からその溺死体が見付かった事件。一名の園児が蓋の開いていた浄化槽に転落したのを見ていながらその救助を怠った当直の保育士が、その殺害の嫌疑が自分にかかるのを回避するために、他の職員が当直勤務中に、もう一名の園児を連れ出して殺害したとされた。証拠不十分でいったん不起訴とされたが、検察審査会で不起訴不相当の決定が出て、再捜査を経て一九七八年に起訴された。裁判は一審、無罪→検察側控訴、審理不尽により差し戻し→弁護側上告、棄却→差戻し審、無罪→検察側控訴という経過を辿り、二十年余もの長期に及んだが、一九九九年に無罪が確定している。

(18) 浜田寿美男『証言台の子どもたち——〔甲山事件〕園児供述の構造』二二四—二三一頁。
(19) 浜田寿美男『〈うそ〉を見抜く心理学——「供述の世界」から』日本放送出版協会、二〇〇二年、九一—一二六頁。
(20) 宋さんも実際にそのように供述している。
(21) その点については供述の変遷もあるが、今はその点は措いておく。
(22) 改めて紹介はしないが、これについても、宋さんはその自白供述で、なぜそのような方法を考えたのかについて縷々述べた上で、それが一番確実な方法だと思ったと供述している。
(23) もちろん、それとて絶対とは言えないと言われるかもしれないが、そのように言ってしまえば、人間の行動の理解は全く不可能ということになり、事件の犯行動機などを論じることも無意味になってしまうだろう。浜田寿美男は供述の心的過程に関わって前提となる事項(供述分析のための公理)として、「人の言動はその心的意味の流れにおいて理解可能である」「供述は供述者と尋問者の心的相互作用の結果である」の二つを挙げて、そのうち前者について次のように述べている。「この前提なくしては供述分析も、いや裁判における事実認定そのものも成り立たない。」「……原理的にいって、人の言動にはその人なりの理由がある。……少なくともそう思って人は互いに関わっている。そうでなければ人間関係は成り立たない。……これこそが人間が日常を他者と関わりつつ生きていく上での大前提であり、また人間の心理学的理解のためには不可欠の公理である。裁判という人間の営みもまた、人間の行為の真偽を判定し、その意味を理解しようとするものである以上、この公理をその前提においているはずである」(浜田寿美男『自白が無実を証明する——袴田事件、その自白の心理学的供述分析』北大路書房、二〇〇六年、三四五、三四七頁)。
(24) 山本登志哉「供述分析と心理学的合理性」浜田寿美男編『供述をめぐる問題』岩波書店、二〇一七年、四三—六四頁。引用箇所は四九頁。
(25) 山本登志哉は「共同主観」について、この言葉が多様に使われていることを認めつつ、「他者の視点を組み込んで成り立つ間主観的関係をベースに、第三者的な視点を構造的に組み込んで成り立つ主観のあり方を共同主観と表現する」と定義している(山本「供述分析と心理学的合理性」浜田寿美男編『供述をめぐる問題』六三頁)。ところで、例えば平田元は、刑事訴訟における犯罪事実の証明について次のように述べている。「……犯罪の証明、すなわち「合理的疑いを超える証明」がある(事実を認識する)とは、判断対象である証拠に経験則・論理則を適用して導かれる一般人の立場からの判断である客観的蓋然性を根拠にして、判断主体がそれが間違いないとの主観的確信をもつことを意味する」(平田『刑事訴訟における片面的構成——事実認定と上訴をめぐって』成文堂、二〇一七年、三〇一頁)。事実認定の法的な議論については筆者の理解を超えるところがあるが、法的な事実認定とここに述べたような心理学的な判断とはどう違っているのか、あるいは両者には重なるところがあるとすれば、心理学的な判断の特徴はどういったところにあるのかを明確にしていくことも重要なことであると言えよう。

(26) 山本登志哉『文化とは何か、どこにあるのか——対立と共生をめぐる心理学』新曜社、二〇一五年、二五頁。

(27) これについて、それは法的な事実認定において「経験則」に反すると言われるのと同じことであるから、心理学的な合理性などといったことを改めて持ち出す必要はないと言われるかもしれない。しかし、心理学的な合理性とは、むしろその経験則が経験則たりうる根拠を示しているものであるとも考えられる。そうだとすると、心理学には曖昧なところもある経験則に枠をはめるとともに、経験則とは異なるという場合にそれを論証する方法も与えるといった意義や役割があるものと言える。

(28) そう判断されなかった場合については、だからといって、直ちに自白の信用性が高いということにはならない点には注意が必要である。それで、無実の人の逆行的構成による供述である可能性がなくなったわけではないからである。それらの供述について、無実の人の嘘としては理解するのが難しいということが明らかにされて初めて、それらの自白は信用性が高いと判断されることになる。

第9章

(1) その電話内容に関する供述については、謀議の一つとして後に詳述する(本書二〇五—二〇七頁)。

（2） 完全に否認した後には、一一九番に電話をしている最中に二回くらい爆発音がしたという供述が加わっているが、青木さんは火事の後で知人らには爆発があったことも話しており（本書六四頁）、自白前の供述ではそのことに言及していなかっただけであるとも考えられることから、変遷としては取り上げていない。
（3） 自白前と否認後の供述の変遷については先にまとめている（本書六三頁）。
（4） 水を取りに行った際にめぐみさんに声をかけたという嘘だけは、その後もまた維持されたことになり、嘘を突き通すことが難しくなったというのが理由だったとすれば、その点でやや不可解さは残る。
（5） 後述するように、洵君は後の『ザ・スクープ』のインタビューでは、青木さんは逃げる前にめぐみさんを呼んでいたと述べているから、もしそうであったとすれば、青木さんの自白前の供述はむしろ事実に近かったことになる。確かなことは分からないが、ここでの説明は、逃げる前には「声を出した記憶がない」等という青木さんの控訴審での供述内容が事実との仮定の下で、青木さんの供述の変遷の心理学的な理解について述べたものである。
（6） 後述の自白内容の成立経緯に関する青木さんの供述も参照のこと（本書二一〇—二一一頁）。
（7） 嘘をつく際には、把握されている事実やそれまでについた嘘の内容などをすべて覚えておいて、それらと矛盾のない嘘をつくことが求められるのだが、それに失敗すること。
（8） 「七月一〇日に書いた」という部分は、「九月一〇日に書いた」の間違いと思われるが、青木さんの供述書には「七月一〇日に警察に来た時に、私が書いた文章は、本当のことです」と書かれている。
（9） 青木さんは公判で、その時点では、宋さんの自白ではそれが六月二二日頃となっていたことは知らず、そのように言われる意図が分からなかったと述べている。
（10） 実際本件でも、青木さんの一審判決がそのような認定をしていた（本書八二頁）。
（11） 仮設一の下ではそれらの供述内容は体験記憶に基づくものと考えられるので、以下では仮設一の下での検討は省略する。
（12） 前出の宋さんの九月一〇日の一通目の供述書の内容（本書一五七—一五八頁）を参照のこと。また、宋さんの同日の二通目の供述書には、六月二二日ごろの夜半、借金のことを話していて、青木さんが突然「保険金があるやん」と言い出したこと、七月五日頃の夜半、宋さんのほうから「この前の保険金の話やけどな、風呂入っている時に、車に火をつけたらわかれへんのと違うか」「雨がふって早く帰れる日に、風呂に入れ、その間におれが火をつけるからな」と言うと、青木さんもうなずいていたことなどが書かれていた。

(13) 秘密の暴露の有無については、本来は青木さんの自白供述のすべてについて検討する必要がある。もとの鑑定書では青木さんの自白供述のすべてについて検討していたが、それでは量も膨大になる上に重複も多くなるため、ここでの検討はこの一例にとどめる。

(14) 犯行の筋書き自体が青木さんらの体験記憶をもとにしてもいるので、体験記憶と犯行の筋書きとが重なるところがあり得るが、一々その両方とすると煩瑣になるため、そうした部分については文脈を考慮しながらそのどちらかに振り分けた。また、火を付けたという部分については、青木さんにとってはマスコミからも情報を得ていたものであるが、ここではやはり煩瑣を避けて犯行の筋書きとした。

(15) その心情の一部には、めぐみさんを助けられなかった母親の気持ちが交じっているとも考えられる。

第10章

(1) 日弁連刑事弁護センター供述分析研究会(二〇一六年度第一回)での森下弘弁護士による東住吉事件についての報告をもとにまとめた。

(2) 河内さんの供述の問題については後述する(本書第11章2節)。

(3) 宋さんと接見した秋月弁護士も、死刑への恐怖といったことは九月一〇日、一一日には出てきていないと証言している。

(4) これは自白をしている調書で、調書中「関係ないふりをして」とか「言い訳をしようと」等とあるところは虚偽の供述であると考えられるが、その他の部分についてはその通りであったことを宋さんは控訴審の公判で認めている。

（5） さらに言えば、風呂釜の種火からの引火も考えられないということも挙げられるかもしれないが、それについては、当時は、宋さん自身も風呂釜の種火からの引火はないと考えていたと述べている。

（6） それに対して青木さんの場合には、取調べの圧力を受けて自白には陥っているものの、宋さんのような判断（心理）ははたらいていなかったと思われる。そのことが、その後の両者の供述経過の違いの一つの要因となったのではないかと考えられる。

（7） 朝日新聞デジタル二〇一六年四月二八日。宋さんは筆者との話において、自殺と虚偽自白に共通する心理として、恐怖と絶望による理性の崩壊というように説明している。なお、「心の自殺」という表現は、再度自白に陥った時以降の宋さんの心理により当てはまるところがあるかもしれないが、それについては後述する（本書二三一―二三八頁、特に二三六―二三七頁）。

（8） 取調側がそれを意図的に妨害していたという可能性については、ここでは措いておく。

（9） それはやむを得ないことであったというのではなく、被疑者がそうした心理になり得ることも考えて、十分な接見時間が設定されることが望まれる。

（10） 取調べも後半になってからの宋さんの自白では、青木さんのことをことさら悪く言っているようなところが認められるが、それは宋さんが青木さんとの関係においていささか鬱屈した感情も持っていたことに加えて、こうした懐柔によっても気持ちが動かされたところが大きかったのではないかと考えられる。

（11） 宋さん自身は筆者との話の中で、当時の心理について次のように語っている。九月一二日には愛犬家殺人事件の新聞記事を見せられた上で、否認したら死刑になると言われて、それをそのまま信じてしまった。その時に恐怖感がワーッと湧いてきた。それは死刑→絞首刑→首を絞められる→九月一〇日に浅尾刑事によって首を絞められたときに感じた殺されるという死の恐怖というように、死刑と浅尾刑事によって首を絞められたときの恐怖が結びついて、恐怖感が一気に湧いてきて、理性が飛んでしまった。自殺のように即、死につながるわけではないが、想像において死刑の死がリアルなものとして感じられた。そして、否認することこそが死刑になると思い込んだので、裁判で本当のことを言えばよいという思いはみじんもなかった。完全に自白しないといけない、ずっと認めていかないといけないという考えだった。なお、「心の自殺」という表現も含めて、宋さんがその当時の心理についてそのように捉えられるようになったのは、虚偽の自白をしてしまった当時の自分の心理について突き詰めて考えるようになって何年もしてからのことであるということである。

(12) 宋さんが自分も記者会見に出られると思い込んだということには、時に虚偽自白をする被疑者が、認めさえすれば取調べから解放されて家に帰れるものと思っているという心理と通じるものがあるかもしれない。取調べ、逮捕ということについて少し冷静に考えることができれば、そのようなことはあり得ないと分かることであっても、そのように思い込んでしまうことがあるのである。それはまた、無実の者には逮捕されてもおのれの身が置かれている状況を真に実感できないということとも関係していると思われる。

(13) これには、宋さんが接見するよりも先に、浅尾刑事が盛澤弁護士に対して、依頼人は情状酌量でいくと話していたということもある。

(14) 渡部保夫は、「重大事件で、被疑者が二十数日又はそれ以上の期間にわたって連日連夜厳しい取調べを受けて、自己を崩壊させてしまった場合には、強度の自信喪失、自暴自棄、人間一般に対する不信、懐疑の心境に陥り(このような場合、弁護人に対しても心の扉を開かない、といわれている)、万一有罪と認められた場合における重罪への恐怖などから、公判になっても、ストレートな形で自己の弁解を述べることができず、公訴事実を認めたり、たとえ否認しても不可解な内容の弁解をしたり、更に、一方で公訴事実を争いながら、他方で被害者の遺族に対し謝罪の手紙を書き送ったりするという矛盾した行動を示すことがある」と述べている(渡部『無実の発見——証拠の分析と判断基準』勁草書房、一九九二年、六九頁)。宋さんの場合、そこまで長期の取調べを受けていたわけではないが、それと類似の心理状態に陥ってしまったものと考えられる。なお、宋さんは控訴審の公判で次のようにも供述している。「本当に情けないことですが、九月一二日のときから、死刑になるのが怖くてたまらなくて、性的虐待のことを公表されるのが怖くてたまらなくて、一体何が正しくて何が間違いか、誰を信じていいのか、全く分からない状況になってました。だれかに助けてもらうしかなかったんです。」

(15) ここでも宋さんが筆者に語っているところを紹介しておくと、次の通りである。自白しているときは、必死で犯人だったらどうするかを考えていた。犯人を演じなければいけないので、自分が犯人であると真剣に言いきかせてやっていた。小説の中であったら犯人はどう動くだろうと考えたりもした。それがおかしいことだとか、してはいけないことだといった考えはなく、ただ目の前の浅尾刑事にいかに気に入られるか、浅尾刑事が納得するかどうかということだけを考えていた。そこまでしているので、まるで自分が犯人である気までしてくることがあった。留置場では他の人と話ができたが、そのときは自分が犯人であることを前提に話をしていた。それほど犯人にならなければならないという思いが強かった。しかし、その一方で、シンデレラ症候群とでも言うべきか、夜になると誰かが助けに来てくれて、今すぐに自分をここから出してくれるという気もしていた。ただ、自分で何かしようという気力は残っておらず、誰かが助けに来てくれることを期待していた。

(16) 村山満明・大倉得史編著『尼崎事件　支配・服従の心理分析』現代人文社、二〇一五年。

(17) 村山・大倉編著『尼崎事件　支配・服従の心理分析』一一八―一一九頁、二八九―二九〇頁。

(18) なお、脇中は本件鑑定書の中でこの時期の宋さんの心理について次のように分析している。「自白を展開する宋の供述から取調官との間に成立していたコミュニケーションを検討すると、宋は犯人としての自白供述を詳細に記していく作業に没頭する事によって、取調官との対立関係を回避し、自白供述を展開するという目的に向かう協同的関係にあったと思われる。この時点で宋は取り調べ側と対立し続ける事が相当耐え難かったゆえに、自分の立場を省みる余裕を失っていた事が窺われる。」

第11章

(1) 本章は、宋さんや青木さんの供述の分析を行った第8章、第9章とは異なり、宋さんと青木さんは無実であるとした場合に、洵君や河内さんの供述はどのように成立したと考えられるかについて検討する。したがって、二つの仮設の下での検討という形はとっていない。また、再審請求の即時抗告審で開示された資料も、検討の資料として用いている。

(2) 後に開示された報告書によると、実際は九月二一日というのは供述調書の作成日であり、洵君は、九月一六日は午後一時五五分―午後五時(休憩午後四時五分―午後四時二五分)の二時間四五分、九月一七日は午後二時一〇分―午後四時四五分の二時間三五分、九月一八日は午前一〇時―午後二時五分(休憩午前一一時三五分―午後一時一八分)の二時間二二分、合計すると三日間で七時間四二分に及ぶ事情聴取を受けていたことが分かる。

(3) 宋さんがいったん六畳の居間に上がった後、再びガレージに下りたこと――火を付けるためではなく一緒に持ってあがってしまったドライバーを車の中に戻すため――については、後の公判において宋さん自身もそれを認めている。そうだとすると、その点についての八月二日の警察官調書における洵君の供述は正しかったようにも思われる。ただし、浜田寿美男は本件鑑定書の中で、宋さんが再びガレージに下りたという洵君の供述は、取調官の誘導によって生まれたものであり、後のガレージに下りたという宋さんの記憶も二次的記憶像である可能性を指摘している。二次的記憶像とはもともとはトランケルが述べているものであるが、浜田によれば「もともとの記憶像の上に、事情聴取の際の像が二重に焼きつけられて、二つの像の区別がつかなくなる〔もので、本人が〕真正の記憶と思い込んでしまう」ものである。ここでの例が実際に二次的記憶像であるかどうかは分からないのだが、供述の起源としてそのような可能性もあり得ることは知っておくべきであろう。

(4) 仲真紀子「子どもの目撃供述とその面接法」法と心理学会・目撃ガイドライン作成委員会編『目撃供述・識別手続に関するガイドライン』現代人文社、二〇〇五年、二一九―二三三頁。

(5) ただし、この例ではただ質問を繰り返しているという以上に、明らかに答えを誘導している。

(6) 森山さんは公判証言でも同様のことを証言している。「〔森山さんの事情聴取を行った〕矢島さんという方は柔道でもなさるようながっしりとした方で、机を叩きながら大きな声で、ずっとじゃないですけど、時々されると…〔間〕。私が〔青木さんは〕無実だと言ったら顔色を変えられるんですよ、警察の方が。それで………〔間〕私恐怖感覚えまして、それでも………〔間〕取調べにはずっと答えたんですけど………〔間〕警察は私の言うことは聞いてくださいません。」

(7) 火災から数日後に宋さんが河内さんに確かめた時も、河内さんは確かに宋さんに貸したと言っていたと宋さんも述べている(本書一一六頁)。

(8) 原聡「供述聴取手続(1)――時間と場所」法と心理学会・目撃ガイドライン作成委員会編『目撃供述・識別手続に関するガイドライン』七八―八五頁。

(9) 註3参照。

(10) 宋さんの一審判決は、宋さんは消火器を持たずにまた出て行ったとする河内さんの供述が信用できる理由として、「河内自身の家の中での出来事であるから、記憶違いの可能性は少ないと考えられる……」と述べ、また、青木さんの控訴審判決は、聞き込み状況書に記載されている河内さんの供述内容が信用できない理由として、「いまだ火災鎮圧前である午後五時一〇分に火災現場で近隣者河内から聞き込んだという内容を記載したものであって、現場での興奮や混乱の影響を受けていることを否定できないのに対し……」と述べている。しかしながら、宋さんの述べるところでは、宋さんが河内さんの家に飛び込むと、河内さんが柱に掛かっていた消火器を取ろうとしてくれたが、なかなか外れなかったため、宋さんが替わって取って持って行ったというのであるから、そうであるとすれば、「消火器貸してください」と言って宋さんがいきなり家に飛び込んできたときにこそ、河内さんはかなり動揺をしていたと考えられる。したがって、宋さんの一審判決の説示のようには必ずしも言えず、また、青木さんの控訴審判決のようにそのときの心理状態の影響を考えるのであれば、動揺による火災当時の記憶の曖昧さとして、それが河内さんの後の記憶の形成に影響した可能性についても考えるべきであろう。

(11) 厳島行雄「目撃供述に潜む記憶と忘却の歪み」法と心理学会・目撃ガイドライン作成委員会編『目撃供述・識別手続に関するガイドライン』一八一―一九二頁。

第12章

(1) ただし、その中に自白した放火方法による再現実験における燃焼状況と実際の火災の際の燃焼状況との一致は含まれていない。

(2) ただし、有罪判決では、その時の青木さんの心理状態ではなく、まだ救助が可能な状況であったかどうかが判断されている。

(3) 宋さんの弁護団の竹下政行弁護士は、そうした点をジャンクサイエンスの危険性として批判している(二〇一六年七月二六日の法科学研究会での報告)。

(4) DNA鑑定については、現在では確かに足利事件当時に比べればその技術は格段に進歩してその正確さも増していると考えられるが、そのような技術の進歩によってもコンタミネーション(実験者やその他の当該の人物以外からのDNAが分析の資料の中に混入すること)の可能性なども考えれば、その結果の正しさは決して万全であるとは言えない。

(5) 科学的な証拠を含めて事実関係についての客観的な証拠なくして、いかにして自白の信用性を判断できるのかと言われるかもしれないが、それこそは本書で述べてきたような供述の心理学的な分析によると言える。

(6) 宋さんの控訴審判決では、弁護側が再現実験の結果等をもとに、宋さんが自白しているようなやり方でガソリンを撒いた場合、車の側面からじわっとはみ出した形の広がり方にはなり得ないことを主張していたところ、取調べ段階の供述調書において、宋さんが「ガソリンは本件自動車の車体の下を流れ、車体の中央付近で右側面(北側に)少しの幅でじわっとはみ出して流れていたと一貫して供述し、図面を書いて図示までしている」等と述べて、弁護団の主張を退けている。これもまた自白によって事実を認定する、あるいはそれとつながる放火という自白の信用性を認定するという誤った推論の例と言えよう。森下弘弁護士の指摘による。

(7) かかる主張をしても、実際のところは、再現実験と宋さんの自白の矛盾という問題は残ったままである。

(8) 青木さんの自供書の内容について本当にそのように言えるかどうかは疑問であることについてはすでに述べた通りであるが(本書二〇七頁参照)、ここではそのことは措いておく。

(9) ただし、その供述内容の整合性や一貫性の欠如、客観的証拠との不一致等を根拠に、信用性が低いあるいは認めない——信用性を認めるための必要条件を満たさない——という判断をすることは別である。

第13章

(1) B・L・ギャレット著、笹倉香奈・豊崎七絵・本庄武・徳永光訳『冤罪を生む構造——アメリカ雪冤事件の実証研究』日本評論社、二〇一四年。

（2） ギャレット『冤罪を生む構造――アメリカ雪冤事件の実証研究』一〇頁。

（3） ここで「準則」とは信用性判断に際して守るべき基準といった意味である。内容的にはこれまでの判例から引き出された「注意則」とも重なるところがあるが、心理学、特に虚偽自白の形成過程についての心理学的理解から導き出される、守らなければならない基準という意味で「準則」とした。平田元は注意則の限界について次のように述べている。「注意則の限界として、その適用によっても、自白の信用性についてその一義的な結論が決して導かれないことも指摘できる。……この点について、「確かにチェックポイントはいろいろ研究されたけれども、それが最後の心証の段階でどちらともとり得る」との批判もなされている。これは注意則が十分に精密なものとなっていないこととも関係しよう。この注意則呈示による事実認定の適正化は、「合理的疑い」の存否を、最終的には裁判官の自由心証に委ねざるをえないことになる」（平田『刑事訴訟における片面的構成――事実認定と上訴をめぐって』成文堂、二〇一七年、一九三頁）。注意則が最終的には信用性判断の際のチェックポイントにとどまるのに対して、ここに述べた準則は、供述についての心理学的理解に基づき、こうしなければならないというより強い基準を示している。

（4） ただし、このことは、人間はどんな場合にも不合理な行動を取りうることがあるから、人間の行動の背後にある意図や動機について全く判断できないということではない。本書一九一頁ならびに第8章註23も参照のこと。

（5） ギャレット『冤罪を生む構造――アメリカ雪冤事件の実証研究』二三頁。

（6） ギャレット『冤罪を生む構造――アメリカ雪冤事件の実証研究』五一頁。

（7） アメリカ合衆国において、黙秘権、供述が法廷で不利な証拠として用いられる可能性、弁護士の立会いを求める権利、公選弁護人をつけてもらう権利の四項目の告知が被疑者になされていない状態での供述は、公判で証拠として用いることができないことで、ここではその手続きが正しくなされているかどうかということ。

（8） ギャレット『冤罪を生む構造――アメリカ雪冤事件の実証研究』五〇―五一頁。また、今市事件の控訴審判決では、それまでの取調べに違法性があったことを認めつつも、証拠とした自白調書については、取り調べの際、これまでの供述にこだわる必要がないと重ねて注意を受けていることを理由に、証拠能力は否定すべきではなく、任意性も疑いはないと判断していた(「栃木女児殺害、判決理由(要旨)」『朝日新聞』二〇一八年八月四日)が、これについても同様の問題が含まれる可能性がある。

(9) ギャレット『冤罪を生む構造――アメリカ雪冤事件の実証研究』一五頁。

(10) ただし、心理学的な供述分析の手法は、本書で紹介してきたものが唯一のものというわけではない。実際には、その事件の性格や用いることのできる資料によって、分析の手法や判断基準も変わってくる。

(11) 無罪となった広島の介護施設放火殺人事件の裁判において筆者が受けた証人尋問では、裁判所から、虚偽自白の心理について述べるのはよいが、本書で論じたような供述の心理学的分析の結果やあるいはその判断方法については述べることのないようにという要請があった。自白の信用性判断は裁判所が行う事項であるからということである。心理学的な供述分析を行った際に、その結果を裁判において提示することが認められるのかということは、今後一つの問題となっていく可能性がある(村山満明・那須寛・芥川宏・和田森智・浜田寿美男「虚偽自白事件の裁判員裁判における法曹と心理学者の協働――自白場面の取調べの録画・録音が証拠となった裁判において」『法と心理』一五巻一号、二〇一五年、五三―六〇頁)。ただし、広島港フェリー甲板長事件の控訴審のように、供述分析の結果について述べることが認められている例もある(村山満明「広島港フェリー甲板長事件心理学鑑定書――被告人の心理学的能力および性格特徴ならびに一連の供述の理解について」『法と心理』七巻一号、二〇〇八年、九三―一〇六頁)。また、大崎事件の第三次再審請求の鹿児島地裁決定は、本書で紹介したものとはその手法において異なるところがあるが、心理学的な供述分析について、「心理学的供述評価は、供述それ自体の中に、体験に基づかない情報、その他問題のある兆候が見出されないかをチェックするものである。そして、供述そのものの科学的な分析の結果得られた非体験性兆候等は、司法の場での総合的な信用性判断に際し、有意な情報として利用することができる」と評価している。そして、その審理過程においては、供述分析を行った心理学者が、その内容について証人尋問も受けている。筆者としては、供述の信用性についてのより確かな判断に資するためには、その結果の提示も認められるべきであると考えるが、もし仮にそれができないとした場合でも、弁護側の弁論の中にその結果を取り入れることは可能であろう。

(12) しかし、だからと言って、現段階では心理学的な供述分析には意義がないということにはならない。裁判官の側に、それを超えるだけの信用性判断の確実な方法があるわけではないからである。当面は、そうした点において課題があることに留意しつつも、心理学者と法曹との間で了解し合えるところを広げていくことが望まれる。

(13) 大崎事件については、主犯とされた原口アヤ子さんは否認を貫いているが、共犯とされた三人が自白していた。

村山満明
1959年生．大阪経済大学人間科学部教授．臨床心理士．広島大学大学院教育学研究科博士課程前期(教育心理学専攻)修了．広島県立保育専門学校教諭，県立広島女子大学生活科学部助教授，同大学保健福祉学部助教授などを経て現職．専攻は臨床心理学，法心理学．著作に『尼崎事件 支配・服従の心理分析』(共編著．現代人文社，2015年)，「供述の信用性判断と供述者の心理特性」(『供述をめぐる問題 刑事司法を考える第1巻』岩波書店，2017年)などがある．

東住吉冤罪事件 虚偽自白の心理学

2019年1月17日 第1刷発行

著 者 村山満明《むらやまみつあき》

発行者 岡本 厚

発行所 株式会社 岩波書店
〒101-8002 東京都千代田区一ツ橋2-5-5
電話案内 03-5210-4000
http://www.iwanami.co.jp/

印刷・三秀舎 カバー・半七印刷 製本・松岳社

ISBN 978-4-00-024534-0 Printed in Japan